여러분의 합격을 응원하는 해커스경찰의 특별 혜택!

KB147374

FREE 경찰 상법총칙 **동영상강의**

해커스경찰(police.Hackers.com) 접속 후 로그인 ▶ 상단의 [무료강좌 → 경찰 무료강의] 클릭하여 이용

해커스경찰 온라인 단과강의 **20% 할인쿠폰**

74C67CE79B75B3NG

해커스경찰(police.Hackers.com) 접속 후 로그인 ▶ 상단의 [내강의실] 클릭 ▶
[쿠폰/포인트] 클릭 ▶ 쿠폰번호 입력 후 이용

* 쿠폰 등록 가능 기간 : 2023년 12월 31일까지(등록 후 7일간 사용 가능)

합격예측 **모의고사 응시권 + 해설강의 수강권**

27BCF276B592DGEC

해커스경찰(police.Hackers.com) 접속 후 로그인 ▶ 상단의 [내강의실] 클릭 ▶
[쿠폰/포인트] 클릭 ▶ 쿠폰번호 입력 후 이용

* 쿠폰 등록 가능 기간 : 2023년 12월 31일까지(등록 후 7일간 사용 가능)

| 쿠폰 이용 안내 |
1. 쿠폰은 사이트 로그인 후 1회에 한해 등록이 가능하며, 최초로 쿠폰을 인증한 후에는 별도의 추가 인증이 필요하지 않습니다.
2. 쿠폰은 현금이나 포인트로 변환 혹은 환불되지 않습니다.
3. 기타 쿠폰 사용과 관련된 문의는 고객센터(1588-4055)로 연락 주시거나, 1:1 문의 게시판을 이용하시기 바랍니다.

단기 합격을 위한
해커스 커리큘럼

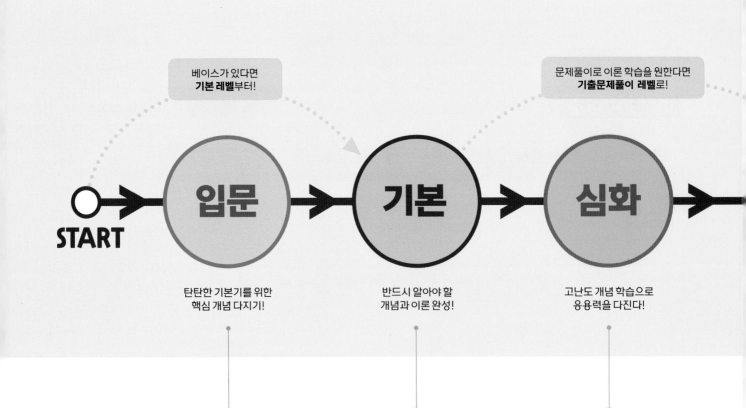

베이스가 있다면 **기본 레벨**부터!

문제풀이로 이론 학습을 원한다면 **기출문제풀이 레벨**로!

START

입문

기본

심화

탄탄한 기본기를 위한
핵심 개념 다지기!

반드시 알아야 할
개념과 이론 완성!

고난도 개념 학습으로
응용력을 다진다!

강의 **쌩기초 입문반**
이해하기 쉬운 개념 설명과 풍부한
연습문제 풀이로 부담 없이 기초를
다질 수 있는 강의

강의 **기본이론반**
반드시 알아야 할 기본 개념과
문제풀이 전략을 학습하여 핵심
개념 정리를 완성하는 강의

강의 **심화이론반**
심화이론과 중·상 난이도의 문제를
함께 학습하여 고득점을 위한
발판을 마련하는 강의

사용교재
· 해커스경찰 상법총칙의 맥 기본서

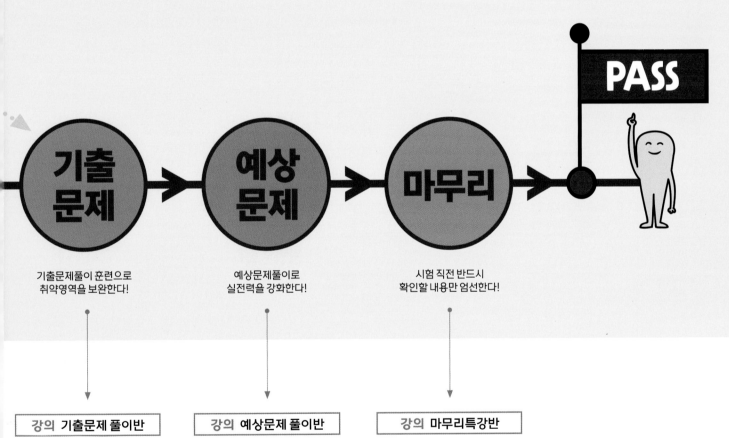

기출
문제

예상
문제

마무리

PASS

기출문제풀이 훈련으로
취약영역을 보완한다!

예상문제풀이로
실전력을 강화한다!

시험 직전 반드시
확인할 내용만 엄선한다!

강의 기출문제 풀이반

기출문제의 유형과 출제 의도를 이해
하고, 본인의 취약영역을 파악 및
보완하는 강의

강의 예상문제 풀이반

최신 출제경향을 반영한 예상 문제
들을 풀어보며 실전력을 강화하는
강의

강의 마무리특강반

경찰 시험의 최신 출제경향을 분석
하고 실전 감각을 극대화하는 강의

사용교재

· 해커스경찰 상법총칙의 맥 기본서

해커스경찰 단기 합격생이 말하는
경찰 합격의 비밀!

해커스경찰과 함께라면
다음 합격의 주인공은 바로 여러분입니다.

완전 노베이스로 시작,
8개월 만에 인천청 합격!

강*혁 합격생

형사법 부족한 부분은 모의고사로 채우기!

기본부터 기출문제집과 같이 병행해서 좋았던 것 같습니다. 그리고 1차 시험 보기 전까지 심화 강의를 끝냈는데 **개인적으로 심화강의 추천** 드립니다. 안정적인 실력이 아니라 생각해서 기출 후 **전범위 모의고사에서 부족한 부분들을 많이 채워** 나간 것 같습니다.

법 계열 전공,
1년 이내 대구청 합격!

배*성 합격생

외우기 힘든 경찰학, 방법은 회독과 복습!

경찰학의 경우 양이 워낙 방대하고 휘발성이 강한 과목이라고 생각합니다. (중략) 지속적으로 **회독**을 하였으며, 모의고사를 통해서 **틀린 부분을 복습**하고 그 범위를 **다시 한 번 책**으로 돌아가서 봤습니다.

이과 계열 전공,
6개월 만에 인천청 합격!

서*범 합격생

법 과목 공부법은 기본과 기출 회독!

법 과목만큼은 **인강을 반복해서** 듣고 **기출을 반복해서** 읽고 풀었습니다. 익숙해질 필요가 있다고 생각해서 **회독에 더 집중**했었습니다. 익숙해진 이후로는 **오답도 챙기면서 공부**했습니다.

해커스경찰

상법총칙의 맥

기본서

공태용

약력

서울대학교 법과대학 졸업
제41회 사법시험 합격(사법연수원 31기)

현 | 해커스변호사 상법 전임
　　해커스공무원 민법, 상법 전임
　　사법시험, 변호사시험 강의
　　법률사무소 예건 대표변호사
　　서울중앙지방법원 조정위원
　　서울시 계약심의위원장, 용인시 법률고문 등 공공기관 법률고문
　　JYP엔터테인먼트 사외이사 및 감사위원 외
　　상장회사와 비상장회사 법률고문
전 | 법무법인 광장 변호사(금융팀)
　　이화여대로스쿨 법률상담 및 법률구조 자문위원
　　합격의 법학원 상법 전임

저서

상법의 맥, 우리아카데미
핵심 상법의 맥, 우리아카데미
상법 정지문의 맥, 우리아카데미
핵심 상법기출의 맥, 우리 아카데미
최근 3개년 상법판례의 맥, 우리아카데미
최근 1개년 민사법판례의 맥, 우리아카데미
민사법 기록의 맥(윤동환 공저), 우리아카데미
해커스법원직 공태용 상법의 맥, 해커스패스
해커스법원직 공태용 상법의 맥 기출문제집, 해커스패스
해커스법원직 민법(윤동환 공저), 해커스패스
해커스법원직 민법 기출문제집(윤동환 공저), 해커스패스
해커스경찰 민법총칙의 맥(윤동환 공저), 해커스패스

〈2022 해커스경찰 상법총칙의 맥 기본서〉는 2022년부터 시행되는 경찰간부후보생 선발시험 중 세무회계 직렬을 준비하는 수험생들 중 상법총칙을 선택한 수험생들을 위하여 특별히 준비하였습니다.

본 도서는 상법총칙의 이론을 기술한 기본서 부분과 상법총칙과 관련하여 변호사시험을 비롯하여 제반 시험에서 출제된 기출문제 및 해설 부분으로 구성되어 있습니다.

1. 이론편(기본서)

이론편 부분은 선택형으로 출제 가능한 상법총칙의 제반 쟁점을 최대한 조문 순서에 따라 기술하였습니다. 상법총칙의 모든 조문을 박스로 표기하여, 수험생들이 상법 조문을 별도로 찾아보지 않고도 상법총칙 조문을 파악할 수 있도록 하였습니다.

본문 지문은 상법총칙의 쟁점과 관련 시험에서 기출된 정지문을 출제 가능한 선택형 지문으로 구성하고, 각 지문별로 번호를 부여하였습니다. 본문 지문에 반영된 관련 시험은 변호사, 공인회계사, 법무사, 법원직 공무원 등 상법총칙 선택형이 출제되는 모든 시험을 대상으로 하였습니다. 또한 해당 시험과 기출 연도를 표기하여 각 지문의 출제빈도를 파악하고 출제가능성을 예측할 수 있도록 하였습니다.

아울러 각 지문과 관련하여 관련 시험에서 출제된 정지문과 틀린 지문을 해당 지문의 하단에 함께 기재하였습니다. 이를 통하여 해당 지문이 실제 시험에서 어떠한 방식으로 출제되는지 파악함으로써 실전에 충실히 대비할 수 있도록 하였습니다.

판례의 경우에도 각 판시사항별로 선택형 지문으로 구성하여 선택형에 대비할 수 있도록 하였습니다. 또한 사실관계와 관련 쟁점에 대한 이해가 필요한 판례의 경우, 별도의 박스로 사실관계 및 관련 판시사항을 함께 정리하여 판례에 대한 이해를 높일 수 있도록 하였습니다.

2. 기출편(기출문제집)

기출문제 해설의 경우, 관련 시험에서 출제된 상법총칙 선택형 문제를 전부 포함하였습니다. 또한 수험생들의 학습편의를 위하여 기본서 기재 순서에 따라 관련 기출을 구성하였습니다. 변호사시험의 경우 최근 10년, 공인회계사시험의 경우 최근 12년, 법무사시험의 경우 최근 17년, 법원직 공무원시험의 경우 최근 15년 동안 기출된 상법총칙 관련 선택형 문제를 모두 포함하였습니다. 특히 선택형의 해설은 해당 지문의 기출 연도와 시험을 함께 표기하여 지문의 중요성을 동시에 파악할 수 있도록 하였습니다.

경찰간부후보생 선발시험 선택형은 2022년에 최초로 실시되는 관계로 기출이 별도로 존재하지 않습니다. 그러나 상법총칙이 출제되는 다른 시험의 경우 동일한 쟁점이 반복적으로 출제되고 있습니다. 경찰간부후보생 선발시험의 경우에도 관련 시험에서 다루어졌던 중요 쟁점들이 출제될 가능성이 높으므로, 관련 기출문제에 대한 학습의 중요성은 아무리 강조해도 지나치지 않을 것입니다.

기본서 내용을 이해한 후 기출문제를 실전과 같은 자세로 풀어보는 과정을 통해 자신이 이해한 부분과 이해하지 못한 부분을 파악하고 이를 통해 부족한 부분을 보완해 나간다면 상법총칙을 보다 효율적으로 파악할 수 있을 것입니다.

더불어 경찰공무원 시험 전문 해커스경찰(police.Hackers.com)에서 학원강의나 인터넷 동영상강의를 함께 이용하여 꾸준히 수강한다면 학습효과를 극대화할 수 있습니다.

아무쪼록 본 도서가 2022년 경찰간부후보생 선발시험에서 처음 실시되는 상법총칙 선택형을 준비하는 수험생들에게 조금이나마 도움이 되기를 바랍니다.

2022년 2월
공태용

기본서와 기출문제집을 한 권으로!

목차

상법총칙 기출편

상법총칙
이론편

제1장 / 상법의 법원

> **제1조 【상사적용법규】** 상사에 관하여 본법에 규정이 없으면 상관습법에 의하고 상관습법이 없으면 민법의 규정에 의한다.

I. 상법과 민법

① 상사에 관하여 본법에 규정이 없으면 상관습법에 의하고, 상관습법이 없으면 민법의 규정에 의한다.
[08 법무사, 17 공인회계사]

> • 상관습법은 상법과 민법에 규정이 없는 때에만 적용된다. (×)　　　　　　　　　　　[06 법무사]
> • 상사에 관하여 상법에 규정이 없으면 민법에 의하고 민법에 규정이 없으면 상관습법에 의한다. (×)
> 　　　　　　　　　　　　　　　　　　　　　　　　　　　　　　　[08 법무사, 17 공인회계사]

② 상법 제1조는 민법이 상사에 적용된다는 것과 적용순위를 규정한 것일 뿐, 민법을 상법의 법원으로 규정한 것은 아니다.
③ 민법은 법률행위 일반에 대하여 규정하고 있을 뿐, 상거래에 관한 내용을 직접적으로 규정하고 있지 않으므로 상법의 법원에 해당하지 않는다.
④ 상거래의 경우에도 사적자치의 원칙에 따라 강행규정이 아닌 한 회사 정관이 상법에 우선하여 적용된다.

> • 상법은 원칙적으로 회사 정관에 우선하여 적용된다. (×)　　　　　　　　　　[19 공인회계사]
> • 자본시장과 금융투자업에 관한 법률과 채무자 회생 및 파산에 관한 법률은 상법에 우선하여 적용된다. (○)
> 　　　　　　　　　　　　　　　　　　　　　　　　　　　　　　　　　[19 공인회계사]

II. 상관습법

① 상관습법은 관습의 형태로 존재하는 상사에 관한 규칙을 의미한다.
② "은행의 신용장개설에 따라 이루어진 격지간의 상품매매에 따른 상품운송에 있어서 선하증권상에 수하인으로 되어 있어 장래 그 선하증권의 취득이 확실시되는 신용장개설은행의 보증하에 그 명의의 화물선취보증장과 상환으로 선하증권과 상환함이 없이 그 선하증권상에 통지처로 되어 있는 실수요자에게 운송물을 인도하는 형태의 이른바 '보증도'는 국제해운업계에서 일반적으로 행하여지는 세계적인 상관습이다. 그러나 이러한 '보증도'의 상관습은 운송인 또는 선박대리점의 정당한 선하증권 소지인에 대한 책임을 면제함을 직접목적으로 하는 것이 아니고 오히려 '보증도'로 인하여 정당한 선하증권 소지인이 손해를 입게 되는 경우 해상운송인 또는 선박대리점 등이 그 손해를 배상하는 것을 전제로 하고 있는 것으로서, 운송인 또는 운송취급인은 진정한 선하증권 소지인이 아닌 자에게 운송물을 인도하게 되면 선하증권 소지인의 운송물에 대한 권리를 침해하는 결과가 발생될 수 있음을 인식하고 있었다고 보아

야 할 것이고, 만약 그 결과의 발생을 인식하지 못하였다면 그와 같이 인식하지 못하게 된 점에 대하여 운송인 또는 운송취급인으로서의 주의의무를 현저히 결여한 중대한 과실이 있다고 볼 것이다"(대판 1991.12.10, 91다14123).

③ "재보험관계에서 재보험자가 원보험자에게 재보험금을 지급하면 원보험자가 취득한 제3자에 대한 권리는 지급한 재보험금의 한도에서 다시 재보험자에게 이전된다. 그리고 재보험자가 보험자대위에 의하여 취득한 제3자에 대한 권리의 행사는 재보험자가 이를 직접 하지 아니하고 원보험자가 재보험자의 수탁자의 지위에서 자기 명의로 권리를 행사하여 그로써 회수한 금액을 재보험자에게 재보험금의 비율에 따라 교부하는 방식에 의하여 이루어지는 것이 상관습이다"(대판 2015.6.11, 2012다10386).

④ "피고와 태백정밀은 제일엔지니어링으로부터 이 사건 조립식 접속함 제작과 관련하여 지정된 하청업체들로서 제일엔지니어링의 필요한 지시에 따라야 할 위치에 있었을 뿐만 아니라, 위 제일엔지니어링이 시작품 제작에 관여하게 된 경위 등에 관하여 잘 알고 있었거나 알 수 있었던 상태에 있었다고 추정함이 상당하므로 적어도 위 제일엔지니어링이 비밀유지의무를 지고 있음을 잘 알고 있었다고 보이고, 피고나 태백정밀 또한 위 제일엔지니어링이나 피고에 대하여 상관습상 이러한 비밀유지의무를 부담한다"(대판 2005.2.18, 2003후2218). ⇨ 발명의 내용이 계약상 또는 상관습상 비밀유지의무를 부담하는 특정인에게 배포된 기술이전 교육용 자료에 게재된 사실만으로는 공지된 것이라 할 수 없다.

⑤ "예금통장의 제시가 없어도 예금지급청구서에 찍힌 인영과 미리 계출된 인영이 맞기만 하면 예금을 지급하는 것이 은행거래에 있어서의 상관습이라고 할 수 없다"(대판 1962.1.11, 4294민상195).

⑥ "상법이 감사를 상임 감사와 비상임 감사로 구별하여 비상임 감사는 상임 감사에 비해 그 직무와 책임이 감경되는 것으로 규정하고 있지도 않을 뿐 아니라, 우리나라의 회사들이 비상임 감사를 두어 비상임 감사는 상임 감사의 유고시에만 감사의 직무를 수행하도록 하고 있다는 상관습의 존재도 인정할 수 없으므로, 비상임 감사는 감사로서의 선관주의의무 위반에 따른 책임을 지지 않는다는 주장은 허용될 수 없다"(대판 2007.12.13, 2007다60080).

⑦ "자금사용자와 자금용도가 특정되어 있는 지급보증서는 자금사용자인 회사가 자금용도로서 특정되어 있는 자금을 대부하는 은행에 대하여, 피고가 지급을 보증한다는 민사상 보증을 한 보증서에 불과하고, 위와 같은 내용의 지급보증서가 유가증권으로서, 유통되고 있다는 상관습은 없는 것이다"(대판 1967.5.16, 67다311).

⑧ "수표분실계가 제출되면 지급은행은 수표금을 지급하지 아니하는 상관습은 존재하지 아니한다"(대판 1959.9.10, 4291민상835).

⑨ "'조합원 상호간에서는 현실적으로 참여하지 않은 공사 부분에 대하여는 공사대금의 분배청구권이 없는 것은 당연한 것'이라는 주장과 같은 '조합계약에 출자의무의 이행과 이익분배를 직접 연계'시키는 내용의 상관습이 있었다고 볼 수 없다"(대판 2006.8.25, 2005다16959).

Ⅲ. 자치법규

① 상사자치법은 회사의 정관과 같이 기업의 조직이나 활동에 관한 규칙을 의미한다.

② "사단법인의 정관은 정관 작성 후에 가입한 사원 등도 구속하므로 그 법적 성질은 계약이 아니라 자치법규이므로, 정관의 해석은 객관적인 기준에 따른 법규해석의 방법으로 해석되어야 하고 해석 당시의 사원의 다수결에 의한 방법으로 자의적으로 해석될 수는 없다"(대판 2000.11.24, 99다12437).

Ⅳ. 약관

① 약관이란 그 명칭이나 형태 또는 범위에 상관없이 계약의 한쪽 당사자가 여러 명의 상대방과 계약을 체결하기 위하여 일정한 형식으로 미리 마련한 계약의 내용을 말한다(약관의 규제에 관한 법률 제2조 제1호).

② "특정 조항에 관하여 상대방과 개별적인 교섭을 거침으로써 상대방의 이익을 조정할 기회를 가졌다면 그 조항은 개별약정이 된다. 개별적인 교섭은 교섭의 결과 특정 조항의 내용이 변경되어야 하는 것은 아니고, 대등한 지위에서 해당 조항을 충분히 검토한 뒤 그 내용을 변경할 가능성이 있었으면 된다"(대판 2010.9.9, 2009다105383).

③ 약관이 당사자간의 법률관계에 적용되는 근거에 대하여 의사설은 당사자가 약관을 계약에 편입시키기로 합의하였기 때문이라고 보고, 규범설은 약관이 법규범에 해당하기 때문이라고 본다.

④ "보통보험약관이 계약당사자에 대하여 구속력을 갖는 것은 그 자체가 법규범 또는 법규범적 성질을 가진 약관이기 때문이 아니라 당사자가 계약내용에 포함시키기로 합의하였기 때문이다. 일반적으로 보통보험약관을 계약내용에 포함시킨 보험계약서가 작성되면 약관의 구속력은 계약자가 그 약관의 내용을 알지 못하더라도 배제할 수 없으나, 당사자가 명시적으로 약관의 내용과 달리 약정한 경우에는 배제된다"(대판 1977.3.28, 88다4645).

제2장 / 상인

I. 상인의 의의

① 상인이란 상거래에서 발생하는 권리의무의 귀속주체이자 상행위를 영위하는 주체를 의미한다.
② 개인사업자의 경우 영업주가 상인이 되고, 회사의 경우 회사 자체가 상인이 된다.

II. 당연상인

> **제4조【상인-당연상인】** 자기명의로 상행위를 하는 자를 상인이라 한다.

1. 자기명의

① 자기명의로 상행위를 하는 자를 당연상인이라고 한다. [13·19 공인회계사]

> • 자기명의로 상법 제46조의 기본적 상행위를 하는 자는 당연상인이다. (○)　　　　[19 공인회계사]

② 자기명의란 권리의무의 귀속주체가 된다는 의미이다.
③ 당연상인은 '자기의 명의로' 상행위를 하는 자를 말하고, '자기의 계산으로' 할 것은 요건이 아니다. [13 법원직] 타인이 손해와 이익의 귀속주체가 되는 경우에도 무방하다.

> • 당연상인은 '자기의 명의로' 상행위를 하는 자를 말하고, '자기의 계산으로' 할 것은 그 요건이 아니다. (○)　　　　[13 법원직]

④ "영업을 준비하는 행위가 보조적 상행위로서 상법의 적용을 받기 위해서는 행위를 하는 자 스스로 상인자격을 취득하는 것을 당연한 전제로 하므로, 어떠한 자가 다른 상인의 영업을 위한 준비행위를 하는 경우, 그 행위는 행위를 한 자의 보조적 상행위가 될 수 없다"(대판 2012.7.26, 2011다43594). [20 법원직, 18 법무사, 15·18 변호사]

> • 영업을 준비하는 행위가 보조적 상행위로서 상법의 적용을 받기 위해서는 행위를 하는 자 스스로 상인자격을 취득하는 것을 당연한 전제로 하므로, 어떠한 자가 다른 상인의 영업을 위한 준비행위를 하는 것에 불과하다면, 그 행위는 행위를 한 자의 보조적 상행위가 될 수 없다. (○)
> 　　　　[20 법원직, 18 법무사, 15·18 변호사]

2. 실제 영업상의 주체

"행정관청에 대한 인·허가 명의나 국세청에 신고한 사업자등록상의 명의와 실제 영업상의 주체가 다를 경우 실제 영업상의 주체가 상인이 된다"(대판 2008.12.11, 2007다66590). [18·21 법원직, 09·13·16·17·18 법무사, 14 변호사, 13 공인회계사]

- 상인은 자기 명의로 상행위를 하는 자를 의미하므로, 행정관청에 대한 인·허가 명의자나 국세청에 신고한 사업자등록상의 명의자가 별도로 있다면 실제 영업상의 주체라도 상인이 되지 아니한다. (×)
  [13 법무사]
- 상인은 자기 명의로 상행위를 하는 자를 의미하는데, 여기서 '자기 명의'란 상행위로부터 생기는 권리의무의 귀속 주체로 된다는 뜻으로서 실질에 따라 판단하여야 하므로, 행정관청에 대한 인·허가 명의나 국세청에 신고한 사업자등록상의 명의와 실제 영업상의 주체가 다를 경우 후자가 상인이 된다. (○) [17 법무사]
- 상인은 자기 명의로 상행위를 하는 자를 의미하는데, 여기서 '자기 명의'란 상행위로부터 생기는 권리의무의 귀속주체로 된다는 뜻으로서 실질에 따라 판단하여야 하므로, 행정관청에 대한 인·허가 명의나 국세청에 신고한 사업자등록상의 명의와 실제 영업상의 주체가 다를 경우에는 전자인 명의자를 상인으로 본다. (×)
  [18·21 법원직]

3. 기본적 상행위

① 제4조에 규정된 상행위란 제46조에 규정된 기본적 상행위를 영업으로 하는 것을 의미하며, 이러한 기본적 상행위를 영업으로 하는 자가 당연상인이 된다.
② 상법 제46조 각 호에 규정된 행위라 하더라도 오로지 임금을 받을 목적으로 물건을 제조하거나 노무에 종사하는 자의 행위는 상행위에 해당되지 아니한다. [11 법원직]

- 영업으로 하는 상법 제46조 소정의 행위는 상행위이나, 영업으로 하더라도 그 규모가 영세한 경우에는 예외적으로 상행위가 되지 않을 수 있다. (○)
  [11 법원직]

4. 영업성

① 영업성이란 영리성·계속성·반복성을 주요 징표로 한다.
② 상법상 상인이 영업으로 하지 아니하더라도 상행위로 보는 이른바 '절대적 상행위'는 존재하지 아니한다. [11 법원직]
③ 상인의 점포시설, 홍보활동을 통해 객관적으로 인식될 수 있으면 되고 실제로 계속되었거나 반복되지 않아도 된다. [19 변호사]
④ "어느 행위가 상법 제46조 소정의 기본적 상행위에 해당하기 위하여는 영업으로 동조 각 호 소정의 행위를 하는 경우이어야 하고, 여기서 영업으로 한다고 함은 영리를 목적으로 동종의 행위를 계속 반복적으로 하는 것을 의미한다"(대판 1998.7.10, 98다10793).
⑤ "상인이 영업과 상관없이 개인 자격에서 돈을 투자하는 행위는 상인의 기존 영업을 위한 보조적 상행위로 볼 수 없다"(대판 2018.4.24, 2017다205127). [20 법원직]

- 상법상 상인이 영업으로 하지 아니하더라도 상행위로 보는 이른바 '절대적 상행위'는 존재하지 아니한다. (○)
  [11 법원직]
- 상인이 영업과 상관없이 개인 자격에서 돈을 투자하는 행위는 상인의 기존 영업을 위한 보조적 상행위로 볼 수 없다. (○)
  [20 법원직]

제46조【기본적 상행위】영업으로 하는 다음의 행위를 상행위라 한다. 그러나 오로지 임금을 받을 목적으로 물건을 제조하거나 노무에 종사하는 자의 행위는 그러하지 아니하다.

1. 동산, 부동산, 유가증권 기타의 재산의 매매
2. 동산, 부동산, 유가증권 기타의 재산의 임대차
3. 제조, 가공 또는 수선에 관한 행위
4. 전기, 전파, 가스 또는 물의 공급에 관한 행위
5. 작업 또는 노무의 도급의 인수
6. 출판, 인쇄 또는 촬영에 관한 행위
7. 광고, 통신 또는 정보에 관한 행위
8. 수신·여신·환 기타의 금융거래
9. 공중이 이용하는 시설에 의한 거래
10. 상행위의 대리의 인수
11. 중개에 관한 행위
12. 위탁매매 기타의 주선에 관한 행위
13. 운송의 인수
14. 임치의 인수
15. 신탁의 인수
16. 상호부금 기타 이와 유사한 행위
17. 보험
18. 광물 또는 토석의 채취에 관한 행위
19. 기계, 시설, 그 밖의 재산의 금융리스에 관한 행위
20. 상호·상표 등의 사용허락에 의한 영업에 관한 행위
21. 영업상 채권의 매입·회수 등에 관한 행위
22. 신용카드, 전자화폐 등을 이용한 지급결제 업무의 인수

- 자기명의로 신용카드, 전자화폐 등을 이용한 지급결제 업무의 인수를 영업으로 하는 자는 상법상의 당연상인이 아니다. (×)　　　　　　　　　　　　　　　　　　　　　　[13 공인회계사]

5. 원시생산업자 판매행위의 상행위 여부

① 상법은 광물 또는 토석의 채취에 관한 행위를 상행위로 규정하고 있으나(제46조 제18호), 그 이외의 원시생산업자가 재배한 과일 등을 판매하는 행위가 상행위에 해당하는지에 대해서는 규정하고 있지 않다.
② 그 결과 원시생산업자가 재배한 과일 등을 판매하는 행위가 제46조 제1호에 규정된 '매매'에 해당하는지 문제된다.
③ 학설은 ㉠ 제46조 제1호에 규정된 매매는 매도 또는 매수를 의미하며, 매도의 경우 매수와 내적 연관성을 가지고 있어야 하고, 내면적 연관성이란 매수한 물건을 매도하는 경우와 같이 직접적 관련성은 아니더라도 매도는 매수가 어느 정도 전제가 되는 경우를 말한다고 보는 견해(원시생산업자의 매도행위의 경우 매수행위가 존재하지 않으므로 매매에 해당하지 않는다고 본다)와 ㉡ 원시생산업자의 매도행위가 영업성을 갖추었으면 매매에 해당한다고 보는 견해가 존재한다.
④ "약 5,000평의 사과나무 과수원을 경영하면서 그중 약 2,000평 부분의 사과나무에서 사과를 수확하여 이를 대부분 대도시의 사과판매상에 위탁 판매하는 경우 영업으로 사과를 판매하는 것으로 볼 수 없으므로 상인이 아니다"(대판 1993.6.11, 93다7174·93다7181).

Ⅲ. 의제상인

제5조 【동전-의제상인】 ① 점포 기타 유사한 설비에 의하여 상인적 방법으로 영업을 하는 자는 상행위를 하지 아니하더라도 상인으로 본다.
② 회사는 상행위를 하지 아니하더라도 전항과 같다.

1. 의의

① 의제상인은 자기 명의로 기본적 상행위 이외의 행위를 영업으로 하는 자를 말한다.
② 상법은 의제상인으로 설비상인과 민사회사를 규정하고 있다.
③ 상행위에 관한 상법의 규정은 의제상인에 대해서도 준용된다. [14 변호사]

2. 설비상인

① 점포 기타 유사한 설비에 의하여 상인적 방법으로 영업을 하는 자는 상행위를 하지 아니하더라도 상인으로 본다. [16·17 법원직, 14 변호사]

> • 점포 기타 유사한 설비에 의하여 상인적 방법으로 영업을 하는 자는 상행위를 하지 아니하더라도 상인으로 본다. (○)　　　　　　　　　　　　　　　　　　　　　[16·17 법원직]

② '점포 기타 유사한 설비'란 사회통념상 상인적 설비에 해당하는 것을 의미하는데, 물적 설비(영업소, 상호 등)와 인적 설비(상업사용인)를 포함한다.
③ '상인적 방법'이란 당연상인의 일반적인 영업방법과 동일한 방법을 말한다.
④ "계주가 낙찰계 운영 수입으로 가계를 꾸려 왔다 할지라도 계주가 상인적 방법에 의한 영업으로 계를 운영한 것이 아니라면 계주를 의제상인이나 대금, 환금 기타 금융거래를 영업으로 운영한 것으로 볼 수 없으므로 계불입금채권을 5년의 소멸시효가 적용되는 상사채권으로 볼 수 없다"(대판 1993.9.10, 93다21705). [13 법원직, 09 법무사]

사실관계

계주로부터 계금을 수령한 계원은 자신이 납부해야 하는 금액을 분할하여 계주에게 지급하게 되는데, 본 사안의 경우 여러 개의 계를 운영하면서 이로부터 발생하는 수입으로 생활하던 계주인 甲이 계불입금을 연체하고 있던 乙에게 계불입금의 지급을 청구하자 乙은 계불입금채권이 상사채권으로 상사소멸시효가 적용된다고 항변하였다. 위 사안에서는 계불입금채권이 민법상 3년의 단기소멸시효가 적용되는 정기금채권인지(부정), 계주가 상인에 해당하여 상사소멸시효가 적용되는지(부정)가 쟁점이 되었다.

> • 상호저축은행법상 상호신용계와 유사하게 상인적 방법에 의한 영업으로 낙찰계를 운영하는 계주는 상법상 상인으로 볼 수 있다. (○) [08 법원직]
> • 여러 개의 낙찰계를 운영하여 얻은 수입으로 가계를 꾸려온 계주가 상인적 방법에 의한 영업으로 계를 운영한 것이 아니라면 의제상인이 아니다. (○) [09 법무사]
> • 계주가 여러 개의 낙찰계를 운영하여 얻은 수입으로 가계를 꾸려 왔다 할지라도 상인적 방법에 의한 영업으로 계를 운영한 것이 아니라면 의제상인에 해당한다고 할 수 없다. (○) [13 법원직]

3. 민사회사

① 회사는 상행위를 하지 아니하더라도 상인으로 본다. [11·16·17 법원직, 13·16·18 법무사, 19 공인회계사]

> • 회사는 상행위를 하지 아니하더라도 상인으로 본다. (○) [11·16·17 법원직, 13·16·18 법무사, 19 공인회계사]

② 상사회사란 기본적 상행위를 영업으로 하는 회사를 말한다.

③ 민사회사란 기본적 상행위 외의 행위를 영업으로 하는 회사를 말한다. 농업·축산업 등은 기본적 상행위에 해당하지 않으므로 이를 목적으로 하는 회사는 민사회사에 해당한다. [09 법무사]

> • 민사회사는 영리를 목적으로 하지만 상행위를 하지 않으므로, 상법이 아니라 민법이 적용된다. (×) [17 공인회계사]

④ 영리법인인 회사는 당연상인 또는 의제상인 중 하나에 해당하게 되므로 회사의 상인성은 언제나 인정되고, 설립등기 시점에 상인자격을 취득한다.

> • 민사회사는 상행위 이외의 행위를 영리의 목적으로 하는 회사로서 의제상인이고, 신용보증기금이 이에 해당한다. (×) [09 법무사]

⑤ 회사가 상법에 의해 상인으로 의제된다고 하더라도 회사의 기관인 대표이사 개인이 상인이 되는 것은 아니다. [13·20 법원직, 17 법무사]

> • 회사는 상법에 의해 상인으로 의제된다고 하더라도 회사의 기관인 대표이사 개인이 상인이 되는 것은 아니다. (○) [13·20 법원직, 17 법무사]
> • 회사는 상법에 의해 상인으로 의제되므로, 대표이사 개인이 회사 자금으로 사용하기 위하여 자금을 차용한 경우 상행위에 해당하여 차용금채무를 상사채무로 볼 수 있다. (×) [17 법무사]

4. 전문직의 상인성 여부

① 변호사, 공인회계사, 의사 등 전문직이 점포 기타 설비에 의하여 수행하는 업무를 이유로 상인에 해당하는지 여부가 문제된다.

② "변호사는 상법 제5조 제1항에 규정된 상인적 방법에 의하여 영업을 하는 자로 볼 수 없으므로, 변호사는 의제상인에 해당하지 않는다"(대결 2007.7.26, 2006마334). [08·09·11·13·17·20 법원직, 13·16·17 법무사]

5. 소상인

> **제9조 【소상인】** 지배인, 상호, 상업장부와 상업등기에 관한 규정은 소상인에게 적용하지 아니한다.
> **상법 시행령 제2조 【소상인의 범위】** 상법 제9조에 따른 소상인은 자본금액이 1천만원에 미치지 못하는 상인으로서 회사가 아닌 자로 한다.

① 자본금액 1천만원 미만의 상인으로서 회사가 아닌 자를 소상인이라 한다(시행령 제2조).
② 회사는 어느 경우에도 소상인이 될 수 없다. [13 법무사]

③ 소상인 여부의 판단기준이 되는 자본금은 회사법상의 자본금이 아니라 상인의 영업자산의 현재가치를 의미한다.
④ 지배인, 상호, 상업장부와 상업등기에 관한 규정은 소상인에게 적용하지 않는다. [08·12 법원직, 06·09·13·16·17·18 법무사, 12·19 변호사, 13·19·21 공인회계사]

⑤ 다만, 소상인이 임의로 지배인, 상호, 상업장부와 상업등기를 이용하는 것은 가능하다.
⑥ 그 밖의 상인에 관한 규정은 소상인에게도 적용된다.

Ⅳ. 상인능력과 상인자격 및 영업능력

1. 의의

'**상인능력**'이란 상인자격을 취득할 수 있는 법률상 지위를 의미하고, '**상인자격**'이란 상인으로서의 지위를 말한다. '영업능력'이란 스스로 유효하게 영업행위를 할 수 있는 능력을 의미한다.

2. 법인의 상인자격

회사는 설립등기시에 상인자격을 취득하고 청산사무가 사실상 종결된 때에 소멸한다. 청산등기가 되었더라도 청산사무가 남아 있다면 회사는 소멸한 것이 아니다. [17 공인회계사]

3. 공법인의 상인자격

① 대한광업진흥공사, 새마을금고, 농업협동조합, 수산업협동조합, 신용보증기금 등 공공기관은 상인이 아니다.

　㉠ "대한광업진흥공사가 광업자금을 광산업자에게 융자하여 주고 소정의 금리에 따른 이자 및 연체이자를 지급받는다고 하더라도, 이와 같은 대금행위는 같은 법 제1조 소정의 목적인 민영광산의 육성 및 합리적인 개발을 지원하기 위하여 하는 사업이지 이를 '영리를 목적'으로 하는 행위라고 보기는 어렵다"(대판 1994.4.29, 93다54842). [13 공인회계사]

> • 판례에 따르면 대한광업진흥공사가 광업자금을 광산업자에게 융자하여 주고 소정의 금리에 따른 이자 및 연체이자를 지급받는다고 하더라도 이는 영리를 목적으로 하는 행위로 인정되지 않는다. (○)   [13 공인회계사]

　㉡ "새마을금고법의 제반 규정에 의하면 새마을금고는 우리나라 고유의 상부상조 정신에 입각하여 자금의 조성 및 이용과 회원의 경제적·사회적·문화적 지위의 향상 및 지역사회개발을 통한 건전한 국민정신의 함양과 국가경제발전에 기여함을 목적으로 하는 비영리법인이므로, 새마을금고가 금고의 회원에게 자금을 대출하는 행위는 일반적으로는 영리를 목적으로 하는 행위라고 보기 어렵다"(대판 1998.7.10, 98다10793). [13 공인회계사]

> • 판례에 따르면 새마을금고가 이자를 받는 대가로 금고의 회원에게 자금을 대출하는 경우 이는 영리를 목적으로 하는 행위로 인정되지 않는다. (○)   [13 공인회계사]

　㉢ "농업협동조합법에 의하여 설립된 조합이 영위하는 사업의 목적은 조합원을 위하여 차별 없는 최대의 봉사를 함에 있을 뿐 영리를 목적으로 하는 것이 아니므로, 동 조합이 그 사업의 일환으로 조합원이 생산하는 물자의 판매사업을 한다 하여도 동 조합을 상인이라 할 수는 없고, 따라서 그 물자의 판매대금 채권은 3년의 단기소멸시효가 적용되는 민법 제163조 제6호 소정의 '상인이 판매한 상품의 대가'에 해당하지 아니한다"(대판 2000.2.11, 99다53292). [13 법무사, 13·17 공인회계사]

> • 판례에 의하면 농업협동조합은 조합원의 생산물자에 대한 판매사업을 하는 때에도 상인자격이 인정되지 않는다. (○)   [13·17 공인회계사]
> • 농업협동조합은 그 업무 수행시 조합원이나 회원을 위하여 최대한 봉사하여야 하고 설립취지에 반하여 영리나 투기를 목적으로 하는 업무를 하지 못하도록 농업협동조합법에서 규정하고 있으므로, 농업협동조합이 그 사업의 일환으로 조합원이 생산하는 물자의 판매사업을 한다 하여도 농업협동조합을 상인이라 할 수 없다. (○)   [13 법무사]

　㉣ "구 수산업협동조합법(1994.12.22. 법률 제4820호로 개정되기 전의 것)에 의하여 설립된 조합이 영위하는 사업은 조합원을 위하여 차별 없는 최대의 봉사를 함에 그 목적이 있을 뿐이고, 조합은 영리 또는 투기를 목적으로 하는 업무를 행하지 못하는 것이므로(제6조 제1항·제2항), 김제수협을 상인으로 볼 수는 없다"(대판 2006.2.10, 2004다70475).

ⓔ "신용보증기금법과 같은 법 시행령 및 상법 중 상행위에 관한 규정들을 종합하여 볼 때 신용보증기금은 상인으로 볼 수 없다"(대판 1989.6.27, 88다카16812). [09 법무사]

② "축산업협동조합이 양계업을 하는 조합원에게 사료를 판매한 행위가 조합원의 구매사업에 해당하더라도 상인인 조합원의 영업을 위한 사료구매에 해당하므로, 그 거래행위는 상행위이고 그 외상대금채권은 상사채권이다"(대판 1993.3.9, 92다44329). ⇨ 본 판례는 축산업협동조합의 상인자격이 인정되는지에 대해서는 명시적으로 판시하고 있지 않다. 판례는 사료판매행위가 상인인 조합원의 영업을 위한 사료구매행위로서 상행위에 해당하므로 그 외상대금채권은 상사채권이라는 점에 대해서만 판시하고 있다.

③ "새마을금고가 상인인 회원에게 자금을 대출한 경우, 상인의 행위는 특별한 사정이 없는 한 영업을 위하여 하는 것으로 추정되므로 그 대출금채권은 상사채권으로서 5년의 소멸시효기간이 적용된다"(대판 1998.7.10, 98다10793). [17 공인회계사]

4. 자연인의 상인자격

(1) 자연인의 상인자격 취득시점

① 자연인이 어느 시점에 상인자격을 취득하는지 문제된다.

② 영업개시설(통설)은 자연인은 영업개시로 상인이 된다고 보면서 영업의 준비행위도 영업개시에 해당한다고 본다. 영업개시설에 의하는 경우 부동산임대업을 개시할 목적으로 같은 영업을 하고 있던 자로부터 건물을 매수한 경우 매수행위는 보조적 상행위로서의 개업준비행위에 해당하므로 이러한 개업준비행위에 착수하였을 때 상인자격을 취득한다.

③ 기업조직설은 기업으로 인식될 수 있는 조직이 갖추어진 때에 상인자격을 취득한다고 본다.

④ "영업의 목적인 기본적 상행위의 개시 전에 영업을 위한 준비행위를 하는 자는 영업으로 상행위를 할 의사를 실현하는 것이므로, 준비행위를 한 때 상인자격을 취득하고 개업준비행위는 영업을 위한 행위로서 최초의 보조적 상행위가 된다"(대판 1999.1.29, 98다1584). [17 법원직, 09·16·17 법무사]

⑤ 개업준비행위는 상호등기, 개업광고, 간판부착 등에 의해 영업의사를 일반적·대외적으로 표시할 필요는 없으나, 점포구입, 영업양수, 상업사용인의 고용 등 준비행위의 성질로 보아 영업의사를 상

대방이 객관적으로 인식할 수 있으면 당해 준비행위는 보조적 상행위로서 상행위에 관한 상법 규정이 적용된다"(대판 1999.1.29, 98다1584). [14·19 변호사]

> ### 사실관계
> 부동산임대업 준비행위의 일환으로 같은 영업을 하고 있던 자로부터 건물을 매수한 경우, 위 매수행위는 보조적 상행위로서의 개업준비행위에 해당하므로 위 개업준비행위에 착수하였을 때 상인 자격을 취득한다고 본 사안

(2) 영업자금 차입행위의 상행위 여부

"영업자금 차입행위는 행위 자체의 성질로 보아서는 영업의 목적인 상행위를 준비하는 행위라고 할 수 없지만, 행위자의 주관적 의사가 영업을 위한 준비행위이었고 상대방도 행위자의 설명 등에 의하여 그 행위가 영업을 위한 준비행위라는 점을 인식하였던 경우에는 상행위에 관한 상법의 규정이 적용된다"(대판 2012.4.13, 2011다104246). [14·19 변호사]

> ### 사실관계
> 학원 설립과정에서 영업준비자금을 차입한 경우, 대여자가 이러한 사정을 알았다면 차용 시점에 차용자는 상인자격을 취득하고 차용행위는 영업을 위한 행위로서 보조적 상행위가 되어 상법 제64조에서 정한 상사소멸시효가 적용된다고 본 사안

(3) 다른 상인의 영업을 위한 준비행위의 상행위 여부

영업을 준비하는 행위가 보조적 상행위로서 상법의 적용을 받기 위해서는 행위를 하는 자 스스로 상인자격을 취득하는 것을 당연한 전제로 하므로, 어떠한 자가 다른 상인의 영업을 위한 준비행위를 하는 경우, 그 행위는 행위를 한 자의 보조적 상행위가 될 수 없다. 회사 설립을 위하여 개인이 한 행위는 그것이 설립 중 회사의 행위로 인정되어 장래 설립될 회사에 효력이 미쳐 회사의 보조적 상행위가 될 수 있는지는 별론으로 하고, 장래 설립될 회사가 상인이라는 이유만으로 당연히 개인의 상행위가 되어 상법 규정이 적용된다고 볼 수는 없다(대판 2012.7.26, 2011다43594). [15·18 변호사]

> ### 사실관계
> 회사의 대표이사가 회사 설립 준비과정에서 향후 설립될 회사의 사업을 준비하기 위하여 대표이사 명의로 한 차용행위는 대표이사 개인의 보조적 상행위가 아니므로, 대표이사 개인의 차용금채무에 대하여 5년의 상사시효가 적용되지 않는다고 본 사안

5. 미성년자의 상인자격과 영업능력

> **제6조【미성년자의 영업과 등기】** 미성년자가 법정대리인의 허락을 얻어 영업을 하는 때에는 등기를 하여야 한다.
> **제7조【미성년자와 무한책임사원】** 미성년자가 법정대리인의 허락을 얻어 회사의 무한책임사원이 된 때에는 그 사원자격으로 인한 행위에는 능력자로 본다.
> **제8조【법정대리인에 의한 영업의 대리】** ① 법정대리인이 미성년자, 피한정후견인 또는 피성년후견인을 위하여 영업을 하는 때에는 등기를 하여야 한다.
> ② 법정대리인의 대리권에 대한 제한은 선의의 제삼자에게 대항하지 못한다.

① 미성년자는 상인이 될 수는 있으나, 상인이 되더라도 영업능력은 제한된다.
② 미성년자가 법정대리인의 허락을 얻어 영업을 하는 때에는 등기를 하여야 한다(제6조).

> • 미성년자가 영업을 하는 경우 법정대리인의 허락을 얻은 때에 비로소 상인자격을 취득한다. (×)
> [17 공인회계사]

③ 미성년자가 법정대리인의 허락을 얻어 회사의 무한책임사원이 된 때에는 그 사원자격으로 인한 행위에는 능력자로 본다(제7조).
④ 법정대리인이 미성년자, 피한정후견인 또는 피성년후견인을 위하여 영업을 하는 때에는 등기를 하여야 한다(제8조 제1항). [10·16·17 공인회계사]

> • 법정대리인에 의한 영업은 등기사항이 아니다. (×)   [10 공인회계사]
> • 자본금액 2,000만원으로 미성년자가 법정대리인의 허락을 얻어 영업을 하는 때에는 등기를 하여야 하나, 그 법정대리인이 미성년자를 위하여 영업을 하는 때에는 등기할 사항이 아니다. (×) [16 공인회계사]
> • 법정대리인이 한정치산자를 위하여 영업을 하고자 하는 경우, 이를 등기하는 때에 한정치산자의 상인 자격이 인정된다. (×)   [17 공인회계사]

⑤ 법정대리인의 대리권에 대한 제한은 선의의 제삼자에게 대항하지 못한다(제8조 제2항).

Ⅴ. 공법인의 상행위

> 제2조 【공법인의 상행위】 공법인의 상행위에 대하여는 법령에 다른 규정이 없는 경우에 한하여 본법을 적용한다.

공법인의 상행위에 대하여는 법령에 다른 규정이 없는 경우에 한하여 상법을 적용한다(제2조). [17 공인회계사]

> • 공법인의 상행위에 대하여는 법령에 다른 규정이 있는 경우에도 상법이 우선 적용된다. (×)
> [08 법원직, 17 공인회계사]

Ⅵ. 일방적 상행위

> 제3조 【일방적 상행위】 당사자 중 그 1인의 행위가 상행위인 때에는 전원에 대하여 본법을 적용한다.

① '일방적 상행위'란 당사자 일방에게만 상행위인 경우를 말한다. 당사자 중 그 1인의 행위가 상행위인 때에는 전원에 대하여 상법을 적용한다(제3조).

> • 당사자 중 그 1인의 행위가 상행위인 때에는 그 1인에 대하여만 상법을 적용한다. (×)   [08 법원직]
> • 당사자 쌍방에 대하여 모두 상행위가 되는 행위로 인한 채권뿐만 아니라 당사자 일방에 대하여만 상행위에 해당하는 행위로 인한 채권도 상법 제64조에서 정한 5년의 소멸시효기간이 적용되는 상사채권에 해당한다. (○)   [09 법원직]
> • 상인과 비상인간의 상거래에 있어서 상인인 당사자에게는 상법이 적용되고, 비상인인 당사자에게는 민법이 적용된다. (×)   [17 공인회계사]

② **'쌍방적 상행위'**란 상인간의 상행위를 말한다. 쌍방적 상행위에만 적용되는 상법 규정으로는 상사유치권(제58조), 상사매매 특칙(제67조 이하)이 있다.

③ "상법 제3조에 따라 당사자 중 1인의 행위가 상행위인 때에는 전원에 대하여 상법이 적용되므로, 당사자의 일방이 수인인 경우에 그중 1인에게만 상행위가 되더라도 전원에 대하여 상법이 적용된다고 해석된다"(대판 2014.4.10, 2013다68207). [08·14·16 법원직, 15·20 법무사]

제3장 / 상업사용인

Ⅰ. 의의

1. 상업사용인의 종속성과 대리권

① 상업사용인이란 특정 상인에 종속되어 그 상인의 영업에 관한 대외적 거래를 대리하는 자를 말한다.
② 특정 상인에 대한 **'종속성'**과 그 상인의 영업에 관한 대외적 **'대리권'**이 상업사용인의 징표이다.
③ 이처럼 상업사용인은 상인의 대리인이므로 상인과 상업사용인 사이에는 대리권을 부여하는 수권행위가 존재하여야 한다. [04 법무사]

> • 상법상 영업상의 업무에 관하여 영업주를 대리할 권한이 없는 자는 상업사용인이 아니다. (O)
>
> [04 법무사]

④ 상업사용인 규정의 취지는 외관주의에 의하여 거래상대방을 보호하여 거래의 신속과 안전을 도모하는데 있다.

2. 중개인 등의 상업사용인 여부

대리상은 특정한 상인의 거래를 보조하고, 중개인이나 위탁매매인은 불특정 상인의 거래를 보조한다는 점에서 상업사용인과 유사하나, 대리상, 중개인, 위탁매매인 모두 독립된 영업이라는 점에서 종속성이 인정되지 않으므로 상업사용인이 아니라 독립된 상인이다.

Ⅱ. 지배인

1. 지배인의 의의 및 선임

> **제10조 【지배인의 선임】** 상인은 지배인을 선임하여 본점 또는 지점에서 영업을 하게 할 수 있다.
> **제11조 【지배인의 대리권】** ① 지배인은 영업주에 갈음하여 그 영업에 관한 재판상 또는 재판 외의 모든 행위를 할 수 있다.
> ② 지배인은 지배인이 아닌 점원 기타 사용인을 선임 또는 해임할 수 있다.
> ③ 지배인의 대리권에 대한 제한은 선의의 제3자에게 대항하지 못한다.
> **제393조 【이사회의 권한】** ① 중요한 자산의 처분 및 양도, 대규모 재산의 차입, 지배인의 선임 또는 해임과 지점의 설치·이전 또는 폐지 등 회사의 업무집행은 이사회의 결의로 한다.

(1) 의의

① 지배인이란 영업주에 갈음하여 그 영업에 관하여 재판상 또는 재판 외의 모든 행위를 할 수 있는 대리권을 가진 상업사용인을 말한다(제11조 제1항).
② 지점장 또는 영업부장의 명칭을 사용하더라도 지배인으로서의 대리권이 부여되어 있는 경우 지배인에 해당한다. [20 법무사]

③ 지배인은 의사능력을 갖춘 자연인이어야 하고, 반드시 행위능력자임을 요하지 아니한다.

④ 지배인은 직무의 성질상 감사와의 겸임은 허용되지 않지만, 업무집행사원이나 이사는 지배인을 겸할 수 있다. [07 법원직, 05·13·16 법무사, 16 공인회계사]

> • 지배인은 자연인이어야 하지만, 반드시 행위능력자임을 요하지 아니하며, 주식회사나 유한회사의 감사도 지배인이 될 수 있다. (×)　　　　　　　　　　　　　　　　　　[05·16 법무사]
> • 지배인은 직무의 성질상 감사와의 겸임은 허용되지만, 업무집행사원이나 이사는 지배인을 겸할 수 없다. (×)　　　　　　　　　　　　　　　　　　　　　　　　　　[07 법원직]
> • 주식회사의 지배인은 당해 회사의 감사의 직무를 겸할 수 있으며 지배인은 의사능력을 갖춘 자연인이어야 한다. (×)　　　　　　　　　　　　　　　　　　　　　[16 공인회계사]

(2) 선임과 해임

① 상인은 지배인을 선임하여 본점 또는 지점에서 영업을 하게 할 수 있으며, 이때 상인은 지배인의 선임과 그 대리권의 소멸에 관하여 그 지배인을 둔 본점 또는 지점소재지에서 등기하여야 한다. [11·18 법원직, 21 공인회계사]

> • 지배인은 상인 또는 그 대리인에 의해 선임된다. (○)　　　　　　　　[20 법원직, 11 법무사]
> • 상인은 지배인을 선임하여 본점 또는 지점에서 영업을 하게 할 수 있다. (○)　　[18 법원직]

② 상인의 대리인도 지배인을 선임할 수 있다. [20 법원직]

> • 지배인은 상인 또는 그 대리인에 의해 선임된다. (○)　　　　　　　　　　　[20 법원직]

③ 주식회사의 지배인 선임은 이사회 결의로 한다(제393조 제1항).

④ 합명회사의 경우, 지배인의 선임과 해임은 정관에 다른 정함이 없으면 업무집행사원이 있는 경우에도 총사원 과반수의 결의에 의하여야 한다(제203조). [14 공인회계사]

> • 합명회사의 경우 지배인의 선임과 해임은 정관에 다른 정함이 없으면 총사원 전원의 동의가 있어야 한다. (×)　　　　　　　　　　　　　　　　　　　　　　　[14 공인회계사]

⑤ 지배인 관련 등기는 효력요건이 아니라 대항요건이므로(제37조 제1항), 지배인의 선임과 그 대리권의 소멸의 효력은 해당 사유 발생시점에 발생한다. [05 법무사, 18 공인회계사]

⑥ 상인이 그 영업에 관하여 수여한 대리권은 본인의 사망으로 소멸하지 아니하므로(제50조), 상인이 선임한 지배인의 지배권도 본인의 사망으로 소멸하지 않는다.

(3) 등기

> **제13조【지배인의 등기】** 상인은 지배인의 선임과 그 대리권의 소멸에 관하여 그 지배인을 둔 본점 또는 지점소재지에서 등기하여야 한다. 전조 제1항에 규정한 사항과 그 변경도 같다.

① 상인은 지배인의 선임과 그 대리권의 소멸에 관하여 그 지배인을 둔 본점 또는 지점소재지에서 등기하여야 한다(제13조). [18 법원직, 21 공인회계사]

> • 지배인의 선임과 그 대리권 소멸에 관한 사항은 그 지배인을 둔 본점 또는 지점소재지에서 등기하여야 한다. (○)　　　　　　　　　　　　　　　　　　　　　　[11 법원직]

- 상인은 지배인의 대리권의 소멸에 관하여 그 지배인을 둔 본점 또는 지점소재지에서 등기하여야 한다. (○) [18 법원직, 21 공인회계사]

② 공동지배인의 선임과 그에 대한 변경도 등기하여야 한다(제13조).
③ 다만, 지배인 관련 등기는 효력요건이 아니라 대항요건이므로(제37조 제1항), 지배인의 선임과 그 대리권의 소멸의 효력은 해당 사유 발생시점에 발생한다. [05 법무사, 18 공인회계사]

- 지배인의 선임과 종임은 등기하지 아니하여도 효력이 있고, 다만 영업주가 이를 등기하지 아니하면 이로써 선의의 제3자에게 대항할 수 없을 뿐이다. (○) [05 법무사]
- 영업주로부터 지배인으로 선임된 A가 지배인 선임등기가 이루어지기 전에 B와 영업주의 영업상 거래를 한 경우 A와 B의 거래행위의 효력은 영업주에게 미친다. (○) [18 공인회계사]

2. 공동지배인

> **제12조 【공동지배인】** ① 상인은 수인의 지배인에게 공동으로 대리권을 행사하게 할 수 있다.
> ② 전항의 경우에 지배인 1인에 대한 의사표시는 영업주에 대하여 그 효력이 있다.
> **제13조 【지배인의 등기】** 상인은 공동지배인의 선임과 그 대리권의 소멸에 관하여 그 공동지배인을 둔 본점 또는 지점소재지에서 등기하여야 한다.

① 공동지배인이란 수인의 지배인들이 공동으로만 대리권을 행사할 수 있는 지배인을 말한다.
② 수인의 지배인이 선임된 경우 특별한 사정이 없는 한 수인의 지배인은 각자 독립하여 대리권을 행사할 수 있다. [17 법원직]

- 수인의 지배인이 선임된 경우 특별한 사정이 없는 한 수인의 지배인은 각자 독립하여 대리권을 행사할 수 있다. (○) [17 법원직]

③ 상인은 수인의 지배인에게 공동으로 대리권을 행사하게 할 수 있고, 공동지배인 중 1인에 대한 의사표시는 영업주에 대하여 유효하다. [14·17·19 법원직, 04·05·08·13·14·16 법무사, 18·19 공인회계사]

- 공동지배인은 공동으로만 대리권을 행사할 수 있으므로, 공동지배인 중 1인에 대하여 한 의사표시는 영업주에 대하여 효력이 없다. (×) [17 법원직, 05 법무사]
- 甲회사의 공동지배인 A, B, C는 D와 물품매매계약을 체결하고 계약금을 공동으로 수령한 후 1개월 뒤 D가 B에게만 잔금을 지급하였다면 甲회사에 대해서는 잔금지급의 효력이 인정되지 않는다. (×) [18 공인회계사]
- 상인은 수인의 지배인에게 공동으로 대리권을 행사하게 할 수 있고, 이 경우에 지배인 1인에 대한 의사표시는 영업주에 대하여 그 효력이 있다. (○) [19 법원직]
- 거래상대방이 영업주에게 하는 의사표시는 공동지배인 모두에게 하여야 영업주에게 효력이 있다. (×) [19 공인회계사]

④ 공동지배인의 선임과 그 변경에 관하여 그 공동지배인을 둔 본점 또는 지점소재지에서 등기하여야 한다. [20 공인회계사]

- 상인이 수인의 지배인에게 공동으로 대리권을 행사하게 한 경우 및 이를 변경한 경우에는 그 사항을 등기하여야 한다. (○) [20 공인회계사]

⑤ 공동지배인이 단독으로 한 행위는 무권대리에 해당하여 본인에 대하여 효력이 없다.

⑥ 영업주가 공동지배인을 등기하지 않았다면 제37조 제1항에 의하여 선의의 제3자에게 대항할 수 없고, 표현지배인 규정에 따른 표현책임과 민법 제756조에 의한 사용자책임이 문제된다. [15 법무사]

3. 지배인의 권한

제11조【지배인의 대리권】① 지배인은 영업주에 갈음하여 그 영업에 관한 재판상 또는 재판 외의 모든 행위를 할 수 있다.
② 지배인은 지배인이 아닌 점원 기타 사용인을 선임 또는 해임할 수 있다.
③ 지배인의 대리권에 대한 제한은 선의의 제3자에게 대항하지 못한다.

(1) 재판상 또는 재판 외 모든 행위에 대한 포괄적 권한

① 지배인은 영업주에 갈음하여 그 영업에 관한 재판상 또는 재판 외의 모든 행위를 할 수 있다. [09·16·17·20 법원직, 06·08·11·13·14 법무사, 17 공인회계사]

- 상인이 선임한 지배인이라도 합의부가 심판하는 사건에서는 소송행위를 할 수 없다. (×) [06 법무사]
- 지배인이 영업주에 갈음하여 그 영업에 관한 재판상의 행위를 함에 있어서는 영업주로부터 별도의 수권이 있어야 한다. (×) [14 법무사]
- 지배인은 변호사가 아닌 경우에도 영업주를 위하여 그 영업에 관한 소송행위를 대리할 수 있다. (○) [17 법원직]
- 지배인은 영업주에 갈음하여 그 영업에 관한 재판상 또는 재판 외의 모든 행위를 할 수 있다. (○) [20 법원직]

② 지배인의 권한은 자금차입, 어음행위와 같은 보조적 상행위도 포함한다.

③ 지배인은 지배인이 아닌 점원 기타 사용인을 선임 또는 해임할 수 있다. [14 법원직, 04·05·08 법무사, 21 공인회계사]

- 지배인은 지배인이 아닌 점원 기타 사용인을 선임 또는 해임할 수 있다. 다만, 지배인이 다른 지배인을 선임하거나 해임할 수는 없다. 따라서 본점의 총지배인도 지점의 지배인을 선임하거나 해임할 수 없다. (○) [14 법원직, 04·05·08 법무사]
- 지배인은 다른 지배인을 선임 또는 해임할 수 없으므로, 본점의 총지배인이라고 하더라도 지점의 지배인을 선임 또는 해임할 권한은 없다. (○) [05 법무사]
- 지배인은 영업주의 허락없이 영업주를 위하여 다른 영업을 양수하고 그 영업의 지배인을 선임할 수 있다. (×) [16 공인회계사]
- 지배인은 부분적 포괄대리권을 가진 사용인을 해임할 수 있다. (○) [21 공인회계사]

(2) 상인의 영업범위에 속하는 행위

① "일반적으로 상업사용인은 상인의 영업범위 내에 속하는 일에 관하여 그 상인을 대리할 수 있고, 영업과 관계없는 일에 관하여는 특별한 수권이 없는 한 대리권이 없다"(대판 1984.7.10, 84다카424·84다카425).

② "상업사용인이 권한 없이 상인의 영업과 관계없는 일에 관하여 상인의 행위를 대행한 경우에 상업사용인이라는 이유만으로 대리권이 있는 것으로 믿을 만한 정당한 이유가 있다고 보기 어렵다"(대판 1984.7.10, 84다카424·84다카425).

③ "지배인의 행위가 영업주의 영업에 관한 것인가의 여부는 지배인의 행위 당시의 주관적인 의사와는 관계없이 그 행위의 객관적 성질에 따라 추상적으로 판단한다"(대판 1998.8.21, 97다6704). [09 · 20 법원직, 11 법무사, 17 공인회계사]

> • 지배인의 행위가 영업주의 영업에 관한 것인가의 여부는 지배인의 행위 당시의 주관적인 의사와는 관계없이 그 행위의 객관적 성질에 따라 판단되어야 한다. (○)　　　　　　　　[11 법무사]
> • 지배인의 어떤 행위가 영업주의 영업에 관한 것인가의 여부는 지배인의 행위 당시의 주관적인 의사에 따라 결정될 수밖에 없다. (×)　　　　　　　　[20 법원직]

④ "지배인이 영업주 명의로 한 어음행위는 객관적으로 영업에 관한 행위로서 지배인의 대리권의 범위에 속하는 행위라 할 것이므로 지배인이 개인적 목적을 위하여 어음행위를 한 경우에도 그 행위의 효력은 영업주에게 미친다. 이러한 법리는 표현지배인의 경우에도 동일하다"(대판 1998.8.21, 97다6704). [18 · 20 법무사, 15 변호사]

> • 지배인이 영업주 명의로 한 어음행위는 객관적으로 영업에 관한 행위로서 지배인의 대리권의 범위에 속하는 행위라 할 것이므로 지배인이 개인적 목적을 위하여 어음행위를 한 경우에도 그 행위의 효력은 영업주에게 미친다 할 것이고, 이러한 법리는 표현지배인의 경우에도 동일하다. (○)　　　　　　　　[20 법무사, 15 변호사]

⑤ "제약회사의 지방 분실장이 자신의 개인적 목적을 위하여 권한 없이 대표이사의 배서를 위조하여 어음을 할인한 경우, 표현지배인의 성립이 인정된다"(대판 1998.8.21, 97다6704).

⑥ 영업에 관한 행위란 영업의 존속을 전제로 하므로 새로운 점포의 개설, 영업의 양도나 폐지는 지배인의 권한에 포함되지 않는다.

(3) 권한의 정형성

① 지배인의 권한은 법 규정에 의하여 일률적으로 주어진다.

② 따라서 지배인과 거래하는 상대방은 지배인이라는 사실만 확인하면 대리권의 범위를 별도로 확인하지 않아도 된다.

(4) 수 개의 영업과 지배인의 권한

① 개인 상인이 여러 상호로 여러 영업을 하는 경우, 지배인의 권한은 하나의 상호의 영업에만 미친다.

② 이 경우 상인은 수 개의 영업에 대한 지배권을 가진 지배인을 둘 수 있다.

(5) 영업주의 사망과 지배권의 소멸

상인이 그 영업에 관하여 수여한 대리권은 본인의 사망으로 소멸하지 아니하므로(제50조), 상인이 선임한 지배인의 지배권도 본인의 사망으로 소멸하지 않는다.

4. 지배인 권한의 내부적 제한

> **제11조【지배인의 대리권】** ③ 지배인의 대리권에 대한 제한은 선의의 제3자에게 대항하지 못한다.

① 영업주가 지배인의 권한을 제한하더라도 선의의 제3자에게 대항할 수 없다. [18 법원직, 08 법무사, 16 · 17 공인회계사] 따라서 지배인의 대리권에 대한 제한을 등기하였다 할지라도 선의의 제3자에게 대항할 수 없다. [14 공인회계사]

② 제3자는 과실 있는 제3자도 선의의 제3자에 해당하나, 중과실 있는 제3자는 해당하지 않는다.

③ 제3자의 악의 또는 중과실은 영업주가 입증책임을 부담한다.

④ "지배인이 영업주가 정한 대리권에 관한 제한 규정에 위반하여 행위한 경우 제3자가 대리권의 제한 사실을 알고 있었던 경우뿐만 아니라 알지 못한 데에 중대한 과실이 있는 경우에도 영업주는 그러한 사유를 들어 상대방에게 대항할 수 있고, 이러한 제3자의 악의 또는 중대한 과실에 대한 주장·입증책임은 영업주가 부담한다"(대판 1997.8.26, 96다36753). [17·19 법원직, 14·18 법무사]

⑤ "지배인이 내부적인 대리권 제한 규정에 위배하여 어음행위를 한 경우, 이러한 대리권의 제한에 대항할 수 있는 제3자의 범위에는 그 지배인으로부터 직접 어음을 취득한 상대방뿐만 아니라 그로부터 어음을 다시 배서·양도받은 제3취득자도 포함된다"(대판 1997.8.26, 96다36753). [17 공인회계사]

5. 지배권남용

① 지배권 남용이란 지배인이 자신이나 제3자의 이익을 위하여 권한을 행사한 경우를 말한다.

② 지배권 남용의 경우에 영업주가 책임을 부담하는지에 관하여 ⊙ '권리남용설'은 상대방이 지배권 남용을 알았음에도 지배인의 행위가 영업주에게 효력이 있다고 주장하는 것은 권리남용에 해당한다고 보고, ⓒ '심리유보설'은 상대방이 지배권 남용을 알았거나 알 수 있었을 경우 민법 제107조 제1항 단서가 유추적용되어 지배권 남용 행위가 무효라고 본다. 권리남용설은 악의의 제3자에 대해서만 대항할 수 있으나, 심리유보설은 과실 있는 제3자에 대해서도 대항할 수 있다는 점에서 차이가 있다.

③ "⊙ 지배인의 행위가 영업에 관한 것으로서 대리권한 범위 내의 행위라 하더라도 영업주 본인의 이익이나 의사에 반하여 자기 또는 제3자의 이익을 도모할 목적으로 그 권한을 행사한 경우에 상대방이 지배인의 진의를 알았거나 알 수 있었을 때에는 민법 제107조 제1항 단서의 유추해석상 그 지배인의 행위에 대하여 영업주 본인은 아무런 책임을 지지 않는다. [20 법원직, 11 법무사] ⓒ 이 경우 영업주 본인의 사용자책임도 성립되지 않는다"(대판 1999.3.9, 97다7721·7738).

6. 표현지배인

> **제14조 【표현지배인】** ① 본점 또는 지점의 본부장, 지점장, 그 밖에 지배인으로 인정될 만한 명칭을 사용하는 자는 본점 또는 지점의 지배인과 동일한 권한이 있는 것으로 본다. 다만, 재판상 행위에 관하여는 그러하지 아니하다. [07 · 09 · 10 · 16 · 18 법원직, 04 · 05 · 08 · 13 · 18 법무사, 16 · 21 공인회계사]
> ② 제1항은 상대방이 악의인 경우에는 적용하지 아니한다.

(1) 의의

① 표현지배인이란 지배인이 아님에도 본점 또는 지점의 본부장, 지점장 등 지배인으로 인정될 만한 명칭을 사용하는 자를 말한다.

② 공시제도 및 외관주의의 관철은 거래안전의 보호에 기여한다. [19 공인회계사]

> • 본점 또는 지점의 본부장, 지점장, 그 밖에 지배인으로 인정될 만한 명칭을 사용하는 자는 본점 또는 지점의 재판상 행위 및 재판 외의 행위에 대하여 지배인과 동일한 권한이 있는 것으로 본다. (×)
> [07 · 09 · 10 · 16 법원직, 08 법무사]
> • 본점 또는 지점의 본부장, 지점장, 그 밖에 지배인으로 인정될 만한 명칭을 사용하는 자는 재판상 행위에 관하여 본점 또는 지점의 지배인과 동일한 권한이 있는 것으로 본다. (×)　　[16 · 18 법원직]
> • 공시제도 및 외관주의의 관철은 거래안전의 보호에 기여한다. (○)
> [19 공인회계사]

(2) 요건

1) 지배인으로 인정될 수 있는 명칭

① 본점 또는 지점의 본부장, 지점장 등 지배인으로 인정될 만한 명칭을 사용하여야 한다.

② 지점차장, 지점장대리 등 명칭 자체에서 상위직이 존재한다는 것을 알 수 있는 경우에는 표현지배인에 해당하지 않는다. 건설회사 현장소장, 보험회사 영업소장은 표현지배인으로 인정되는 명칭이 아니다. [18 · 20 법무사]

③ "지점차장이라는 명칭은 그 명칭 자체로서 상위직의 사용인의 존재를 추측할 수 있게 하는 것이므로 상법 제14조 제1항 소정의 영업주임 기타 이에 유사한 명칭을 가진 사용인을 표시하는 것이라고 할 수 없고, 따라서 표현지배인이 아니다"(대판 1993.12.10, 93다36974).

> • 본부장, 지점장 외에 지점차장도 표현지배인에 해당한다. (×)　　[18 법무사]

④ "일반적으로 증권회사의 지점장대리는 그 명칭 자체로부터 상위직의 사용인의 존재를 추측할 수 있게 하는 것이므로, 상법 제14조 소정의 영업주임 기타 이에 유사한 명칭을 가진 사용인이라고 할 수는 없고, 같은 법 제15조 소정의 영업의 특정한 종류 또는 특정한 사항에 대한 위임을 받은 사용인으로서 그 업무에 관한 부분적 포괄대리권을 가진 사용인으로 봄이 타당하다"(대판 1994.1.28, 93다49703).

2) 영업소로서의 실질의 존재

① "표현지배인 조항을 적용하려면 당해 사용인의 근무장소가 상법상의 영업소인 본점 또는 지점의 실체를 가지고 어느 정도 독립적으로 영업활동을 할 수 있어야 한다"(대판 1978.12.13, 78다1567). [16 · 18 · 20 법무사]

> • 상법상 표현지배인에 관한 규정이 적용되기 위하여는 당해 사용인의 근무장소가 상법상 지점으로서의 실체를 구비하여야 한다. (○)　　[20 법무사]

② "본·지점의 기본적인 업무를 독립하여 처리할 수 있는 것이 아니라 단순히 본·지점의 지휘·감독 아래 기계적으로 제한된 보조적 사무만을 처리하는 것으로밖에 볼 수 없는 경우, 상법상의 영업소인 본점·지점에 준하는 영업장소라고 볼 수 없어 표현지배인이라고 볼 수 없다"(대판 1978.12.13, 78다1567). [16·18 법무사]

> • 단순히 본·지점의 지휘·감독 아래 기계적으로 제한된 보조적 사무만을 처리하는 영업소는 상법상의 영업소라 볼 수 없으므로 동 영업소의 소장을 상법 제14조 제1항 소정의 표현지배인으로 볼 수 없다. (○)   [20 법무사]

③ "회사의 주주로서 자금조달 업무에 종사함과 아울러 **지방 연락사무소장으로서 그 회사로부터 토지를 분양받은 자들과의 연락 업무와 투자중개 업무를 담당해 온 경우**, 회사를 위하여 독립적으로 영업 활동을 할 수 있는 지위에 있었다고 단정할 수 없으므로 **표현지배인이 아니다**"(대판 1998.10.13, 97다43819).

3) 지배인 권한 범위 내의 행위
① 표현지배인은 지배인의 권한 범위 내의 행위를 하여야 한다. [08 법무사]
② 재판상 행위에는 표현지배인이 성립하지 않는다(제14조 제1항 단서). [18 법무사, 21 공인회계사]

> • 표현지배인은 영업주의 영업에 관한 재판상 행위에 관하여 그 영업소의 지배인과 동일한 권한이 있는 것으로 본다. (×)   [21 공인회계사]

③ 표현지배인의 행위가 영업에 관한 것인지 여부는 개인적 목적이나 의도와 상관없이 행위의 객관적 성질에 따라 추상적으로 판단한다. [17 공인회계사]

> • 판례에 의하면 표현지배인의 행위가 영업주의 영업에 관한 것인가의 여부는 표현지배인의 행위 당시의 주관적인 의사에 따라 구체적으로 판단하여야 한다. (×)   [17 공인회계사]

④ 표현지배인의 이익을 위한 행위도 대리권 범위 내이면 표현지배인이 성립된다.

4) 영업주의 명시적·묵시적 허락
① 표현적 명칭을 사용하는데 대하여 영업주의 명시적 또는 묵시적 허락이 있었어야 한다.
② "표현대표자의 행위에 대하여 회사가 책임을 지는 것은 회사가 표현대표자의 명칭 사용을 명시적으로나 묵시적으로 승인할 경우에 한한다"(대판 1995.11.21, 94다50908).
③ "회사의 명칭 사용 승인 없이 임의로 명칭을 참칭한 자의 행위에 대하여는 비록 그 명칭 사용을 알지 못하고 제지하지 못한 점에 있어 회사에게 과실이 있다고 할지라도 회사는 선의의 제3자에 대해서도 책임을 지지 않는다"(대판 1995.11.21, 94다50908).

5) 상대방의 선의, 무중과실
① 상대방이 악의 또는 중과실인 경우에는 표현지배인이 성립하지 아니한다.
② 상대방이 표현지배인을 진정한 지배인으로 알았거나 상대방이 단순 과실로 표현지배인이 지배인이 아니라는 사실을 알지 못한 경우에는 영업주가 책임을 부담한다.
③ 영업주가 표현지배인에게 지배인으로 믿을 만한 명칭사용을 허락한 경우 영업주는 선의의 제3자에게 대항할 수 없지만, 제3자에게 중과실이 있는 경우에는 대항할 수 있다. [07 법원직]
④ "표현대리행위가 성립하는 경우 본인은 전적인 책임을 져야 하고, 상대방에게 과실이 있다고 하더라도 과실상계의 법리를 유추적용하여 본인의 책임을 감경할 수 없다"(대판 1994.12.22, 94다24985).

(3) 효과

표현지배인은 진정한 지배인과 동일한 권한이 있는 것으로 의제되므로, 표현지배인의 행위에 대하여 영업주가 책임을 부담한다.

Ⅲ. 기타 상업사용인

1. 부분적 포괄대리권을 가진 상업사용인

> **제15조【부분적 포괄대리권을 가진 사용인】** ① 영업의 특정한 종류 또는 특정한 사항에 대한 위임을 받은 사용인은 이에 관한 재판 외의 모든 행위를 할 수 있다. [08·09·14·16 법원직, 20 법무사, 18·20 공인회계사]
> ② 부분적 포괄대리권을 가진 사용인의 대리권에 대한 제한은 선의의 제3자에게 대항하지 못한다.

(1) 의의

① 부분적 포괄대리권을 가진 상업사용인이란 영업의 특정한 종류 또는 특정한 사항에 대한 대리권을 가진 사용인을 말한다.

② "주식회사의 기관인 상무이사도 상법 제15조 소정의 부분적 포괄대리권을 가지는 사용인을 겸임할 수 있다"(대판 1996.8.23, 95다39472). [08 법원직]

> • 주식회사의 기관인 상무이사는 상법 제15조 소정의 부분적 포괄대리권을 가지는 그 회사의 사용인을 겸임할 수 있다. (○)　　　　　　　　　　　　　　　　　　　[08 법원직]

③ "부분적 포괄대리권을 가진 사용인은 영업의 특정한 종류 또는 특정한 사항에 관한 재판 외의 모든 행위를 할 수 있는 대리권을 가진 상업사용인을 말하므로, 사용인의 업무 내용에 영업주를 대리하여 법률행위를 하는 것이 당연히 포함되어 있어야 한다"(대판 2007.8.23, 2007다23425). [16·20 법무사, 18 변호사]

> • 부분적 포괄대리권을 가진 사용인에 해당하기 위해서는 그 업무 내용에 영업주를 대리하여 법률행위를 하는 것이 당연히 포함되어 있어야 한다. (○)　　　　　　　　　　[16 법무사]

④ "회사의 영업부장과 과장대리가 거래선 선정 및 계약체결, 담보설정, 어물구매, 어물판매, 어물재고의 관리 등의 업무에 종사하고 있었다면 비록 상무, 사장 등의 결재를 받아 그 업무를 시행하였더라도 그 업무에 관한 부분적 포괄대리권을 가진 사용인이다"(대판 1989.8.8, 88다카23742).

(2) 대리권의 범위

1) 부분적·포괄적·획일적·정형적 대리권

① 영업의 특정한 종류 또는 특정한 사항에 대하여 지배인과 같이 포괄적 대리권을 가지며, 획일적·정형적으로 대리권이 주어진다.

② 개개의 행위에 대하여 영업주로부터 별도의 수권을 받을 것이 요구되지 않는다. [18 법무사]

> • 부분적 포괄대리권을 가진 상업사용인은 개개의 행위에 대하여 영업주로부터 별도의 수권을 받을 필요가 없다. (○)　　　　　　　　　　　　　　　　　　　　　　[18 법무사]

③ 소송행위는 대리권에서 제외된다(제15조 제1항).

> • 영업의 특정한 종류 또는 특정한 사항에 대한 위임을 받은 사용인은 그 특정한 종류 또는 특정한 사항에 관하여 재판상 또는 재판 외의 모든 행위를 할 수 있다. (×)　　　　　[08·14 법원직]
> • 영업의 특정한 종류 또는 특정한 사항에 대한 위임을 받은 사용인은 이에 관한 재판 외의 모든 행위를 할 수 있다. (○)　　　　　[20 공인회계사]

④ 부분적 포괄대리권을 가진 사용인의 대리권에 대한 제한은 선의의 제3자에게 대항할 수 없다(제15조 제2항, 제11조 제3항). [16·20 공인회계사]

> • 회사가 구매부장의 구매업무에 관한 대리권을 제한하더라도 이로써 선의의 제3자에게 대항하지 못한다. (○)　　　　　[16 공인회계사]
> • 부분적 포괄대리권을 가진 사용인의 대리권에 대한 제한은 선의의 제3자에게 대항하지 못한다. (○)　　　　　[20 공인회계사]

2) 유형별 대리권의 범위

① "분양계약을 수권받은 관리부장 또는 관리과장의 업무의 범위 속에는 분양계약의 체결은 물론, 기존 분양계약자들과의 분양계약을 합의해제하거나 해제권 유보에 관한 약정을 체결하고, 재분양계약을 체결하는 일체의 분양거래행위도 포함된다"(대판 1994.10.28, 94다22118).

② "주식회사의 경리부장은 경상자금의 수입과 지출, 은행거래, 경리장부의 작성 및 관리 등 경리사무 일체에 관하여 그 권한을 위임받은 것으로 봄이 타당하고 특별한 사정이 없는 한 독자적인 자금차용은 회사로부터 위임되어 있지 않다고 보아야 할 것이므로 경리부장에게 자금차용에 관한 부분적 포괄대리권이 있다고 할 수 없다"(대판 1990.1.23, 88다카3250).

③ "증권회사 지점장대리는 표현지배인이 될 수 없고, 특별한 사정이 없는 한 증권회사 지점장대리와 고객과의 사이에서 증권회사의 손실부담약정을 체결하는 것은 위 대리권의 범위에 속한다고 볼 수 없다"(대판 1994.1.28, 93다49703).

④ "전산개발장비 구매와 관련된 실무를 총괄하는 상업사용인의 지위에 있는 자가 회사에 새로운 채무부담을 발생시키는 지급보증행위를 하는 것은 부분적 포괄대리권을 가진 상업사용인의 권한에 속하지 아니한다"(대판 2006.6.15, 2006다13117). [08 법원직]

> • 전산개발장비 구매와 관련된 실무를 총괄하는 상업사용인의 지위에 있는 자는 회사에 새로운 채무부담을 발생시키는 지급보증행위를 할 권한이 있다. (×)　　　　　[08 법원직]

3) 건설회사 현장소장의 권한(대판 1994.9.30, 94다20884)

① 건설회사 현장소장은 특정된 건설현장에서 공사의 시공에 관련한 업무만을 담당하는 자이므로, 표현지배인이라고 할 수는 없고, 영업의 특정한 종류 또는 특정한 사항에 대한 위임을 받은 사용인으로서 업무에 관하여 부분적 포괄대리권을 가진 사용인에 해당한다.

② 건설회사 현장소장은 공사자재, 노무관리, 하도급계약 체결, 하도급공사대금 지급, 공사 중기의 임대차계약 체결과 임대료 지급에 관해 대리권이 있으나, 아무리 소규모라 하더라도 새로운 수주활동과 같은 영업활동은 업무범위에 속하지 아니한다.

③ 일반적으로 건설회사 현장소장에게 회사의 부담으로 될 채무보증 또는 채무인수 등과 같은 행위를 할 권한이 회사로부터 위임되어 있다고 볼 수는 없다.

④ 건설회사 현장소장에게 중기임대료에 대한 보증행위를 할 권한은 위임하였다고 보는 것이 상당하고, 거래상대방이 이를 신뢰하는데 정당한 이유가 있다고 보아야 한다.

(3) 표현책임의 성립 여부

① "부분적 포괄대리권을 가진 사용인이 아닌 사용인이 그러한 사용인과 유사한 명칭을 사용하여 법률행위를 한 경우 그 거래상대방은 민법 제125조의 표현대리나 민법 제756조의 사용자책임 등의 규정에 의하여 보호될 수 있으므로, 부분적 포괄대리권을 가진 사용인의 경우에도 표현지배인에 관한 상법 제14조의 규정이 유추적용되어야 한다고 할 수는 없다"(대판 2007.8.23, 2007다23425). [08·09·19 법원직, 18 법무사, 15 변호사]

> - 부분적 포괄대리권을 가진 상업사용인이 특정된 영업이나 특정된 사항에 속하지 아니하는 행위를 한 경우 표현지배인에 관한 상법 제14조가 유추적용된다. (×) [08 법원직]
> - 부분적 포괄대리권을 가진 사용인의 경우에는 표현지배인에 관한 상법 제14조의 규정이 유추적용 되어야 한다고 할 수 없다. (○) [19 법원직, 15 변호사]

② "부분적 포괄대리권을 가진 상업사용인이 특정된 영업이나 특정된 사항에 속하지 아니하는 행위를 한 경우, 영업주가 책임을 지기 위하여는 민법상의 표현대리의 법리에 의하여 그 상업사용인과 거래한 상대방이 그 상업사용인에게 그 권한이 있다고 믿을 만한 정당한 이유가 있어야 한다"(대판 2012.12.13, 2011다69770). [19 법원직, 18 법무사]

> - 부분적 포괄대리권을 가진 상업사용인이 특정된 영업이나 특정된 사항에 속하지 아니하는 행위를 한 경우, 영업주가 책임을 지기 위하여는 민법상의 표현대리의 법리에 의하여 그 상업사용인과 거래한 상대방이 그 상업사용인에게 그 권한이 있다고 믿을 만한 정당한 이유가 있어야 한다. (○) [18 법무사]
> - 부분적 포괄대리권을 가진 상업사용인이 특정된 영업이나 특정된 사항에 속하지 아니하는 행위를 한 경우, 영업주가 책임을 지기 위하여는 민법상의 표현대리의 법리에 의하여 그 상업사용인과 거래한 상대방이 그 상업사용인에게 그 권한이 있다고 믿을 만한 정당한 이유가 있어야만 하는 것은 아니다. (×) [19 법원직]

(4) 부분적 포괄대리권의 남용

① "부분적 포괄대리권을 가진 상업사용인이 그 범위 내에서 한 행위는 설사 상업사용인이 영업주 본인의 이익이나 의사에 반하여 자기 또는 제3자의 이익을 도모할 목적으로 그 권한을 남용한 것이라 할지라도 일단 영업주 본인의 행위로서 유효하다"(대판 2008.7.10, 2006다43767). [18 법무사]

> - 부분적 포괄대리권을 가진 상업사용인이 그 범위 내에서 한 행위는 설사 상업사용인이 영업주 본인의 이익이나 의사에 반하여 자기 또는 제3자의 이익을 도모할 목적으로 그 권한을 남용한 것이라 할지라도 일단 영업주 본인의 행위로서 유효하다. (○) [18 법무사]

② "그러나 그 행위의 상대방이 상업사용인의 진의를 알았거나 알 수 있었을 때에는 민법 제107조 제1항 단서의 유추해석상 그 행위에 대하여 영업주 본인에 대하여 무효가 된다"(대판 2008.7.10, 2006다43767).

2. 물건판매점포사용인

> **제16조【물건판매점포의 사용인】** ① 물건을 판매하는 점포의 사용인은 그 판매에 관한 모든 권한이 있는 것으로 본다. [14·16 법원직]
> ② 제1항은 상대방이 악의인 경우에는 적용하지 아니한다. [14·16 법원직]

① 물건을 판매하는 점포의 사용인은 그 판매에 관한 모든 권한이 있는 것으로 본다(제16조 제1항). [14·16 법원직]

② 상대방이 악의인 경우에는 적용하지 아니한다. [14·16 법원직]

> • 물건을 판매하는 점포의 사용인은 그 판매에 관한 모든 권한이 있는 것으로 본다. 하지만 상대방이 악의인 경우에는 그러하지 아니하다. (○)　　　　　[14·16 법원직]

③ 물건판매점포의 사용인에 대해서는 상법에 의하여 대리권이 주어지므로 영업주가 대리권을 부여하지 않은 경우에도 권한이 인정된다. [14 공인회계사]

> • 물건판매점포사용인은 다른 상업사용인과 마찬가지로 법률행위에 대한 대리권의 수여행위가 있어야 한다. (×)　　　　　[14 공인회계사]

④ 점포 내에서 물건을 판매할 권한이 있는 것 같은 외관이 존재하면 적용된다.

⑤ 따라서 영업주 가족이 판매행위를 하는 경우처럼 고용계약이 없어도 권한이 인정된다.

⑥ 물건이 점포에 없더라도 점포에서 판매하는 물건에 관한 것이고 계약이 점포에서 이루어졌다면 권한이 인정된다.

⑦ 점포 밖에서 이루어진 행위에 대해서는 적용되지 않는다. 백화점 지점의 외근사원은 물건판매점포 사용인에 해당하지 않는다.

⑧ 물건판매점포의 사용인에게는 점포 내에서의 판매대금 수령, 판매가격 할인, 물건 교환에 대한 권한이 인정된다.

⑨ 다만, 점포 외에서의 대금 수령권한은 인정되지 않는다. [18 공인회계사]

> • A가 운영하는 전기제품 판매점의 점원인 B가 그 판매점에서 외상으로 제품을 구매하였던 C의 사무실을 찾아가 A의 허락없이 C로부터 외상대금을 수령한 경우 C의 B에 대한 외상대금의 변제행위는 유효하다. (×)　　　　　[18 공인회계사]

⑩ 학설은 물건판매를 목적으로 하지 않는 물건임대업, 금융업, 공중접객업에도 물건판매점포의 사용인이 유추적용된다고 본다.

Ⅳ. 상업사용인의 경업금지 및 겸직금지의무

1. 경업금지의무

> **제17조【상업사용인의 의무】** ① 상업사용인은 영업주의 허락없이 자기 또는 제삼자의 계산으로 영업주의 영업부류에 속한 거래를 하거나 회사의 무한책임사원, 이사 또는 다른 상인의 사용인이 되지 못한다.

(1) 의의

① 상업사용인은 영업주의 허락없이 자기 또는 제삼자의 계산으로 영업주의 영업부류에 속한 거래를 하지 못한다(제17조 제1항). [03 법무사, 17·20 공인회계사]

> • 상업사용인은 영업주의 허락없이 자기 또는 제3자의 계산으로 영업주의 영업부류에 속한 거래를 하지 못한다. (○)　　　　　　　　　　　　　　　　　　　　　　　[03 법무사, 20 공인회계사]

② '계산'이란 경제적 효과인 이익의 귀속 주체를 의미하고, 명의가 누구인지는 상관없다.

③ '영업부류에 속한 거래'란 영업주의 기본적 상행위 또는 준상행위를 의미하고, 보조적 상행위 및 영리적 성격이 없는 행위는 제외된다.

(2) 개입권

> 제17조 【상업사용인의 의무】② 상업사용인이 전항의 규정에 위반하여 거래를 한 경우에 그 거래가 자기의 계산으로 한 것인 때에는 영업주는 이를 영업주의 계산으로 한 것으로 볼 수 있고 제3자의 계산으로 한 것인 때에는 영업주는 사용인에 대하여 이로 인한 이득의 양도를 청구할 수 있다.
> ③ 전항의 규정은 영업주로부터 사용인에 대한 계약의 해지 또는 손해배상의 청구에 영향을 미치지 아니한다.
> ④ 제2항에 규정한 권리는 영업주가 그 거래를 안 날로부터 2주간을 경과하거나 그 거래가 있은 날로부터 1년을 경과하면 소멸한다.

① 영업주는 그 거래가 상업사용인의 계산으로 한 것인 때에는 이를 영업주의 계산으로 한 것으로 볼 수 있고 제3자의 계산으로 한 것인 때에는 영업주는 사용인에 대하여 이로 인한 이득의 양도를 청구할 수 있다. [07·09 법원직, 03·13·14 법무사, 16·19·20 공인회계사] 이러한 영업주의 권리를 개입권이라 한다.

> • 상업사용인이 영업주의 허락없이 영업주의 영업부류에 속한 거래를 자기의 계산으로 한 때에는 영업주는 이를 영업주의 계산으로 한 것으로 볼 수 있다. (○)　　　　　　　　　　　[03 법무사]

② 개입권은 형성권으로 일방의 의사표시만으로 성립된다.

③ 개입권은 영업주가 거래를 안 날로부터 2주간, 거래가 있은 날로부터 1년의 제척기간이 적용된다. [03 법무사]

> • 영업주의 사용인에 대한 개입권 또는 이득양도청구권은 영업주가 그 거래를 안 날로부터 2주간을 경과하거나 그 거래가 있은 날로부터 1년을 경과하면 소멸한다. (○)　　　　　　　[03 법무사]

④ 영업주가 개입권을 행사한 경우에도 영업주가 직접 거래 당사자가 되는 것은 아니다.
　※ 위탁매매인, 운송주선인의 경우 개입권이 행사되면 위탁매매인 등이 직접 거래의 당사자가 된다.

⑤ 상업사용인의 경업금지의무에 위반한 행위가 상업사용인의 계산으로 한 것인 때에는 영업주는 이를 영업주의 계산으로 한 것으로 볼 수 있다.

⑥ 상업사용인이 경업금지의무를 위반하여 거래를 한 경우, 그 거래가 제3자의 계산으로 한 것인 때에는 영업주는 사용인에 대하여 이로 인한 이득의 양도를 청구할 수 있으나, 그 제3자에 대해서는 그 거래로 취득한 이득의 양도를 청구할 수 없다. [16·20 공인회계사]

> - 지배인이 영업주에 대한 경업금지의무를 위반하여 제3자의 계산으로 거래한 경우에 영업주는 그 거래를 영업주의 계산으로 한 것으로 볼 수 있다. (×)　　　　　　　[09 법원직, 13 · 14 법무사]
> - 상업사용인이 경업금지의무를 위반하여 거래를 한 경우, 그 거래가 제3자의 계산으로 한 것인 때에는 영업주는 그 제3자에 대하여 그 거래로 취득한 이득의 양도를 청구할 수 있다. (×)　　　　[16 · 20 공인회계사]

⑦ 경업금지의무 위반의 경우에도 상업사용인과 상대방 사이의 거래는 유효하다. [14 공인회계사]

> - 상업사용인이 경업금지의무를 위반하여 제3자와 거래를 한 경우에 그 거래는 제3자의 선의·악의를 불문하고 유효하다. (○)　　　　　　　　　　　　　　　　　[14 공인회계사]

⑧ 영업주가 상업사용인에게 개입권 또는 이득양도청구권을 행사한 이후에도 영업주는 상업사용인과의 계약을 해지하거나 손해배상을 청구할 수 있다(제17조 제3항). [03 · 16 법무사, 19 공인회계사]

> - 영업주가 사용인에 대하여 개입권 또는 이득양도청구권을 행사한 후에는 별도로 사용인에 대하여 손해배상청구를 하지 못한다. (×)　　　　　　　　　　　　　　[03 법무사]
> - 영업주는 상업사용인이 경업금지의무를 위반한 경우 개입권을 행사할 수 있고, 사용인에 대하여 계약의 해지 또는 손해배상청구를 할 수 있다. (○)　　　　[16 법무사, 19 공인회계사]

2. 겸직금지의무

> **제17조【상업사용인의 의무】** ① 상업사용인은 영업주의 허락없이 자기 또는 제삼자의 계산으로 영업주의 영업부류에 속한 거래를 하거나 회사의 무한책임사원, 이사 또는 다른 상인의 사용인이 되지 못한다.

① 상업사용인은 영업주의 허락없이 회사의 무한책임사원, 이사 또는 다른 상인의 사용인이 되지 못한다. [14 법무사, 17 · 18 · 21 공인회계사]

> - 상업사용인은 영업주의 허락없이 다른 회사의 무한책임사원 또는 다른 상인의 사용인은 될 수 없으나, 다른 회사의 이사는 될 수 있다. (×)　　　　　　　　　[14 법무사]
> - 상업사용인은 영업주의 허락없이 다른 합자회사의 유한책임사원이 될 수 없다. (×)　[14 공인회계사]
> - 상업사용인은 영업주의 허락이 없어도 다른 회사의 무한책임사원이나 이사가 될 수 있다. (×)　　　　　　　　　　　　　　　　　　　　　　　[18 공인회계사]
> - 지배인은 영업주의 허락없이 다른 상인의 사용인이 되지 못한다. (○)　[21 공인회계사]

② 익명조합의 조합원, 합자조합의 유한책임조합원, 주식회사 주주, 합자회사의 유한책임사원, 유한회사와 유한책임회사의 사원이 되는 것은 허용된다. [14 공인회계사]

③ 겸직금지의무의 취지는 상업사용인으로 하여금 영업주의 이익에 전념하라는 것이므로, 겸직 결과 상업사용인이 수행하는 영업이 영업주의 영업부류와 동종인지 여부를 불문한다.
　　※ 대리상, 합명회사의 사원, 주식회사 이사의 겸직금지는 동종영업에 대해서만 적용된다.

④ 겸직금지의무 위반의 경우 영업주는 상업사용인과의 계약을 해지하거나 손해배상을 청구할 수 있다.

⑤ 겸직금지의 대상은 거래가 아니기 때문에 개입권은 인정되지 않는다. 따라서 영업주는 상업사용인이 겸직금지의무에 위반하여 받은 급여를 영업주에게 반환하라고 청구할 수 없다.

제4장 / 상호

Ⅰ. 상호의 의의 및 선정

1. 상호의 의의

① 상호란 상인이 영업활동에 사용하는 명칭을 말한다.
② 상호는 문자로 표시되고 발음될 수 있는 것이어야 한다.
③ 상호는 상인이 자신의 상품을 다른 상인의 상품과 구별하기 위하여 상품에 사용하는 기호, 문자, 도형, 소리, 이미지 등을 의미하는 상표와 구별된다.

2. 상호의 선정 [09·14·16·18 법원직, 05·07·15·16·17·19 법무사]

> 제18조【상호선정의 자유】상인은 그 성명 기타의 명칭으로 상호를 정할 수 있다.
> 제19조【회사의 상호】회사의 상호에는 그 종류에 따라 합명회사, 합자회사, 유한책임회사, 주식회사 또는 유한회사의 문자를 사용하여야 한다.
> 제20조【회사상호의 부당사용의 금지】회사가 아니면 상호에 회사임을 표시하는 문자를 사용하지 못한다. 회사의 영업을 양수한 경우에도 같다.

① 상인은 그 성명 기타의 명칭으로 상호를 정할 수 있다(제18조). [12·18·20 공인회계사]

> • 변호사 사무실의 명칭은 상법상의 상호로서 상호등기부에 등기할 수 있다. (×)   [12 공인회계사]
> • 상인의 상호는 영업내용 및 영업주의 실질과 일치하여야 한다. (×)   [18 공인회계사]
> • 상인은 그 성명 기타의 명칭으로 상호를 정할 수 있다. (○)   [20 공인회계사]

② 회사는 그 종류에 따라 회사의 상호에 합명회사, 합자회사, 유한책임회사, 주식회사 또는 유한회사의 문자를 사용하여야 한다(제19조). [09 법원직, 07·17 법무사]

> • 회사의 상호에는 그 종류에 따라 합명회사, 합자회사, 유한책임회사, 주식회사 또는 유한회사의 문자를 사용하여야 한다. (○)   [07·17 법무사]
> • 합명회사는 조합과 유사하므로 상호자유주의에 따라 상호에 합명회사라는 명칭을 사용할 필요가 없다. (×)   [09 법원직]

③ 회사가 아니면 상호에 회사를 표시하는 문자를 사용하지 못한다(제20조). 회사의 영업을 양수한 경우에도 같다. [14·16·18 법원직, 05·07·16·17·20 법무사, 12 변호사, 10 공인회계사]

> • 합명회사의 영업을 양수한 경우에는 비록 합명회사가 아니더라도 상호에 합명회사임을 표시하는 문자를 사용할 수 있다. (×)   [05 법무사]
> • 회사가 아니면 상호에 회사임을 표시하는 문자를 사용하지 못한다. 회사의 영업을 양수한 경우에도 같다. (○)   [07·16 법무사]
> • 회사가 아닌 자도 상호 중에 회사임을 나타내는 문자를 사용할 수 있다. (×)   [10 공인회계사]

- 민법상의 조합은 상호에 회사임을 표시하는 문자를 사용하지 못한다. (○) [12 변호사]
- 회사의 영업을 양수한 경우에도 회사가 아니라면 상호에 회사임을 표시하는 문자를 사용하지 못한다. (○) [17 법무사]
- 회사가 아니면 상호에 회사임을 표시하는 문자를 사용하지 못한다. 단, 회사의 영업을 양수한 경우에는 그러하지 아니하다. (×) [18 법원직]

④ 개인이 회사의 영업을 양수한 경우에도 개인은 회사가 아니므로 상호에 회사를 표시하는 문자를 사용하지 못한다.

- 합명회사의 영업을 양수한 경우에는 비록 합명회사가 아니더라도 상호에 합명회사임을 표시하는 문자를 사용할 수 있다. (×) [05 법무사]

3. 상호의 단일성

> 제21조【상호의 단일성】① 동일한 영업에는 단일상호를 사용하여야 한다.
> ② 지점의 상호에는 본점과의 종속관계를 표시하여야 한다.

① 동일한 영업에는 단일상호를 사용하여야 한다(제21조 제1항). [12 · 16 법원직, 07 · 17 법무사, 18 · 20 공인회계사]

- 동일한 영업에는 단일상호를 사용하여야 한다. (○) [12 법원직, 17 법무사]
- 회사가 아닌 개인 상인의 경우에는 동일한 영업에 대하여 단일상호를 사용하지 않아도 된다. (×) [20 공인회계사]

② 지점의 상호에는 본점과의 종속관계를 표시하여야 한다(제21조 제2항). [16 법원직, 18 공인회계사]

- 동일한 영업에는 단일상호를 사용하여야 하며 지점의 상호에는 본점과의 종속관계를 표시하여야 한다. (○) [16 법원직, 18 공인회계사]

③ 회사의 상호는 회사 자체를 표시하므로, 회사는 여러 영업을 하더라도 하나의 상호만 사용해야 한다. [13 법원직, 05 법무사, 19 공인회계사, 12 · 17 변호사]

- 주식회사가 각기 독립된 수 개의 영업을 하는 경우에 각 영업별로 다른 상호를 사용할 수 있다. (×) [12 변호사]
- 회사가 수 개의 독립된 영업을 하는 경우, 각 영업별로 다른 상호를 사용할 수 없다. (○) [17 변호사]
- 회사가 상이한 수 개의 영업을 영위하는 경우 단일 상호를 사용할 수 없다. (×) [19 공인회계사]

④ 개인은 독립된 영업별로 다른 상호를 사용하는 것이 가능하다. [13 법원직, 05 법무사, 10 · 13 공인회계사]

- 개인 상인이 수 개의 영업을 영위하는 경우에는 그 영업의 수만큼 서로 다른 상호를 선정하여 쓸 수 있지만, 회사의 경우는 수 개의 영업이 있는 때라도 상호는 하나만 사용할 수 있다. (○) [05 법무사]
- 개인 상인은 수 개의 영업을 영위하는 경우 별개의 상호를 사용할 수 있다. (○) [10 공인회계사]
- 개인 상인이 수 개의 영업을 영위하는 경우에도 하나의 상호만을 사용하여야 한다. (×) [18 공인회계사]
- 개인 상인이 수 개의 영업을 하는 경우에는 각 영업마다 별도의 상호를 사용할 수도 있고, 수 개의 영업 전체에 대하여 하나의 상호를 사용할 수도 있다. (○) [13 법원직]

⑤ 하나의 영업에 둘 이상 상호를 사용한 경우, 등기 여부를 불문하고 모두 상호로 보호되지 못한다.
⑥ 수 개의 영업에 하나의 상호를 사용하는 것은 허용된다. [13 법원직, 18 · 19 공인회계사]

Ⅱ. 상호등기

1. 상호의 등기

① 회사의 상호는 등기사항이다. [08 법무사, 18 공인회계사]

> • 회사의 상호는 정관의 절대적 기재사항이고 설립등기에 반드시 포함되어야 하므로, 회사의 경우에는 '미등기상호'의 문제가 생길 수 없다. (○)   [08 법무사]

② 자연인의 상호는 등기가 강제되지 않으나, 자연인의 상호도 일단 등기되면 변경과 소멸은 등기되어야 한다.

> • 상호는 등기하지 아니하면 법적 보호를 받지 못한다. (×)   [10 공인회계사]
> • 상인의 상호의 등기 여부는 자유이지만, 등기한 상호에 대해서는 상법에 의한 보호를 받는다. (×)   [18 공인회계사]

2. 상호등기의 효과

> 제22조 【상호등기의 효력】 타인이 등기한 상호는 동일한 특별시 · 광역시 · 시 · 군에서 동종영업의 상호로 등기하지 못한다.
> 제23조 【주체를 오인시킬 상호의 사용금지】 ④ 동일한 특별시 · 광역시 · 시 · 군에서 동종영업으로 타인이 등기한 상호를 사용하는 자는 부정한 목적으로 사용하는 것으로 추정한다.

① 타인이 등기한 상호는 동일한 특별시 · 광역시 · 시 · 군에서 동종영업의 상호로 등기하지 못한다. [12 법원직, 06 · 08 · 11 법무사, 14 공인회계사]

> • 타인이 등기한 상호는 동일한 특별시 · 광역시 · 시 · 군에서 다른 종류의 영업의 상호로 등기하지 못한다. (×)   [14 공인회계사]

② 동일상호에 대해서만 적용되고, 유사상호에 대해서는 적용되지 않는다.
③ 동일지역 내에서만 적용되고 인접지역에는 적용되지 않는다.
④ 동일한 특별시 · 광역시 · 시 · 군에서 동종영업으로 타인이 등기한 상호를 사용하는 자는 부정한 목적으로 사용하는 것으로 추정한다. [11 · 16 법원직, 05 · 17 법무사, 13 · 15 공인회계사]

> • 인접한 특별시 · 광역시 · 시 · 군에서 동종영업으로 타인이 등기한 상호를 사용하는 자는 부정목적으로 사용하는 것으로 추정되지 않는다. (○)   [13 공인회계사]
> • 동일 또는 인접한 특별시 · 광역시 · 시 · 군에서 동종영업으로 타인이 등기한 상호를 사용하는 자는 부정한 목적으로 사용하는 것으로 추정한다. (×)   [15 공인회계사]

⑤ 판례는 상호의 요부가 동일한 경우 상호의 동일성이 인정되어 부정한 목적이 추정되나, 구체적인 사실관계를 바탕으로 부정한 목적이 존재하는 것으로 볼 수 없는 경우 이러한 추정을 부정하고 있다(대판 1993.7.13, 92다49492 ; 대판 1995.9.29, 94다31365 ; 대판 2004.3.26, 2001다72081).

⑥ "사업목적이 지주회사인 '대성홀딩스 주식회사'와 '주식회사 대성지주'는 상호가 전체적으로 관찰하여 유사하고, 각 회사의 주된 영업 목적이 지주사업으로 동일하므로 '주식회사 대성지주'는 '대성홀딩스 주식회사'의 영업으로 오인할 수 있는 상호에 해당하고, 이처럼 상호가 유사하여 일반인으로 하여금 오인·혼동을 일으킬 수 있다는 것을 충분히 알 수 있었음에도 '주식회사 대성지주'라는 상호를 사용한 경우 부정한 목적이 인정된다(대판 2016.1.28, 2013다76635).

⑦ 상호의 동일성 여부는 회사 표시 이외 부분을 기준으로 한다. 삼성 주식회사와 삼성 유한회사는 동일 상호에 해당한다.

3. 상호가등기

> **제22조의2 【상호의 가등기】** ① 유한책임회사, 주식회사 또는 유한회사를 설립하고자 할 때에는 본점의 소재지를 관할하는 등기소에 상호의 가등기를 신청할 수 있다. [10·13·19 법원직, 05·08 법무사, 12 변호사, 14·18·19 공인회계사]
> ② 회사는 상호나 목적 또는 상호와 목적을 변경하고자 할 때에는 본점의 소재지를 관할하는 등기소에 상호의 가등기를 신청할 수 있다. [19 법원직, 08·15·16 법무사, 17 변호사, 15·18·19 공인회계사]
> ③ 회사는 본점을 이전하고자 할 때에는 이전할 곳을 관할하는 등기소에 상호의 가등기를 신청할 수 있다. [19 법원직, 18 공인회계사]
> ④ 상호의 가등기는 제22조의 적용에 있어서는 상호의 등기로 본다.

① 상호의 가등기는 본등기 이전에 상호등기의 보전을 위하여 미리 행하는 등기를 말한다.
② 상호의 가등기는 자연인에게는 허용되지 않는다. [17 변호사, 18 공인회계사]

> • 회사가 아닌 상인은 상호를 가등기할 수 없다. (O)　　　　　　　　　　　[18 공인회계사]

③ 설립시 상호가등기는 주식회사와 유한회사 및 유한책임회사만 가능하다. [13 변호사]

> • 합자회사를 설립하고자 할 때에는 본점의 소재지를 관할하는 등기소에 상호의 가등기를 신청할 수 있다. (×)　　　　　　　　　　　[10·19 법원직]
> • 합명회사를 설립하고자 할 때에는 본점의 소재지를 관할하는 등기소에 상호의 가등기를 신청할 수 있다. (×)　　　　　　　　　　　[18 공인회계사]
> • 주식회사를 설립하고자 할 때에는 본점의 소재지를 관할하는 등기소에 상호의 가등기를 신청할 수 있다. (O)　　　　　　　　　　　[19 법원직]

④ 설립 이후 상호와 목적사항 변경의 경우 모든 회사가 본점의 소재지를 관할하는 등기소에 상호가등기를 신청할 수 있다. [19 법원직, 18·19 공인회계사, 17 변호사]

> • 상호나 목적, 또는 상호와 목적을 변경하고자 할 때에는 회사의 종류를 불문하고 본점의 소재지를 관할하는 등기소에 상호의 가등기를 신청할 수 있다. (O)　　　　　　　　　　　[08 법무사]
> • 회사는 상호와 목적을 변경하고자 할 때에는 본점의 소재지를 관할하는 등기소에 상호의 가등기를 신청할 수 있다. (O)　　　　　　　　　　　[19 법원직, 16 법무사, 17 변호사]
> • 합자회사의 상호를 변경하고자 하는 경우에는 상호의 가등기를 신청할 수 있다. (O)　　[18 공인회계사]
> • 주식회사, 유한회사는 설립시에 상호의 가등기를 신청할 수 있으나, 상호와 목적을 변경할 때에는 상호의 가등기를 신청할 수 없다. (×)　　　　　　　　　　　[19 공인회계사]

⑤ 설립 이후 본점을 이전하는 경우 모든 회사에 대하여 이전할 곳 관할 등기소에서의 상호가등기가 허용된다. [19 법원직, 18 공인회계사]

> • 유한회사의 본점을 이전하고자 하는 경우에는 이전할 곳을 관할하는 등기소에 상호의 가등기를 신청할 수 있다. (○)　　　　　　　　　　　　　　　　　　　　　　　　　　[18 공인회계사]
> • 회사는 본점을 이전하고자 할 때에 이전할 곳을 관할하는 등기소에 상호의 가등기를 신청할 수 있다. (○)　　　　　　　　　　　　　　　　　　　　　　　　　　　　　　[19 법원직]

⑥ 타인이 가등기한 상호는 동일한 특별시 · 광역시 · 시 · 군에서 동종영업의 상호로 등기하지 못한다(제22조의2 제4항, 제22조). [12 · 18 공인회계사] 즉, 가등기상호에 대해서는 등기배척권이 인정된다.

> • 상인은 다른 상인의 상호가 가등기되어 있더라도 이와 동일 또는 유사한 상호를 동일한 특별시 · 광역시 · 시 · 군에서 동종영업의 상호로 등기할 수 있다. (×)　　　　　　[12 공인회계사]
> • 타인이 가등기한 상호는 동일한 특별시 · 광역시 · 시 · 군에서 동종영업의 상호로 등기하지 못한다. (○)　　　　　　　　　　　　　　　　　　　　　　　　　　　　　[18 공인회계사]

⑦ 가등기상호의 경우 등기상호에 인정되는 상호폐지청구권(제23조)은 인정되지 않는다.

Ⅲ. 상호의 양도와 폐지

1. 상호의 양도

> 제25조 【상호의 양도】 ① 상호는 영업을 폐지하거나 영업과 함께 하는 경우에 한하여 이를 양도할 수 있다.
> ② 상호의 양도는 등기하지 아니하면 제3자에게 대항하지 못한다.

① 상호는 영업을 폐지하거나 영업과 함께 하는 경우에 한하여 양도할 수 있다. [09 · 13 · 18 법원직, 05 · 07 · 17 법무사, 17 변호사]

> • 상호는 영업과 함께 하는 경우에 한하여 이를 양도할 수 있으므로, 영업을 폐지하는 경우에는 상호만 따로 양도할 수 없다. (×)　　　　　　　　　　　　　　　　[09 법원직, 05 법무사]
> • 상호는 영업을 폐지하거나 영업과 함께 하는 경우에 한하여 이를 양도할 수 있다. (○)　　[17 법무사]
> • 영업을 폐지하는 경우, 등기되지 아니한 그 영업의 상호는 양도할 수 없다. (×)　　　　[17 변호사]

② 영업을 폐지하는 경우 영업과 분리하여 상호만을 양도하는 것이 가능하다. [09 법원직]

> • 영업을 폐지하는 경우에는 상호만 따로 양도하는 것이 허용되지 않는다. (×)　　　　[05 법무사]

③ 영업의 폐지는 사실상의 영업 중단으로 충분하다. [09 · 12 법원직]

> • 상법 제25조 제1항은 상호는 영업을 폐지하거나 영업과 함께 하는 경우에 한하여 이를 양도할 수 있다고 규정하고 있는데, 이 때 영업의 폐지라 함은 정식으로 영업폐지에 필요한 행정절차를 밟아 폐업하는 경우를 말한다. (×)　　　　　　　　　　　　　　　　　　　　　　[12 법원직]

④ 상호의 양도는 등기하지 아니하면 제3자(선의, 악의 불문)에게 대항하지 못한다. [07·13·18 법원직, 05·07·17 법무사, 17 변호사, 20 공인회계사]

> • 등기한 후에라도 정당한 사유 있는 선의의 제3자에게는 대항하지 못하므로 상호양도를 등기하더라도 위와 같은 제3자에게는 상호권의 득상(得喪)을 대항하지 못한다. (×)　　　　　　　　[07 법원직]
> • 상호를 상속한 자는 상호상속의 사실을 등기하여야 상호이전의 효력을 제3자에게 주장할 수 있다. (×)　　　　　　　　[12 공인회계사]
> • 상인이 등기된 상호를 A, B순으로 이중양도한 경우 선의의 B가 먼저 등기하더라도 A에게 이를 대항할 수 없다. (×)　　　　　　　　[16 공인회계사]
> • 상호는 영업을 폐지하거나 영업과 함께 하는 경우에 한하여 이를 양도할 수 있고, 상호의 양도는 등기하지 아니하면 제3자에게 대항하지 못한다. (○)　　　　　　　　[18 법원직]
> • 등기된 상호의 경우 상호의 양도는 등기하지 아니하면 제3자에게 대항하지 못한다. (○)　[20 공인회계사]

⑤ 그 결과 상호 이중양도의 경우, 양수인의 선악을 불문하고 선등기자가 우선한다.
⑥ 상호양도 등기의 대항력에 관한 제25조 제2항은 상업등기 효력에 관한 제37조의 예외규정이다.

2. 상호의 폐지

> 제26조【상호 불사용의 효과】상호를 등기한 자가 정당한 사유 없이 2년간 상호를 사용하지 아니하는 때에는 이를 폐지한 것으로 본다.
> 제27조【상호등기의 말소청구】상호를 변경 또는 폐지한 경우에 2주간 내에 그 상호를 등기한 자가 변경 또는 폐지의 등기를 하지 아니하는 때에는 이해관계인은 그 등기의 말소를 청구할 수 있다.

① 상호의 폐지란 상인이 상호권을 포기하여 절대적으로 소멸시키는 것을 의미한다.
② 상호를 등기한 자가 정당한 사유 없이 2년간 상호를 사용하지 않으면 폐지한 것으로 본다. [10·14·20 법원직, 06·07·15·16 법무사, 12·15·18·19 공인회계사]

> • 상호를 등기한 자가 정당한 사유 없이 3년간 상호를 사용하지 아니하는 때에는 이를 폐지한 것으로 본다. (×)　　　　　　　　[07 법무사]
> • 상법은 정당한 사유 없이 2년간 등기상호를 사용하지 아니하면 이를 폐지한 것으로 추정한다. (×)　　　　　　　　[12·15 공인회계사]
> • 상호를 등기한 자가 정당한 사유 없이 1년간 상호를 사용하지 아니하는 때에는 이를 폐지한 것으로 본다. (×)　　　　　　　　[16 법무사, 18 공인회계사]
> • 상호를 등기한 자가 정당한 사유 없이 2년간 상호를 사용하지 아니하는 때에는 이를 폐지한 것으로 본다. (○)　　　　　　　　[20 법원직, 19 공인회계사]

③ 상호권자가 상호의 변경 또는 폐지 시점으로부터 2주간 내에 변경 또는 폐지의 등기를 하지 않으면, 이해관계인은 그 등기의 말소를 청구할 수 있다(제27조). [08 법무사, 14·20 공인회계사]

> • 상호를 폐지한 경우, 2주간 내에 그 상호를 등기한 자가 폐지의 등기를 하지 아니하는 때에는 이해관계인은 그 등기의 말소를 청구할 수 있다. (○)　　　　　　　　[08 법무사, 20 공인회계사]
> • 상호를 등기한 자가 상호를 폐지한 경우 2년 이내에 폐지등기를 하지 않으면 이해관계인은 그 등기의 말소청구를 할 수 있다. (×)　　　　　　　　[14 공인회계사]

④ 상호의 변경, 폐지의 경우 당사자는 지체없이 변경 또는 소멸의 등기를 하여야 한다(제40조).

3. 상호의 부정사용에 대한 제재

> **제28조【상호 부정사용에 대한 제재】** 제20조와 제23조 제1항에 위반한 자는 200만원 이하의 과태료에 처한다.

회사가 아니면서 상호에 회사임을 표시하는 문자를 사용한 자(제20조)와 부정한 목적으로 타인의 영업으로 오인할 수 있는 상호를 사용한 자(제23조 제1항)는 200만원 이하의 과태료에 처한다.

Ⅳ. 선등기자의 등기배척권

> **제22조【상호등기의 효력】** 타인이 등기한 상호는 동일한 특별시·광역시·시·군에서 동종영업의 상호로 등기하지 못한다.

(1) 의의

① 상법상 타인이 등기한 상호는 동일한 특별시·광역시·시·군에서 동종영업의 상호로 등기하지 못한다(제22조). [12 법원직, 06·08·11 법무사]

> • 서울특별시 서초구에 본점을 둔 상인은 종로구에서 동종영업으로 타인이 등기한 상호를 사용하여도 아무런 문제가 없다. (×) [06 법무사]
> • 타인이 등기한 상호는 동일한 특별시·광역시·시·군에서 동종 영업의 상호로 등기하지 못한다. (○) [12 법원직]

② 그 결과 자신의 상호를 등기한 자는 동일한 특별시·광역시·시·군에서 다른 제3자가 자신의 상호와 동일한 상호를 동종영업의 상호로 등기하는 것을 배척할 수 있다.

③ 등기배척권은 ㉠ 상호등기를 한 자에게만 인정되고, ㉡ 특·광·시·군의 지역적인 제한이 있으며, ㉢ 유사상호가 아닌 동일상호에 대해서만 적용되며, ㉣ 동종영업일 것이 요구된다는 점에서 상호폐지청구권과 구별된다.

(2) 후등기에 대한 말소청구

① 상법 제22조는 선등기권자가 후등기권자의 등기에 대한 말소를 청구할 수 있는지에 대해서 명시적으로 규정하고 있지 않는 관계로, 선등기에도 불구하고 후등기가 이루어진 경우 선등기권자가 후등기의 말소를 청구할 수 있는지 문제된다.

② 실체법설은 선등기권자는 후등기자의 등기의 말소를 청구할 수 있는 실체법적 권리를 가진다고 보고, 등기법설은 제22조는 등기소의 의무에 관한 규정일 뿐이므로 일단 후등기가 이루어진 이상 제23조의 요건에 해당하는 경우에만 상호폐지의 방법으로 말소를 청구할 수 있다고 본다.

③ "상법 제22조의 규정은 동일한 특별시·광역시·시 또는 군 내에서는 동일한 영업을 위하여 타인이 등기한 상호 또는 확연히 구별할 수 없는 상호의 등기를 금지하는 효력과 함께 그와 같은 상호가 등기된 경우에는 선등기자가 후등기자를 상대로 그와 같은 등기의 말소를 소로써 청구할 수 있는 효력도 인정한 규정이다"(대판 2004.3.26, 2001다72081). [10·12 법원직]

> • 동일한 특별시·광역시·시 또는 군 내에서 동일한 영업을 위하여 타인이 등기한 상호 또는 확연히 구별할 수 없는 상호가 등기된 경우에는 선등기자가 후등기자를 상대로 그와 같은 등기의 말소를 소로써 청구할 수 있다. (○) [10·12 법원직]

V. 상호폐지청구권

1. 의의

> 제23조【주체를 오인시킬 상호의 사용금지】① 누구든지 부정한 목적으로 타인의 영업으로 오인할 수 있는 상호를 사용하지 못한다.
> ② 제1항의 규정에 위반하여 상호를 사용하는 자가 있는 경우에 이로 인하여 손해를 받을 염려가 있는 자 또는 상호를 등기한 자는 그 폐지를 청구할 수 있다.
> ③ 제2항의 규정은 손해배상의 청구에 영향을 미치지 아니한다.
> ④ 동일한 특별시·광역시·시·군에서 동종영업으로 타인이 등기한 상호를 사용하는 자는 부정한 목적으로 사용하는 것으로 추정한다.

① 누구든지 부정한 목적으로 타인의 영업으로 오인할 수 있는 상호를 사용하지 못한다. [20 공인회계사]

- 누구든지 부정한 목적으로 타인의 영업으로 오인할 수 있는 상호를 사용하지 못한다. (○)
  [20 공인회계사]

② 부정한 목적으로 타인의 영업으로 오인할 수 있는 상호를 사용하는 자가 있는 경우 이로 인하여 손해를 받을 염려가 있는 자 또는 상호를 등기한 자는 폐지를 청구할 수 있다. [09·14·15·18 법원직, 11·15·16·19·20 법무사, 12 변호사, 12·15·19 공인회계사]

- 동일한 특별시·광역시·시·군에서는 부정한 목적으로 타인의 영업으로 오인할 수 있는 상호를 사용하지 못하므로, 행정구역이 동일하지 않은 경우에는 부정한 목적이 있다고 하더라도 그 사용을 배제할 수 없다. (×) [08 법무사]
- 미등기상호를 사용하고 있는 자는 자신의 상호와 동일 또는 유사한 상호를 사용하는 타인에 대하여 그 사용에 부정한 목적이 없는 한 상호사용의 폐지를 청구할 수 없다. (○) [12 공인회계사]
- 상인은 타인이 부정한 목적으로 자신의 영업으로 오인할 수 있는 상호를 사용할 경우 이를 배척할 수 있는 권리를 갖는데, 이를 강학(講學)상 상호전용권이라고 한다. (○) [15 법원직]
- 타인이 자신의 성명이나 명칭을 이용하여 주체를 오인시킬 상호를 사용하는 경우에 상인이 아닌 자는 상법 제23조를 근거로 그 상호사용의 폐지를 청구할 수 없다. (×) [15 공인회계사]
- 누구든지 부정한 목적으로 타인의 영업으로 오인할 수 있는 상호를 사용하지 못한다. 이를 위반하여 상호를 사용하는 자가 있다면 이로 인해 손해를 받을 염려가 있는 자 또는 상호를 등기한 자는 그 폐지를 청구할 수 있다. (○) [18 법원직]
- 부정한 목적으로 타인의 영업으로 오인할 수 있는 상호를 사용하는 자가 있는 경우 상호를 등기한 자만이 상호의 폐지를 청구할 수 있다. (×) [19 공인회계사]

③ 상호폐지청구권은 ㉠ 등기상호가 아닌 경우에도 인정될 수 있고, ㉡ 지역 제한이 없으며, [15 법원직, 08 법무사] ㉢ 두 영업주체가 밀접하게 관련된 것으로 일반인들이 오인할 가능성이 있으면 되고 영업의 동일성까지 요구되지는 않고, ㉣ 상호의 유사성이 요구될 뿐 상호의 동일성까지 요구되지는 않는다.

- 적법하게 선정한 상호의 경우 등기 여부와 관계없이 타인의 방해를 받지 아니하고 사용할 수 있는 권리가 있으며, 부정한 목적으로 타인의 영업으로 오인할 수 있는 상호를 사용하는 자에 대한 손해배상청구권이 있다. (○) [11 법무사]
- 상법 제23조 제1항에서 규정하는 유사상호의 사용금지는 법무상 지역적인 제한이 없다. (○)
  [15 법원직]

2. 요건

(1) 상호권자의 상호 선정 및 사용

① 상호권자는 자신의 상호를 적법하게 선정하여 사용하였어야 한다. 즉, 상호폐지청구의 상대방보다 상호권자가 먼저 자신의 상호를 선정하여 사용하였을 것이 요구된다.

② 상호의 등기가 요구되지는 않는다.

> • 적법하게 선정한 상호의 경우 등기가 되어야 비로소 부정한 목적으로 타인의 영업으로 오인할 수 있는 상호를 사용하는 자에 대하여 사용폐지청구권이 있다. (×)　　　[11 법무사]
> • 적법하게 선정한 상호의 경우 등기 여부와 관계없이 타인의 방해를 받지 아니하고 사용할 수 있는 권리가 있다. (○)　　　[11 법무사]
> • 적법하게 상호를 선정한 경우 상호를 등기하지 않았더라도 부정한 목적으로 타인의 영업으로 오인할 수 있는 상호를 사용하는 자에 대하여 그 폐지를 청구할 수 있다. (○)　　　[11 · 20 법무사]
> • 미등기상호를 사용하고 있는 자는 자신의 상호와 동일 또는 유사한 상호를 사용하는 타인에 대하여 그 사용에 부정한 목적이 없는 한 상호사용의 폐지를 청구할 수 없다. (○)　　　[12 공인회계사]

(2) 부정한 목적

① "부정한 목적이란 어느 명칭을 자기의 상호로 사용함으로써 일반인으로 하여금 자신의 영업을 상호권자의 영업으로 오인하게 하여 부당한 이익을 얻으려하거나 타인에게 손해를 가하려고 하는 등의 부정한 의도를 말한다"(대판 2004.3.26, 2001다72081). [15 · 20 법원직]

> • 판례는 상법 제23조 제1항 · 제4항에 규정된 부정한 목적이란 '어느 명칭을 자기의 상호로 사용함으로써 일반인으로 하여금 자기의 영업을 그 명칭에 의하여 표시된 타인의 영업으로 오인시키려고 하는 의도'를 말하는 것으로 보고 있다. (○)　　　[15 법원직]

② "부정한 목적이 있는지는 상인의 명성이나 신용, 영업의 종류 · 규모 · 방법, 상호 사용의 경위 등 여러 가지 사정을 종합하여 판단하여야 한다"(대판 2004.3.26, 2001다72081). [20 법원직]

> • 상법 제23조(주체를 오인시킬 상호의 사용금지)에 규정된 '부정한 목적'이란 어느 명칭을 자기의 상호로 사용함으로써 일반인으로 하여금 자기의 영업을 명칭에 의하여 표시된 타인의 영업으로 오인하게 하여 부당한 이익을 얻으려 하거나 타인에게 손해를 가하려고 하는 등의 부정한 의도를 말하고, 부정한 목적이 있는지는 상인의 명성이나 신용, 영업의 종류 · 규모 · 방법, 상호 사용의 경위 등 여러 가지 사정을 종합하여 판단하여야 한다. (○)　　　[20 법원직]

③ 상호권자가 사용자의 부정한 목적을 입증하여야 한다.

④ 동일한 특별시 · 광역시 · 시 · 군에서 동종영업으로 타인이 등기한 상호를 사용하는 자는 부정한 목적으로 사용하는 것으로 추정된다. [11 · 16 법원직, 05 · 11 · 17 법무사]

> • 동일한 특별시 · 광역시 · 시 · 군에서 동종영업으로 타인이 등기한 상호를 사용하는 자는 부정한 목적으로 사용하는 것으로 간주한다. (×)　　　[05 · 17 법무사]
> • 동일 또는 인접한 특별시 · 광역시 · 시 · 군에서 동종영업으로 타인이 등기한 상호를 사용하는 자는 부정한 목적으로 사용하는 것으로 추정한다. (×)　　　[15 공인회계사]
> • 동일한 특별시 · 광역시 · 시 · 군에서 타인이 등기한 상호를 사용하는 자는 동종영업이 아닌 경우에도 부정한 목적으로 사용하는 것으로 추정한다. (×)　　　[16 법원직]

⑤ "甲의 상호인 '서울 고려당'은 그 요부가 '고려당'에 있고, 거래계에서는 '고려당'으로 호칭될 것이므로 乙의 상호인 '고려당'과 동일하여 양자는 오인, 혼동의 우려가 있어 서로 유사한 상호로 봄이 상당하고, 乙의 '고려당' 상호가 먼저 등기되었으므로 甲이 위 상호를 동일한 시에서 동종영업을 위하여 사용하는 이상 상법 제23조 제4항에 의하여 甲의 부정한 목적이 추정된다 할 것이나, 甲이 간판에 '서울 고려당 마산분점'이라고 표시한 것이 서울에 소재한 주식회사 고려당과의 관계를 나타내기 위한 것이라면 乙의 상호인 마산의 '고려당'이 가지는 신용 또는 경제적 가치를 자신의 영업에 이용하고자 하는 의도가 있었다고 볼 수 없다"(대판 1993.7.13, 92다49492).

> **사실관계**
>
> 乙은 마산시 합포구에 고려당이라는 상호로 제과점을 운영하면서 1959.7.21. 고려당이라는 상호를 등기하였는데 甲은 마산시 회원구에 서울고려당마산분점이란 상호로 제과점을 개설하였다. 甲은 제과점의 개설 이전에 서울에 본점을 둔 주식회사 고려당과 계약을 체결하고 서울고려당마산분점이라는 상호를 사용할 권리를 취득하였다. 주식회사 고려당은 1944년 무렵 서울시 종로2가에서 설립된 고려당이 1971.10.1. 주식회사로 설립된 것인데 그 전신인 고려당이 사용한 기간을 합하면 40년 이상 고려당으로 선전해 왔고, 甲이 서울고려당마산분점을 개설할 당시 전국 250여개 판매대리점과 직영점이 있었다. 이러한 사정을 이유로 대법원은 甲에게 乙의 상호를 사용할 부정한 목적이 있었다고 볼 수 없다고 판시하였다.

(3) 오인가능성

① 사용자가 사용한 상호가 상호권자의 상호와 유사하여 상호권자의 상호로 오인될 가능성이 있어야 한다.

② '상호의 유사성'은 중요부분에서 동일하면 인정된다.

③ 상호의 유사성은 영업의 종류, 규모, 지역성을 고려하여 결정하며, 상호가 반드시 동종영업일 것을 요건으로 하지는 않으나 최소한 두 영업주체가 밀접하게 관련되어 있을 것으로 일반인들이 오인할 정도는 되어야 한다. [13·15 법원직, 15 공인회계사]

> • 판례는 상법 제23조의 주체를 오인시킬 상호의 사용금지에서 말하는 '타인의 영업으로 오인할 수 있는 상호'는 그 타인의 영업과 동종영업에 사용되는 상호만을 한정하는 것으로 보고 있다. (×)
> [13·15 법원직]
>
> • 상법 제23조에서 말하는 타인의 영업으로 오인할 수 있는 상호란 그 타인의 영업과 동종영업에 사용되는 상호에 한정되지 않는다. (○)
> [15 공인회계사]

④ "상법 제23조 제1항에서는 누구든지 부정한 목적으로 타인의 영업으로 오인할 수 있는 상호를 사용하지 못한다고 규정하고 있는바, 이 경우 타인의 영업으로 오인할 수 있는 상호는 그 타인의 영업과 동종영업에 사용되는 상호만을 한정하는 것은 아니고, 각 영업의 성질이나 내용, 영업방법, 수요자층 등에서 서로 밀접한 관련을 가지고 있는 경우로서 일반 수요자들이 양 업무의 주체가 서로 관련이 있는 것으로 생각하거나 또는 그 타인의 상호가 현저하게 널리 알려져 있어 일반 수요자들로부터 기업의 명성으로 인하여 절대적인 신뢰를 획득한 경우에는, 영업의 종류와 관계없이 일반 수요자로 하여금 영업주체에 대하여 오인·혼동시킬 염려가 있는 것에 해당한다"(대판 1996.10.15, 96다24637).

⑤ '오인가능성'은 일반인의 입장에서 영업주체를 혼동할 우려가 있는지를 기준으로 판단한다.

⑥ "대성홀딩스 주식회사와 주식회사 대성지주는 전체적으로 유사하고 영업이 지주사업으로 동일하여 오인가능성이 있다"(대판 2016.1.28, 2013다76635).

⑦ "서울에 개설된 '보령약국'과 수원에 개설된 '수원보령약국'은 오인가능성이 없다"(대판 1976.2.24, 73다1238).

⑧ "종합유선방송업자인 주식회사 파워콤과 전자제품 도소매업자인 파워콤 주식회사는 오인가능성이 없다"(대판 2002.2.26, 2001다73879).

(4) 손해를 받을 염려 또는 등기상호

① 상호권자가 손해를 받을 염려가 있어야 한다. 다만, 실제 손해가 발생해야 하는 것은 아니다.

② 미등기상호의 경우 상호권자가 손해를 받을 염려가 있음을 입증하여야 하나, 등기상호권자는 이를 입증할 필요 없이 유사상호의 폐지를 청구할 수 있다.

③ 가등기 상호의 경우 제23조의 적용에 있어서는 미등기 상호로 취급되고 따라서 손해를 받을 염려를 입증하여야 한다.

3. 효과

① 상호권자는 유사상호의 폐지 청구가 가능하며, 유사상호가 등기된 경우에는 등기의 말소를 청구할 수 있다.

② 상인이 아닌 자도 제23조의 유추적용에 의해 상호폐지청구권의 주체가 될 수 있다고 본다.

③ 상호권자는 부정한 목적으로 상호권자의 영업으로 오인할 수 있는 상호를 사용하는 자에 대하여 손해배상청구권을 가진다(제23조 제3항). [09·14·18 법원직, 11·15·16·19 법무사, 12·17 변호사]

> • 부정한 목적으로 타인의 영업으로 오인할 수 있는 상호를 사용한 경우 이로 인하여 손해를 받을 염려가 있는 자 또는 상호를 등기한 자는 그 폐지를 청구할 수 있으나, 손해배상은 청구하지 못한다. (×)
> [09 법원직]
> • 부정한 목적으로 타인의 영업으로 오인될 수 있는 상호를 사용하는 자가 있는 경우, 그러한 상호의 사용으로 인하여 손해를 받을 염려가 있는 자는 그 상호의 폐지를 청구할 수 있고, 이와는 별도로 손해배상의 청구가 가능하다. (○)
> [17 변호사]

4. 상호역혼동

① 상호의 역혼동이란 선사용자의 상호와 동일·유사한 상호를 나중에 사용한 후사용자의 상호가 선사용자의 상호보다 훨씬 저명해진 경우, 선사용자가 자신의 상품의 출처가 후사용자인 것으로 소비자를 기망하였다는 오해를 받을 수 있게 되는 경우를 의미한다.

② "선사용자의 상호와 동일·유사한 상호를 사용하는 후사용자의 영업규모가 선사용자보다 크고 그 상호가 주지성을 획득한 경우, 후사용자의 상호사용으로 인하여 마치 선사용자가 후사용자의 명성이나 소비자 신용에 편승하여 선사용자의 상품의 출처가 후사용자인 것처럼 소비자를 기망한다는 오해를 받아 선사용자의 신용이 훼손된 때 등에 있어서는 이른바 역혼동에 의한 피해로 보아 후사용자의 선사용자에 대한 손해배상책임을 인정할 여지가 전혀 없지는 않다고 할 것이나, 상호를 보호하는 상법과 부정경쟁방지 및 영업비밀보호에 관한 법률의 입법 취지에 비추어, 선사용자의 영업이 후사용자의 영업과 그 종류가 다른 것이거나 영업의 성질이나 내용, 영업방법, 수요자층 등에서 밀접한 관련이 없는 경우 등에 있어서는 위와 같은 역혼동으로 인한 피해를 인정할 수 없다"(대판 2002.2.26, 2001다73879).

원고 회사는 1995.6.20. 서울특별시를 본점소재지로 하여 전자부품 등의 도소매업 및 수출입업 등을 목적으로 하여 설립된 뒤 상호를 1995.12.29. 파워컴전자 주식회사로, 1999.11.3. 파워컴 주식회사로 변경하고 변경등기를 마쳤고, 한국전력공사는 광통신망 등을 현물출자하여 피고 회사를 설립하면서 1999.9.21. 주식회사 파워콤으로 상호가등기를 경료하였고, 피고 회사는 2000.1.26. 서울특별시를 본점소재지로 하여 전기통신회선설비 임대사업, 종합유선방송 전송망 사업 등을 목적으로 설립된 후 위 상호가등기에 기하여 상호등기를 경료하였다.

원고 회사는 피고 회사의 설립 후 피고 회사의 상호가 국내에 널리 알려지게 되자 원고 회사는 피고 회사를 상대로 상법 제23조 제1항에 근거한 손해배상 및 상호역혼동에 따른 신용훼손을 이유로 손해배상을 청구하였다.

대법원은 ① 피고 회사가 원고 회사의 상호와 동일·유사한 상호를 사용하더라도 일반 수요자들이 피고 회사의 영업을 원고 회사의 영업으로 오인할 염려가 없다고 판단하여 상법 제23조 제1항에 근거한 청구를 기각하고, ② 동일한 사정을 근거로 후사용자인 피고 회사의 상호 사용으로 인하여 선사용자인 원고 회사의 신용이 훼손되었다고 볼 수 없다고 판단하여 원고의 청구를 기각하였다.

VI. 명의대여자의 책임

1. 의의

제24조 【명의대여자의 책임】 타인에게 자기의 성명 또는 상호를 사용하여 영업을 할 것을 허락한 자는 자기를 영업주로 오인하여 거래한 제3자에 대하여 그 타인과 연대하여 변제할 책임이 있다.

① 타인에게 자기의 성명 또는 상호를 사용하여 영업을 할 것을 허락한 자는 자기를 영업주로 오인하여 거래한 제3자에 대하여 그 타인과 연대하여 변제할 책임이 있다. [07·09·16·18 법원직, 13·16·19 법무사]

- 타인에게 자기의 성명 또는 상호를 사용하여 영업을 할 것을 허락한 자는 자기를 영업주로 오인하여 거래한 제3자에 대하여 그 타인과 연대하여 변제할 책임이 있다. (○)　　　　　[18 법원직]

② 명의대여자의 책임은 금반언의 법리 및 외관주의의 법리에 따라 선의의 제3자를 보호하기 위한 것이다.

- 명의대여자의 책임은 명의자를 영업주로 오인하여 거래한 제3자를 보호하기 위한 규정이다. (○)
　　　　　[13 법무사]
- 명의대여 관계에 있을 때 민법상의 사용자책임이 적용될 경우는 존재하지 않는다. (×)　　[10 공인회계사]

③ "명의대여자가 상인이 아니거나 명의차용자의 영업이 상행위가 아니라 하더라도 명의대여자 책임의 법리를 적용하는 데에 아무런 영향이 없다"(대판 1987.3.24, 85다카2219). [09·16 법무사, 14·18·20 변호사, 17 공인회계사]

- 타인에게 자기의 성명 또는 상호를 사용하여 영업할 것을 허락함으로써 명의대여자의 책임을 지는 자는 상인에 한정되지 않는다. (○)　　　　　[09 법무사]
- 명의차용자의 영업은 상행위가 아니어도 된다. (○)　　　　　[09 법무사]
- 명의대여자가 상인이 아니거나 명의차용자의 영업이 상행위가 아니라도 명의대여자의 책임이 성립할 수 있다. (○)　　　　　[16 법무사, 18 변호사]

④ "인천광역시가 사단법인 한국병원관리연구소에게 인천직할시립병원이라는 명칭을 사용하여 병원업을 하는 것을 승낙한 경우, 인천광역시는 상법상 명의대여자에 해당한다"(대판 1987.3.24, 85다카2219).

⑤ 공법인이 타인에게 자기의 성명 또는 상호를 사용하여 영업을 할 것을 허락한 경우에도 상법상 명의대여자의 책임을 부담한다. [14·17 법원직, 14 공인회계사]

> **사실관계**
>
> 인천광역시는 사단법인 한국병원관리연구소에게 인천직할시립병원이라는 명칭을 사용하여 병원업을 경영할 것을 승낙하였는데, 이에 대하여 대법원은 인천광역시는 상법상 명의대여자에 해당한다고 판시하였다. 다만, 위 사안에서 대법원은 원고와 인천직할시립병원 사이에 이루어진 의약품 납품거래의 내용에 비추어 볼 때 병원의 운영자가 인천광역시가 아니라는 것을 원고가 알았다고 보아야 하고, 만일 이를 몰랐다 하더라도 중대한 과실이 인정된다는 이유로 인천광역시의 명의대여자책임을 부인하였다.

> • 공법인이 타인에게 자기의 성명 또는 상호를 사용하여 영업을 할 것을 허락한 경우에도 상법상 명의대여자의 책임을 부담한다. (O)
>
> [14·17 법원직]

2. 명의대여자 책임의 요건

(1) 외관의 존재

1) 명의의 동일성

① 거래통념상 명의대여자의 영업으로 오인될 수 있는 명칭을 사용하여야 한다.

> • 명의차용자와 상대방과의 거래를 위하여 명의대여자의 상호를 사용한 사실이 없었더라도 명의대여자는 그 거래에 대한 책임을 부담한다. (×)
>
> [17 공인회계사]

② 명의대여자의 상호에 지점, 출장소, 영업소 등의 명칭을 부가한 경우 명의의 동일성이 인정된다.

③ "대한통운주식회사가 A와 대한통운주식회사 신탄진출장소 운영에 관한 계약을 체결하고 A를 출장소장으로 임명하여 현장에서 자기의 상호를 사용하여 그의 목적사업인 운송업을 하도록 하였다면 대한통운주식회사는 명의대여자의 책임에 따라 위 회사를 영업주로 오인하고 거래한 제3자에 대하여 A가 부담한 대여금채무를 지급할 의무가 있다"(대판 1976.9.28, 76다955).

④ 명의대여자 상호에 대리점이라는 명칭을 부가한 경우 명의 동일성이 인정되지 않는다.

⑤ "일반거래에 있어서 실질적인 법률관계는 대리상, 특약점 또는 위탁매매업 등이면서도 대리점이란 명칭으로 통용되고 있고, 타인의 상호 아래 대리점이란 명칭을 붙인 경우는 그 아래 지점, 영업소, 출장소 등을 붙인 경우와는 달리 타인의 영업을 종속적으로 표시하는 부가부분이라고 보기도 어렵기 때문에 제3자가 자기의 상호 아래 대리점이란 명칭을 붙여 사용하는 것을 허락하거나 묵인하였더라도 상법상 명의대여자로서의 책임을 물을 수는 없다"(대판 1989.10.10, 88다카8354). [17 법무사]

> • 제3자가 자기의 상호 아래 대리점이란 명칭을 붙여 사용하는 것을 허락하거나 묵인하였다는 것만으로는 곧바로 상법상 명의대여자로서 책임을 물을 수는 없다. (O)
>
> [17 법무사]

2) 영업외관의 동일성

① 명의대여자가 영업을 하고 있는 경우 영업외관이 동일하여야 하는지에 대하여 ㉠ 영업외관이 다르면 외관에 대한 일반적 신뢰가 어렵다는 점에서 외관의 동일성이 필요하다고 보는 '필요설'과 ㉡ 영업외관의 동일성은 필요하지 않다고 보는 '불요설'이 존재한다.

② "호텔 운영자가 자신의 명의로 된 나이트클럽을 다른 사람에게 임대하여 준 경우 다른 사람에게 자신의 영업허가 명의를 사용하여 영업을 하도록 허락한 이상 상법 제24조의 규정에 따라 명의대여자 책임을 진다"(대판 1978.6.13, 78다236). [14 공인회계사]

> **사실관계**
>
> 호텔 경영자 甲은 자신이 운영하는 호텔 지하에 있는 나이트클럽에 대한 영업허가를 자신의 명의로 얻어 10여 일 동안 나이트클럽을 운영하다 명의차용자에게 나이트클럽을 임대하였다. 그런데 호텔 경영자는 이러한 임대사실을 자신이 나이트클럽을 운영하던 시기에 자신에게 식료품을 납품했던 업체에게 알리지 않았고 이에 납품업체는 명의차용자에게 계속 식료품을 납품하였다. 이에 대해 대법원은 호텔 경영자의 명의대여자 책임을 인정하였다.

(2) 외관의 부여

① 명의사용의 허락은 명시적 허락과 묵시적 허락을 포함한다. [14 법원직, 10 공인회계사]

② 명의대여자에게 상호사용을 관리할 의무가 있다고 볼 수 있는 경우 묵시적 허락이 인정되나, 단순한 부작위만으로는 묵시적 허락이 있다고 보기 어렵다. [14 법원직]

> • 타인에게 자기의 성명 또는 상호를 영업에 사용할 것을 묵시적으로 허락한 경우에도 명의대여자의 책임이 발생하나, 단순한 부작위만으로는 묵시적 허락이 있다고 보기 어렵다. (○)　　[14 법원직]

③ 영업임차인이 영업임대인의 상호를 사용한 경우, 공동사업관계에서 탈퇴 후 기존 동업자가 기존의 상호를 계속 사용함에도 탈퇴 전 거래상대방에게 알리지 않은 경우 등에는 묵시적 허락이 인정된다.

　㉠ "피고가 용당정미소라는 상호로 경영하던 정미소를 甲에게 임대하였는데, 甲이 같은 상호를 사용하여 그 정미소를 경영하면서 원고로부터 백미를 받은 경우, 원고가 피고를 용당정미소의 영업주로 오인하였다는 사실이 인정되면 피고는 백미보관으로 인한 책임을 면할 수 없다"(대판 1967.10.25, 66다2362). [14 변호사]

> • 영업을 임대함으로써 자신의 상호를 관리하여야 할 의무가 있는 자는 영업의 임차인이 자신의 상호를 그 영업에 사용하고 있는 것을 알면서 묵인한 경우 명의대여자로서 책임을 질 수 있다. (○)
>
> [14 변호사]

　㉡ "명의자가 타인과 동업계약을 체결하고 공동 명의로 사업자등록을 한 후 타인으로 하여금 사업을 운영하도록 허락하였고, 거래상대방도 명의자를 위 사업의 공동사업주로 오인하여 거래를 하여온 경우, 그 후 명의자가 동업관계에서 탈퇴하고 사업자등록을 타인 단독 명의로 변경했다 하더라도 이를 거래상대방에게 알리는 등의 조치를 취하지 아니하여 여전히 공동사업주로 오인하게 하였다면 명의자는 탈퇴 이후 타인과 거래상대방 사이에 이루어진 거래에 대하여도 명의대여자로서의 책임을 부담한다"(대판 2008.1.24, 2006다21330). [16 변호사]

④ 상호의 사용 없이 단순히 자신의 상점, 전화, 창고 등을 수회 사용하는 것을 방치한 것은 묵시적 허락에 해당하지 않는다.

"영업주가 자기의 상점, 전화, 창고 등을 타인에게 사용하게 한 사실은 있으나 그 타인과 원고와의 거래를 위하여 영업주의 상호를 사용한 사실이 없는 경우에는 영업주가 자기의 상호를 타인에게 묵시적으로 대여하여 원고가 그 타인을 영업주로 오인하여 거래하였다고 단정하기에 미흡하다"(대판 1982.12.28, 82다카887).

⑤ 명의대여가 명의대여를 금지한 법률에 위반하여 무효라고 하더라도, 명의대여자는 선의의 제3자에 대하여 상법상 명의대여자의 책임을 진다. [17 법무사]

　　㉠ "농약판매업자는 등록명의를 다른 사람에게 빌려 주는 것은 금지된다. 그러나 등록명의자가 등록명의를 대여하였다거나 그 명의로 등록할 것을 다른 사람에게 허락하였다면 농약판매업에 관하여 등록명의자 스스로 영업주라는 것을 나타낸 것이므로, 명의대여자로서 농약거래로 인하여 생긴 채무를 변제할 책임이 있다"(대판 1988.2.9, 87다카1304). [17 법무사, 14 변호사]

　　㉡ "문화재수리업자의 명의대여 행위를 금지한 문화재수리법 제21조는 강행규정에 해당하고, 이를 위반한 명의대여 계약이나 이에 기초하여 대가를 정산하여 받기로 하는 이 사건 정산금 약정은 모두 무효라고 보아야 한다"(대판 2020.11.12, 2017다228236).

> • 건설업 면허를 대여한 자는 건설업 면허를 대여받은 자가 그 면허를 사용하여 하도급거래를 한 경우 면허를 대여한 자를 영업의 주체로 오인한 하수급인에 대하여 명의대여자 책임을 질 수 있다. (○)　　　　　　　　　　　　　　　　　　　　　　　[17 법무사]
> • 명의대여가 위법인 경우에는 명의대여자의 책임을 물을 수 없다. (×)　　　　　[14 변호사]

(3) 외관의 신뢰

① 제3자가 명의대여자를 영업주로 오인하였어야 한다.

② 명의대여자책임이 인정되기 위해서는 오인과 피해 발생 사이에 인과관계가 있어야 한다(대판 1998. 3.24, 97다55621).

③ "명의대여자의 책임은 명의자를 영업주로 오인하여 거래한 제3자를 보호하기 위한 것이므로 거래 상대방이 명의대여사실을 알았거나 모른 데 대하여 중대한 과실이 있는 때에는 책임을 지지 않는다. 상대방의 악의와 중과실은 면책을 주장하는 명의대여자들이 입증책임을 부담한다(대판 2001. 4.13, 2000다10512). [14·17·20 법원직, 09·13·16·17 법무사, 14·20 변호사, 10·14·17·19 공인회계사]

> • 상대방이 명의대여자에게 명의대여자의 책임을 추궁하기 위해서는 자신이 선의였고 중과실이 없었음을 입증하여야 한다. (×)　　　　　　　　　　　　　　　　　[14 공인회계사]
> • 명의대여자는 거래 상대방이 명의대여사실을 알았거나 모른 데 대하여 중대한 과실이 있는 때에는 명의대여자의 책임을 지지 아니한다. (○)　　　　　　　[17 법무사, 14 변호사]
> • 거래의 상대방이 명의대여사실을 알았거나 모른 데 대한 중대한 과실이 있었는지 여부에 대하여는 면책을 주장하는 명의대여자가 입증책임을 부담한다. (○)　　[17 법원직, 14 변호사]
> • 명의대여자는 명의차용자인 영업주의 거래상대방이 악의인 경우 이를 입증함으로써 면책될 수 있다. (○)　　　　　　　　　　　　　　　　　　　　　　　　　[19 공인회계사]
> • 상법 제24조의 규정에 의한 명의대여자의 책임을 주장하는 자, 즉 거래 상대방이 명의대여사실을 알았는지 또는 모른 데 중대한 과실이 있었는지 여부에 관하여 그 증명책임을 부담한다. (×)　　　　　　　　　　　　　　　　　　　　　　　　　　　[20 법원직]

3. 명의대여자 책임의 효과

① 명의대여자는 명의차용자와 연대하여 책임을 부담한다. [10 공인회계사]

> • 명의대여자의 책임이 인정되면 명의차용자는 그 책임을 면한다. (×)　　[10 공인회계사]

② 명의대여자와 명의차용자의 연대책임의 법적 성질은 동일한 경제적 목적을 가진 채무로서 서로 중첩되는 부분에 관하여 일방의 채무가 변제 등으로 소멸하면 타방의 채무도 소멸하는 부진정연대책임이다. [16 법무사, 14 변호사, 14 공인회계사]

> • 상대방이 명의대여자의 책임이 인정되는 경우 거래상대방은 명의대여자와 명의차용자 누구에 대하여도 순서에 상관없이 채무의 변제를 청구할 수 있다. (○)　　　　　　　　　　　　[14 공인회계사]
> • 명의대여자와 명의차용자의 책임은 동일한 경제적 목적을 가진 채무로서 서로 중첩되는 부분에 관하여 일방의 채무가 변제 등으로 소멸하면 타방의 채무도 소멸하는 이른바 부진정연대의 관계에 있다. (○)
> 　　　[16 법무사]

③ 부진정연대채무자 중 1인의 변제, 대물변제, 공탁, 상계는 다른 채무자에게 효력이 있다. [20 변호사]

④ "명의대여자와 명의차용자의 책임은 일방의 채무가 변제 등으로 소멸하면 타방의 채무도 소멸하는 부진정연대의 관계에 있다. 부진정연대채무에서 채무자 1인에 대한 이행청구 또는 채무자 1인의 채무승인 등 소멸시효 중단사유나 시효이익 포기는 다른 채무자에게 효력을 미치지 아니한다"(대판 2011.4.14, 2010다91886). [17·20 법원직, 13·16·17 법무사, 16·18·20 변호사]

> • 명의대여자와 명의차용자의 책임은 동일한 경제적 목적을 가진 채무로서 서로 중첩되는 부분에 관하여 채무자 1인에 대한 이행청구 또는 채무자 1인이 행한 채무의 승인 등 소멸시효의 중단사유나 시효이익의 포기는 다른 채무자에 대하여 효력이 미친다. (×)　　　　　　　　　　[13·17 법무사]
> • 상법 제24조에 의한 명의대여자와 명의차용자의 책임은 부진정연대의 관계에 있으므로, 채무자 1인에 대한 이행청구 또는 채무자 1인이 행한 채무의 승인 등 소멸시효의 중단사유나 시효이익의 포기는 다른 채무자에 대하여 효력이 미치지 아니한다. (○)　　　　　　　　[20 법원직, 18 변호사]

⑤ 명의대여자가 변제한 경우 명의차용자에게 구상권을 행사할 수 있으나, 명의차용자가 변제한 경우 명의대여자에게 구상권을 행사할 수 없다.

⑥ 명의대여자와 명의차용자가 공동피고인 사건에서 명의대여자만 항소한 경우, 항소로 인한 확정차단의 효력은 명의대여자에 대해서만 발생하고 명의차용자에게는 발생하지 않는다. [20 변호사]

4. 적용범위

(1) 허락한 영업범위 내의 채무

① 명의대여자는 자신이 허락한 영업범위 내의 채무에 대해서 책임을 부담하고, 이러한 허락의 범위를 넘는 영업거래로 인한 채무에 대해서는 책임을 부담하지 않는다. [14 법원직]

> • 명의대여자가 허락한 범위 내의 영업이 아니더라도 명의차용자의 거래로 인한 채무에 대해서는 명의대여자가 책임을 부담한다. (×)　　　　　　　　　　　　　　　　　[14 법원직]

② 허락한 영업범위 내인지 여부는 명의대여자가 대여한 명의에서 객관적으로 추론되는 영업거래인지 여부를 기준으로 판단한다.

③ 명의대여된 영업과 관련이 있는 이상 채무불이행으로 인한 손해배상채무 또는 계약해제로 인한 원상회복의무를 모두 포함한다.

④ "정미소 부지 내에 있는 창고 및 살림집을 제3자에게 임대한 행위는 설령 명의차용자가 임대행위의 목적이 정미소 창고 건축비용을 조달키 위함이라고 제3자에게 말하였다고 하더라도 정미소 영업범위 외의 거래이므로 그에 관하여 명의대여자에게 책임을 물을 수 없다"(대판 1983.3.22, 82다카1852).

(2) 명의차용자의 피용자의 행위 불포함

"명의대여자의 책임규정은 거래상의 외관보호와 금반언의 원칙을 표현한 것으로서 명의대여자가 영업주로서 자기의 성명이나 상호를 사용하는 것을 허락했을 때에는 명의차용자가 그것을 사용하여 법률행위를 함으로써 지게 된 거래상의 채무에 대하여 변제의 책임이 있다는 것을 밝히고 있는 것에 그치는 것이므로, 명의대여자의 책임은 명의의 사용을 허락받은 자의 행위에 한하고 명의차용자의 피용자의 행위에 대해서까지 미칠 수는 없다"(대판 1989.9.12, 88다카26390). [09·16 법무사, 18 변호사, 17 공인회계사]

> • 명의대여자의 책임은 명의자를 사업주로 오인하여 거래한 제3자를 보호하기 위한 것이므로 명의의 사용을 허락받은 자의 행위뿐만 아니라 명의차용자의 피용자의 행위에 대해서까지 미친다. (×)
> [16 법무사]
> • 명의대여자의 책임은 명의차용자의 행위에만 한하고 명의차용자의 피용자의 행위에는 미치지 아니한다. (○)
> [18 변호사]
> • 명의차용자가 불법행위를 한 경우에는 설령 피해자가 명의대여자를 영업주로 오인하고 있었더라도 그와 같은 오인과 피해의 발생 사이에 인과관계가 없으므로, 이 경우 명의대여자는 신뢰관계를 전제로 하는 명의대여자의 책임을 부담하지 않는다. (○)
> [20 법무사]

(3) 불법행위 불포함

"불법행위의 경우에는 설령 피해자가 명의대여자를 영업주로 오인하고 있었더라도 그와 같은 오인과 피해의 발생 사이에 아무런 인과관계가 없으므로, 신뢰관계를 이유로 명의대여자에게 책임을 지워야 할 이유가 없다"(대판 1998.3.24, 97다55621). [17 법원직, 09·16·17 법무사, 18 변호사, 10·17 공인회계사]

> • 명의차용자의 불법행위의 경우에도 명의대여자를 영업주로 오인한 피해자의 신뢰는 보호되어야 하므로, 명의대여자는 상법 제24조의 책임을 부담한다. (×)
> [17 법원직, 09 법무사]
> • 다수설에 의하면, 교통사고와 같은 순수한 불법행위에 대하여도 명의대여자의 책임이 인정된다. (×)
> [10 공인회계사]
> • 명의차용자가 불법행위를 한 경우에는 설령 피해자가 명의대여자를 영업주로 오인하고 있었더라도 신뢰관계를 이유로 명의대여자에게 책임을 지워야 할 이유가 없다. (○)
> [16 법무사]
> • 명의대여자 책임은 명의차용인과 그 상대방의 거래행위에 의하여 생긴 채무에 관하여 명의대여자를 진실한 상대방으로 오인하고 그 신용·명의 등을 신뢰한 제3자를 보호하기 위한 것이므로 불법행위의 경우에는 명의대여자 책임이 적용되지 않는다. (○)
> [17 법무사]
> • 명의차용자의 불법행위에 대해서도 명의대여자의 책임이 성립한다. (×)
> [18 변호사]

(4) 어음·수표행위

① 어음·수표상의 채무는 영업거래 채무로 인정될 수 있으므로 어음·수표행위에 명의대여자 책임을 인정하는 것이 통설과 판례의 입장이다. [14 공인회계사]

② "대한교육보험주식회사가 甲에게 부산지사라는 상호를 사용하여 보험계약 체결·알선을 허락하고, 甲은 부산지사 비품대금 조달을 위해 대한교육보험주식회사 부산지사장의 직인을 찍어 乙에게 약속어음을 발행한 경우, 乙이 甲의 어음발행행위의 주체를 대한교육보험주식회사로 오인한 데에 중과실이 있다고 보이지 않으므로 대한교육보험주식회사는 명의대여자로서 책임을 진다"(대판 1969.3.31, 68다2270).

제5장 / 상업장부

제29조【상업장부의 종류·작성원칙】① 상인은 영업상의 재산 및 손익의 상황을 명백히 하기 위하여 회계장부 및 대차대조표를 작성하여야 한다.
　② 상업장부의 작성에 관하여 이 법에 규정한 것을 제외하고는 일반적으로 공정·타당한 회계관행에 의한다.
제30조【상업장부의 작성방법】① 회계장부에는 거래와 기타 영업상의 재산에 영향이 있는 사항을 기재하여야 한다.
　② 상인은 영업을 개시한 때와 매년 1회 이상 일정시기에, 회사는 성립한 때와 매 결산기에 회계장부에 의하여 대차대조표를 작성하고, 작성자가 이에 기명날인 또는 서명하여야 한다.
제31조 [삭제 2010.5.14.]
제32조【상업장부의 제출】법원은 신청에 의하여 또는 직권으로 소송당사자에게 상업장부 또는 그 일부분의 제출을 명할 수 있다.
제33조【상업장부 등의 보존】① 상인은 10년간 상업장부와 영업에 관한 중요서류를 보존하여야 한다. 다만, 전표 또는 이와 유사한 서류는 5년간 이를 보존하여야 한다.
　② 전항의 기간은 상업장부에 있어서는 그 폐쇄한 날로부터 기산한다.
　③ 제1항의 장부와 서류는 마이크로필름 기타의 전산정보처리조직에 의하여 이를 보존할 수 있다.
　④ 제3항의 규정에 의하여 장부와 서류를 보존하는 경우 그 보존방법 기타 필요한 사항은 대통령령으로 정한다.

① 상인은 영업상의 재산 및 손익의 상황을 명백히 하기 위하여 회계장부 및 대차대조표를 작성하여야 한다(제29조 제1항). [10 법원직, 13 공인회계사]

> • 상인은 영업상의 재산 및 손익의 상황을 명백히 하기 위하여 회계장부 및 대차대조표를 작성하여야 한다. (○) 　　　　　　　　　　　　　　　　　　　　　　[10 법원직]
> • 상업장부에 관한 규정은 소상인에게 적용되지 아니한다. (○) 　　　　　　　　　[12 법원직]
> • 개인 상인은 소상인이 아닌 한 회계장부와 대차대조표를 상법상의 의무로서 작성하여야 한다. (○)
> 　　　　　　　　　　　　　　　　　　　　　　　　　　　　　　[13 공인회계사]

② 상인은 영업을 개시한 때와 매년 1회 이상 일정시기에, 회사는 성립한 때와 매 결산기에 회계장부에 의하여 대차대조표를 작성하고, 작성자가 이에 기명날인 또는 서명하여야 한다(제30조 제2항). [10 법원직]

> • 상인은 영업을 개시한 때와 매년 1회 이상 일정시기에, 회사는 성립한 때와 매 결산기에 회계장부에 의하여 대차대조표를 작성하고, 작성자가 이에 기명날인 또는 서명하여야 한다. (○) 　　　　　[10 법원직]

③ 상인은 상업장부와 영업에 관한 중요서류를 10년간, 전표 또는 이와 유사한 서류를 5년간 보존하여야 한다(제33조 제1항). [07·09·10 법원직]

> • 상인은 상업장부와 영업에 관한 중요서류를 10년간, 전표 또는 이와 유사한 서류를 5년간 보존하여야 한다. (○) 　　　　　　　　　　　　　　　　　　　　[10·12 법원직]

④ 제33조 제1항의 기간은 상업장부에 있어서는 그 폐쇄한 날로부터 기산한다(제33조 제2항). [13 공인회계사]

> • 상인은 상업장부와 영업에 관한 중요서류를 그 작성일로부터 10년간 보존하여야 하며, 전표 또는 이와 유사한 서류는 5년간 이를 보존하여야 한다. (×) [13 공인회계사]

⑤ 개인상인은 상업장부 작성의무를 위반하더라도 사법상의 책임을 지지 아니하며, 상법에 이에 대한 제재규정도 없다. [07 법원직]

⑥ 자산평가의 원칙에 관한 제31조 규정은 2010년 상법 개정으로 삭제되었다.

> 제31조【자산평가의 원칙】회계장부에 기재될 자산은 다음의 방법에 의하여 평가하여야 한다.
> 1. 유동자산은 취득가액 · 제작가액 또는 시가에 의한다. 그러나 시가가 취득가액 또는 제작가액보다 현저하게 낮은 때에는 시가에 의한다.
> 2. 고정자산은 취득가액 또는 제작가액으로부터 상당한 감가액을 공제한 가액에 의하되, 예측하지 못한 감손이 생긴 때에도 상당한 감액을 하여야 한다.

> • 유동자산은 취득가액 또는 제작가액으로부터 상당한 감가액을 공제한 가액에 의하되, 예측하지 못한 감손이 생긴 때에도 상당한 감액을 하여야 한다. (×) [10 법원직]

제6장 / 상업등기

Ⅰ. 상업등기의 의의와 분류

1. 상업등기의 신청과 등기

> **제34조 【통칙】** 상법에 따라 등기할 사항은 당사자의 신청에 의하여 영업소의 소재지를 관할하는 법원의 상업등기부에 등기한다.
> **제35조 【지점소재지에서의 등기】** 본점의 소재지에서 등기할 사항은 다른 규정이 없으면 지점의 소재지에서도 등기하여야 한다.
> **제40조 【변경, 소멸의 등기】** 등기한 사항에 변경이 있거나 그 사항이 소멸한 때에는 당사자는 지체없이 변경 또는 소멸의 등기를 하여야 한다.
> **제635조 【과태료에 처할 행위】** ① 회사의 발기인, 이사 등이 상법 회사편에 규정된 등기를 게을리한 경우에는 500만원 이하의 과태료에 처한다.

① 상업등기란 상인에 관한 일정한 사항을 법원의 상업등기부에 하는 등기를 말한다.
② 선박등기는 상업등기가 아니다. [08 법원직] ⇨ 선박등기는 선박등기법이 적용된다.
③ 상법에 따라 등기할 사항은 당사자의 신청에 의하여 영업소 소재지 관할법원의 상업등기부에 등기한다(제34조). [14·16 법무사]

> • 상법에 따라 등기할 사항은 당사자의 신청에 의하여 영업소의 소재지를 관할하는 법원의 상업등기부에 등기한다. (○)　　　　　　　　　　　　[14·16 법무사]
> • 상업등기는 원칙적으로 당사자의 신청 또는 관공서의 촉탁에 의하여 한다. (○)　　　　[15 법원직]
> • 판례에 의하면 법원의 등기관은 등기신청요건에 관한 형식적 심사권은 물론 그 신청사항의 진위 여부까지 심사할 실질적 심사권을 가진다. (×)　　　　　　　　　　[16 공인회계사]

④ 본점의 소재지에서 등기할 사항은 다른 규정이 없으면 지점의 소재지에서도 등기하여야 한다(제35조).
[08·11 법원직, 06·07·13·14·18 법무사]

> • 본점의 소재지에서 등기할 사항은 다른 규정이 없으면 지점의 소재지에서도 등기할 필요는 없다. (×)　　　　　　　　　　　　　　　　　　　　　　　[07·14·18 법무사]
> • 본점의 소재지에서 등기할 사항은 다른 규정이 없으면 지점의 소재지에서도 등기하여야 한다. (○)　　　　　　　　　　　　　　　　　　　　　　　　[18 법무사]

⑤ 본점을 다른 등기소의 관할 구역 내로 이전한 경우에 신본점 소재지에서 하는 등기의 신청은 구본점 소재지를 관할하는 등기소를 거쳐야 한다(상업등기법 제55조 제1항). [15 법원직]

> • 2014년 상업등기법 개정으로 본점을 다른 등기소의 관할 구역 내로 이전한 경우에 신본점 소재지에서 하는 등기의 신청은 구본점 소재지를 관할하는 등기소를 거쳐야 하도록 하는 규정은 폐지되었다. (×)　　　　　　　　　　　　　　　　　　　　　　　　　　　　[15 법원직]

⑥ 등기한 사항에 변경이 있거나 그 사항이 소멸한 때에는 당사자는 지체없이 변경 또는 소멸의 등기를 하여야 한다(제40조). [07 · 13 · 14 · 16 법무사]

> • 등기한 사항에 변경이 있거나 그 사항이 소멸한 때에는 당사자는 지체없이 변경 또는 소멸의 등기를 하여야 한다. (O)　　　　　　　　　　　　　　　　　　　　　　　　　　　　　　　　　　　　[07 · 13 · 16 법무사]
> • 등기한 사항에 변경이 있거나 그 사항이 소멸한 때에는 당사자는 2월 내에 변경 또는 소멸의 등기를 하여야 한다. (×)　　[14 법무사]

⑦ "회사의 등기사항에 변경이 있는 때에는 본점소재지에서는 2주간 내, 지점소재지에서는 3주간 내에 변경등기를 하여야 하는바, 본점소재지와 지점소재지의 관할 등기소가 동일하지 아니한 때에는 그 등기도 각각 신청하여야 하는 것이므로, 그 등기해태에 따른 과태료도 본점소재지와 지점소재지의 등기해태에 따라 각각 부과되는 것이다"(대결 2009.4.23, 2009마120). [10 · 19 법원직, 14 법무사]

> • 회사의 등기사항에 변경이 있는 때에는 본점소재지에서는 2주간 내, 지점소재지에서는 3주간 내에 변경등기를 하여야 하는바, 본점소재지와 지점소재지의 관할 등기소가 동일하지 아니한 때에는 그 등기도 각각 신청하여야 하는 것이므로, 그 등기해태에 따른 과태료도 본점소재지와 지점소재지의 등기해태에 따라 각각 부과되는 것이다. (O)　　　　　　　　　　　　　　　　　[10 법원직]
> • 등기해태에 따른 과태료도 본점소재지와 지점소재지의 등기해태에 따라 각각 부과되는 것이다. (O)　　　[19 법원직]

⑧ "회사의 등기는 법령에 다른 규정이 있는 경우를 제외하고는 그 대표자가 신청의무를 부담하므로, 회사의 등기를 해태한 때에는 등기해태 당시 회사의 대표자가 과태료 부과대상자가 되고, 등기해태 기간이 지속되는 중에 대표자의 지위를 상실한 경우에는 대표자의 지위에 있으면서 등기를 해태한 기간에 대하여만 과태료 책임을 부담한다"(대결 2009.4.23, 2009마120). [10 법원직]

> • 회사의 등기는 법령에 다른 규정이 있는 경우를 제외하고는 그 대표자가 신청의무를 부담하므로, 회사의 등기를 해태한 때에는 등기해태 당시 회사의 대표자가 과태료 부과대상자가 되고, 등기해태 기간이 지속되는 중에 대표자의 지위를 상실한 경우에는 대표자의 지위에 있으면서 등기를 해태한 기간에 대하여만 과태료 책임을 부담한다. (O)　　　　　　　　　　　　　　　　　　　　　　[10 법원직]

⑨ 등기사항의 공고에 관한 상법 제36조(등기한 사항은 법원이 지체없이 공고하여야 한다 및 공고가 등기와 상위한 때에는 공고 없는 것으로 본다)는 1995.12.29. 상법 개정으로 삭제되었다.

> • 상업등기부에 등기한 사항은 법원이 지체없이 공고하여야 하고, 등기가 공고와 상위한 때에는 거래의 안전을 위하여 등기가 없는 것으로 본다. (×)　　　　　　　　　　　　　　　　　　　　　　　[08 법원직]
> • 등기한 사항은 법원이 지체없이 공고하여야 한다. (×)　　　　　　　　　　　　　　　　　[14 법무사]

2. 상업등기의 분류

(1) 절대적 등기사항과 상대적 등기사항

① '절대적 등기사항'이란 등기의무가 부여되어 등기가 요구되는 등기사항을 말한다.
② '상대적 등기사항'이란 당사자가 자유롭게 등기 여부를 선택할 수 있는 등기사항을 말한다. 상대적 등기사항도 일단 등기를 하면 그 변경 또는 소멸은 반드시 등기를 하여야 하므로 절대적 등기사항이 된다(제40조). [03 법무사, 16 공인회계사]

- 절대적 등기사항 뿐만 아니라 상대적 등기사항도 등기한 후가 아니면 선의의 제3자에게 대항하지 못한다. (○) [03 법무사]
- 상대적 등기사항은 기업의 의사에 따라 등기할 것인지 여부를 결정할 수 있는 사항으로, 개인 기업의 상호등기 같은 것이 이에 해당한다. 그러나 상대적 등기사항이라도 일단 등기한 이상 그 사항의 변경·소멸은 절대적 등기사항이다. (○) [06 법무사]
- 개인 상인의 상호가 일단 등기된 후에 이루어진 상호의 변경 또는 소멸은 지체없이 등기를 해야 하는 절대적 등기사항이다. (○) [16 공인회계사]

(2) 창설적 등기사항과 보고적 등기사항

① '창설적 등기사항'이란 등기를 함으로써 효과가 생기는 등기사항을 말한다. 회사설립등기, 합병등기 등이 이에 해당한다.

- 회사 설립의 경우에는 설립등기를 함으로써 회사의 법인격이 창설되고, 합병의 경우에는 합병등기를 함으로써 합병의 효력이 발생한다. (○) [03 법무사]

② '보고적 등기사항'이란 이미 발생한 효과를 사후적으로 확인하는 의미의 등기사항을 말한다. 지배인 선임등기, 해임등기, 상호등기 등이 이에 해당한다.

Ⅱ. 상업등기의 일반적 효력

1. 소극적 효력

제37조【등기의 효력】 ① 등기할 사항은 이를 등기하지 아니하면 선의의 제3자에게 대항하지 못한다.
② 등기한 후라도 제3자가 정당한 사유로 인하여 이를 알지 못한 때에는 제1항과 같다.
제38조【지점소재지에서의 등기의 효력】 지점의 소재지에서 등기할 사항을 등기하지 아니한 때에는 전조의 규정은 그 지점의 거래에 한하여 적용한다.

① 상법에 의하여 등기할 사항은 이를 등기하지 아니하면 선의의 제3자에게 대항하지 못하나, 이를 등기한 후라도 제3자가 정당한 사유로 인하여 이를 알지 못한 때에는 제3자에게 대항할 수 없다(제37조).
[07·11·19 법원직, 06·07·08·13·16·18 법무사]

- 등기할 사항을 등기하기 전에는 악의의 제3자에게는 대항할 수 있으나, 선의의 제3자에게는 대항할 수 없다. (○) [06 법무사]
- 등기할 사항을 등기한 경우에는 제3자가 정당한 사유로 인하여 이를 알지 못한 경우에도 그에게 대항할 수 있다. (×) [06·16 법무사]
- 등기한 사항은 이를 등기하지 아니하면 선의의 제3자에게 대항하지 못할 뿐만 아니라 등기한 후라도 제3자가 정당한 사유로 인하여 이를 알지 못한 때에는 그 제3자에게 대항할 수 없다. (○) [07·11·12·17 법원직, 07·13·16 법무사]
- 지배인을 해임하였으나 해임등기를 하지 않은 경우 영업주는 해임된 지배인이 선의의 제3자와 맺은 계약의 효력을 부정할 수 없다. (○) [07 법원직]
- 등기할 사항을 등기하지 않은 경우에는 선의의 제3자에게 대항하지 못하고, 등기한 경우에는 이를 알지 못한 데에 정당한 사유가 있는지를 불문하고 선의의 제3자에게 대항할 수 있다. (×) [11 법원직]

② 지점의 소재지에서 등기할 사항을 등기하지 아니한 때에는 그 등기할 사항은 그 지점의 거래에 관하여 선의의 제3자에게 대항하지 못한다(제38조). [17 법원직]

> • 본점의 소재지에서 등기할 사항은 다른 규정이 없으면 지점의 소재지에서도 등기하여야 한다. 또한, 지점의 소재지에서 등기할 사항을 등기하지 아니한 때에는 본점의 거래와 관련하여서도 선의의 제3자에게 대항하지 못한다. (×)   [17 법원직]

③ 등기할 사항은 절대적 등기사항뿐만 아니라 상대적 등기사항도 포함한다.

④ 등기의무자의 귀책사유로 등기되지 않았을 것을 요건으로 하지 않는다. 등기공무원의 과실로 등기가 되지 않은 경우도 포함한다. [10 공인회계사] 상업등기의 소극적 효력은 외관법리에 기초하지 않는다.

> • 다수설에 의하면, 등기소의 잘못으로 등기되지 않은 경우에도 상업등기의 소극적 공시의 원칙이 적용된다. (○)   [10 공인회계사]

⑤ 제3자의 선의란 등기 대상인 사항에 대해 알지 못하는 것이며 등기 여부를 알지 못했다는 것이 아니다. 상대방은 선의, 무중과실이어야 한다.

⑥ "등기할 사항인 직무집행정지 및 직무대행자선임 가처분은 등기하지 아니하면 가처분으로 선의의 제3자에게 대항하지 못하지만, 악의의 제3자에게는 대항할 수 있다"(대판 2014.3.27, 2013다39551).

⑦ 대항하지 못한다는 것은 등기신청권자가 제3자에게 등기할 사항에 따른 법률효과를 주장하지 못한다는 것이다. 제3자가 등기신청권자에게 등기할 사항에 따른 법률효과를 주장하는 것은 가능하다.

⑧ "합자회사의 무한책임사원으로 甲이 등재되어 있는 상태에서 총사원의 동의로 乙을 무한책임사원으로 가입시키기로 합의하였으나, 그에 관한 변경등기가 이루어지기 전에 甲이 등기부상의 총사원의 동의를 얻어 제3자에게 자신의 지분 및 회사를 양도하고 사원 및 지분 변경등기까지 마친 경우, 총사원의 동의로 乙이 무한책임사원으로서의 지위를 취득하였다고 하더라도 그에 관한 등기가 마쳐지기 전에는 등기 당사자인 회사나 乙로서는 선의의 제3자에게 乙이 무한책임사원이라는 사실을 주장할 수 없으므로, 만약 제3자가 甲만이 유일한 무한책임사원이라고 믿은 데 대하여 선의라면, 회사나 乙로서는 제3자가 乙의 동의를 받지 아니하였음을 주장하여 그 지분양도계약이 효력이 없다고 주장할 수 없다"(대판 1996.10.29, 96다19321). [19 법원직]

> • 회사등기에는 공신력이 인정되지 아니하므로, 합자회사의 사원 지분등기가 불실등기인 경우 그 불실등기를 믿고 합자회사 사원의 지분을 양수하였다 하여 그 지분을 양수한 것으로는 될 수 없다. (○)   [19 법원직]

2. 적극적 효력

① 등기할 사항을 등기하면 선의의 제3자에게도 대항할 수 있다. [19 법원직]

> • 등기의무자가 등기할 사항을 등기한 경우에는 정당한 사유로 인하여 이를 알지 못한 경우를 제외하고는 선의의 제3자에게도 대항할 수 있다. (○)   [18 법무사]
> • 상법에 의하여 등기할 사항은 이를 등기하지 아니하면 선의의 제3자에게 대항하지 못하나, 이를 등기한 경우에는 제3자가 등기된 사실을 알지 못한 데에 정당한 사유가 없는 한 선의의 제3자에게도 대항할 수 있다. (○)   [19 법원직]

② 제3자에게 정당한 사유가 있었는지 여부를 판단함에 있어 제3자의 주관적인 사정(질병, 여행, 휴업 등)은 포함되지 않는다.

③ "주식회사의 이사가 퇴임하여 퇴임등기 및 공고를 한 경우에는 상법 37조의 해석상 제3자는 악의로 의제되므로 민법 제129조의 표현대리가 성립될 수 없다"(서울고등 1977.3.23, 76나2843). [19 법원직]

> • 대표이사의 퇴임등기가 된 경우에도 민법 제129조가 정하는 '대리권 소멸 후의 표현대리'의 적용이 배제되지 아니한다. (×)
> [19 법원직]

3. 일반적 효력의 적용범위

① 창설적 등기사항은 등기가 없으면 그 법률관계 자체가 효력을 발생하지 않으므로 상업등기의 창설적 효력은 제3자의 선의·악의를 묻지 아니하고 발생한다. [07 법원직, 03·08·11 법무사]

> • 회사는 제3자의 선의·악의를 불문하고 설립등기에 의하여 법인격을 취득하고, 합병등기에 의하여 합병의 효력이 발생한다. (○)
> [03·11 법무사]
> • 회사는 본점 소재지에서 설립등기를 함으로써 성립하나, 악의의 상대방에 대하여는 등기하지 아니하더라도 회사의 설립으로써 대항할 수 있다. (×)
> [08 법무사]

② 상호의 양도는 등기하지 않으면 악의의 제3자에게도 대항할 수 없다(제25조 제2항). 따라서 상호의 양도에도 등기의 일반적 효력 조항이 적용되지 않는다. [07 법원직]

> • 등기한 후에라도 정당한 사유 있는 선의의 제3자에게는 대항하지 못하므로 상호양도를 등기하더라도 위와 같은 제3자에게는 상호권의 득상(得喪)을 대항하지 못한다. (×)
> [07 법원직]

③ 사실적 불법행위에는 적용되지 않으나 거래적 불법행위의 경우에는 적용된다는 견해가 있다.

④ "등기의 일반적 효력과 관련된 선의의 제3자란 대등한 지위에서 하는 보통의 거래관계의 상대방을 말하므로, 조세권에 기하여 조세의 부과처분을 하는 경우의 국가는 동조 소정의 제3자라 할 수 없다"(대판 1978.12.26, 78누167). [17 법원직, 03·11·18 법무사]

> • 등기사항은 등기 전에는 이로써 선의의 제3자에게 대항하지 못하는데, 그 제3자에는 조세의 부과처분을 하는 국가도 포함된다. (×)
> [03·11 법무사]
> • 등기할 사항을 등기하지 아니하면 선의의 제3자에게 대항하지 못하는데, 여기서 선의의 제3자라 함은 대등한 지위에서 하는 보통의 거래관계의 상대방은 물론 조세권에 기하여 조세의 부과처분을 하는 경우의 국가를 포함한다. (×)
> [18 법무사]

⑤ 제3자란 거래상대방에 국한하지 않고 등기사항에 관해 정당한 이해관계를 갖는 모든 자를 포함한다.

⑥ "상법 제395조는 상업등기와는 다른 차원에서 회사의 표현책임을 인정한 규정이므로 제395조를 적용함에 있어 상업등기가 있는지 여부는 고려대상이 아니다"(대판 1979.2.13, 77다2436). ⇨ 상업등기의 효력은 등기된 사항에 대한 신뢰보호를 위한 것이고, 표현책임은 등기와 상관없이 외관에 대한 신뢰보호를 위한 것이다. 甲이 대표이사에서 해임된 이후 해임등기가 되지 않은 상태에서 乙과 회사 명의의 거래를 한 경우 乙은 상법 제395조의 표현대표이사 책임과 상법 제37조에 따른 상업등기의 효력을 모두 주장할 수 있다.

Ⅲ. 상업등기의 특수적 효력

1. 창설적 효력

설립등기(제172조)와 합병등기(제234조)와 같은 창설적 등기사항은 등기로써 효력이 발생한다. [11 법무사]

> • 회사는 제3자의 선의·악의를 불문하고 설립등기에 의하여 법인격을 취득한다. (○) [11 법무사]
> • 회사는 제3자의 선의·악의를 불문하고 합병등기에 의하여 합병의 효력이 발생한다. (○) [11 법무사]

2. 보완적 효력

① 보완적 효력이란 등기가 되는 경우 등기의 전제가 되는 법률관계에 존재하는 하자를 주장할 수 없게 되는 것을 말한다.
② 회사의 설립등기 후에는 주식인수의 무효나 취소를 주장할 수 없다(제320조 제1항).
③ 신주발행 변경등기일로부터 1년 이후에는 주식인수의 무효나 취소를 주장할 수 없다(제427조).

3. 해제적 효력

① 해제적 효력이란 등기에 의하여 일정한 행위에 대한 제한이 해제되거나 면책이 주어지는 것을 말한다.
② 회사설립 등기 후에는 주권발행 전 주식 양도도 회사에 대해 효력을 가진다(제335조 제3항).
③ 주식의 인수로 인한 권리의 양도도 주식회사 설립등기 이후에는 허용된다(제319조).
④ 합명회사 사원은 퇴사 등기 후 2년이 지나면 책임이 면제된다(제225조 제1항).

Ⅳ. 부실등기

> **제39조 【부실의 등기】** 고의 또는 과실로 인하여 사실과 상위한 사항을 등기한 자는 그 상위를 선의의 제3자에게 대항하지 못한다.

1. 의의

① 고의 또는 과실로 사실과 다른 사항을 등기한 자는 등기가 사실과 다르다는 것을 선의의 제3자에게 대항하지 못한다. [10·12·17 법원직, 03·06·07·13·14·15·16 법무사, 18 변호사, 16 공인회계사]

> • 사실과 상위한 사항을 등기한 자는 고의 또는 중대한 과실인 경우에 한하여 그 상위를 선의의 제3자에게 대항하지 못한다. (×) [12 법원직]
> • 상업등기에는 일반적 공신력이 인정되지 않으므로 고의 또는 과실로 인하여 사실과 상위한 사항을 등기한 자라도 그 상위를 선의의 제3자에게 대항할 수 있다. (×) [13 법무사]
> • 경과실로 인하여 사실과 다르게 등기를 한 자는 그 다른 것을 가지고 선의의 제3자에게 대항할 수 있다. (×) [14 법무사]
> • 상인이 A를 지배인으로 선임하였으나 과실로 B를 지배인으로 선임등기한 경우 B가 지배인이 아니라는 사실을 선의의 제3자에게 대항할 수 있다. (×) [16 공인회계사]

② 제37조 제1항은 등기의무자의 부작위를, 제39조는 등기의무자의 적극적 작위를 전제로 한다.

③ "회사등기에는 공신력이 인정되지 아니한다"(대판 1996.10.29, 96다19321). [07·10·19 법원직, 11·15 법무사]

> • 상업등기에는 원칙적으로 공신력이 인정되지 아니한다. (○)   [11 법무사]

④ "합자회사의 사원 지분등기가 불실등기인 경우 그 불실등기를 믿고 사원의 지분을 양수하였다 하여 그 지분을 양수한 것으로는 될 수 없다"(대판 1996.10.29, 96다19321). [10·19 법원직, 15 법무사]

> • 합자회사의 사원지분등기가 불실등기인 경우라도 공신력이 인정되므로 그 불실등기를 믿고 합자회사 사원의 지분을 양수한 이상 그 지분의 양수는 유효하다. (×)   [10 법원직]
> • 부실등기를 믿고 회사의 지분을 양수하였다고 하더라도 지분양수의 효력이 발생하지 않는다. (○)   [15 법무사]

⑤ "법인등기부에 이사 또는 감사로 등재되어 있는 경우에는 특단의 사정이 없는 한 정당한 절차에 의하여 선임된 적법한 이사 또는 감사로 추정된다"(대판 1991.12.27, 91다4409·91다4416). [07 법원직, 03·05·15·18 법무사, 15 변호사, 14 공인회계사]

> • 법인등기부에 이사 또는 감사로 등재되어 있다는 이유로 정당한 절차에 의하여 선임된 적법한 이사 또는 감사로 추정된다고는 할 수 없다는 것이 판례이다. (×)   [07 법원직, 18 법무사]
> • 등기부에 이사 또는 감사로 등재되어 있는 경우에는 특단의 사정이 없는 한 정당한 절차에 의하여 선임된 적법한 이사 또는 감사로 추정된다. (○)   [15 법무사, 15 변호사, 14 공인회계사]

2. 요건

(1) 외관의 존재

① 사실과 다른 등기가 존재하여야 한다.

② 등기시점에는 사실과 부합했으나 그 이후 사정변경으로 사실과 상위하게 된 경우 및 등기의무자가 변경등기를 게을리한 경우 기존 등기를 믿고 거래한 제3자를 제37조 제1항에 따라 보호할 것인지 제39조에 따라 보호할 것인지가 문제된다. 학설은 제37조 제1항과 제39조가 모두 적용된다는 견해와 등기의무자의 부작위에 관한 것이므로 제37조 제1항만 적용된다는 견해(다수설)가 존재한다.

③ "㉠ 이사 선임의 주주총회결의에 대한 취소판결이 확정되어 그 결의가 소급하여 무효가 된다고 하더라도 그 선임 결의가 취소되는 대표이사와 거래한 상대방은 상법 제39조의 적용 내지 유추적용에 의하여 보호될 수 있다. ㉡ 주식회사의 법인등기의 등기신청권자는 회사 자체이므로 취소되는 주주총회결의에 의하여 이사로 선임된 대표이사가 마친 이사 선임 등기는 상법 제39조의 부실등기에 해당된다"(대판 2004.2.27, 2002다19797). [05 법무사, 15·20 변호사]

> 위 판결에서 대법원은 이사 선임의 주주총회결의에 대한 취소판결이 확정된 경우 그 결의에 의하여 이사로 선임된 이사들에 의하여 구성된 이사회에서 선정된 대표이사는 소급하여 그 자격을 상실하고, 그 대표이사가 이사 선임의 주주총회결의에 대한 취소판결이 확정되기 전에 한 행위는 대표권이 없는 자가 한 행위로서 무효가 된다고 판시하면서, 그러한 대표이사와 거래한 제3자의 보호와 관련하여 상법 제39조 적용을 통하여 보호될 수 있다고 보았다.

> • 이사 선임의 주주총회결의에 대한 취소판결이 확정되어 그 결의가 소급하여 무효가 된다고 하더라도, 그 선임 결의가 취소되는 대표이사와 거래한 상대방은 상법 제39조의 적용 내지 유추적용에 의하여 보호될 수 있다. (○)   [05 법무사]

- 주식회사의 법인 등기의 경우 회사는 대표자를 통하여 등기를 신청하지만, 등기신청권자는 회사 자체이므로 취소되는 주주총회 결의에 의하여 이사로 선임된 대표이사가 마친 이사 선임 등기는 상법 제39조의 부실등기에 해당되지 않는다. (×) [15 변호사]

(2) 외관의 부여

① 등기신청인의 고의 · 과실이 존재해야 한다. [18 변호사]

- 회사에 대해 부실등기책임을 묻기 위해서는 원칙적으로 등기가 등기신청권자인 회사에 의하여 고의 · 과실로 마쳐진 것임을 요한다. (○) [18 변호사]

② 등기신청인의 고의 또는 과실은 법인의 대표자를 기준으로 판단한다. [18 변호사]

- 회사의 부실등기책임을 묻기 위해 필요한 등기신청권자의 고의 · 과실의 유무는 대표이사를 기준으로 판단한다. (○) [18 변호사]

③ "합명회사에 있어서 부실등기에 대한 고의 · 과실의 유무는 대표사원을 기준으로 판정하여야 하고, 대표사원의 유고로 회사정관에 따라 업무를 집행하는 사원이 있다고 하더라도 그 사원을 기준으로 판정하여서는 아니 된다"(대판 1981.1.27, 79다1618 · 1619). [05 · 15 법무사, 15 · 18 변호사]

- 합명회사의 경우 부실등기를 한 사실이나 이를 방치한 사실에 대한 고의 또는 과실의 유무는 대표사원을 기준으로 결정하여야 한다. (○) [05 법무사, 15 변호사]
- 등기신청인이 법인인 경우 그 대표자를 기준으로 고의를 판단하여야 하는 바, 합명회사인 경우 대표사원을 기준으로 판단해야 하지만, 만일 대표사원이 유고로 따로 업무를 집행하는 사원이 있다면 그 사원을 기준으로 판단해야 한다. (×) [15 법무사]

④ 등기공무원의 잘못으로 사실과 다른 등기가 된 경우에는 적용되지 않는다. [08 법원직]

- 등기관의 착오로 인하여 사실과 상위한 사항이 등기된 경우에는 그 상위를 선의의 제3자에게 대항할 수 있다. (○) [08 법원직]

⑤ 등기신청권자가 아닌 제3자가 문서를 위조하는 등의 방법으로 부실등기가 된 경우 원칙상 제39조가 적용되지 않는다. 다만, 제3자에 의하여 이루어진 부실등기가 방치된 경우 회사에게 제39조의 책임을 묻기 위한 요건이 문제된다.

- 부실등기가 등기신청권자 아닌 제3자에 의하여 문서위조 등의 방법으로 이루어진 경우에도 등기신청권자에게 그 부실등기의 경료 및 존속에 과실이 있는 경우에는 상법 제39조에 의하여 선의의 제3자에게 대항할 수 없다. (×) [05 법무사]

⑥ "등기신청권자가 스스로 등기를 하지 아니하였다 하더라도 그의 책임 있는 사유로 그 등기가 이루어지는 데에 관여하거나 그 불실등기의 존재를 알고 있음에도 이를 시정하지 않고 방치하는 등 등기신청권자의 고의 · 과실로 불실등기를 한 것과 동일시할 수 있는 특별한 사정이 있는 경우에는 그 등기신청권자에 대하여 상법 제39조에 의한 불실등기책임을 물을 수 있다"(대판 2011.7.28, 2010다70018). [15 변호사]

⑦ "㉠ 등기신청권자 아닌 자가 주주총회의사록 등을 허위로 작성하여 대표이사 선임등기를 마친 경우, 주주총회의 개최와 결의가 존재하나 무효 또는 취소사유가 있는 경우와 달리, 대표이사 선임에 관한 회사 내부 의사결정은 존재하지 않아 등기신청권자인 회사가 그 등기에 관여할 수 없었을 것이므로, ㉡ 회사의 적법한 대표이사가 부실등기에 협조·묵인하는 등의 방법으로 관여했거나 회사가 부실등기의 존재를 알고 있음에도 시정하지 않고 방치하는 등 회사의 고의 또는 과실로 부실등기를 한 것과 동일시할 수 있는 특별한 사정이 없는 한, ㉢ 회사에게 상법 제39조에 의한 부실등기책임을 물을 수 없고, ㉣ 이 경우 허위 주주총회결의 등의 외관을 만들어 부실등기를 마친 사람이 회사의 상당한 지분을 가진 주주이더라도 회사의 고의 또는 과실로 부실등기를 한 것과 동일시할 수는 없다"(대판 2008.7.24, 2006다24100). [15·18 변호사]

⑧ "소송에서 주식회사의 대표이사의 이사 자격이 부정되었음에도 불구하고 해당 회사가 이사 말소등기를 하지 않은 상태에서 그를 정당한 대표이사로 믿고 거래한 제3자에 대해서는 회사가 대표이사의 무자격을 주장하지 못한다"(대판 1974.2.12, 73다1070).

⑨ "상법 39조는 제3자의 문서위조 등의 방법으로 이루어진 부실등기에 있어서 등기신청권자에게 그 부실등기의 경료 및 존속에 있어서 그 정도가 어떠하건 과실이 있다는 사유만으로 회사가 선의의 제3자에게 대항할 수 없음을 규정한 취지가 아니다"(대판 1975.5.27, 74다1366). [05·15 법무사, 18 변호사]

(3) 외관의 신뢰

① 제3자는 등기가 사실과 다르다는 것을 알지 못했어야 한다.
② 상거래에서 중과실은 악의와 동일시되므로 제3자는 선의, 무중과실이어야 하는 것으로 본다. 제37조 제1항의 선의의 제3자와 동일하다. [06 법무사]

3. 효과

등기가 사실과 다르다는 것을 주장할 수 없고, 등기를 신뢰한 제3자에 대하여 책임을 진다.

제7장 / 영업양도

I. 영업양도의 의의

1. 영업양도의 개념

① 영업양도는 물건, 권리, 사실관계를 포함하는 조직적·기능적 재산으로서의 영업재산 일체를 영업의 동일성을 유지하면서 이전하기로 하는 채권계약을 의미한다. [09 법원직, 21 공인회계사]

> • 영업양도 및 회사의 합병·분할에 관한 제도는 기업의 유지라는 상법이념의 구체화라고 볼 수 있다. (○)
> [19 공인회계사]
>
> • 영업양도에서의 영업은 영리적 목적을 수행하기 위해 결합시킨 조직적 재산으로, 개개의 영업용 재산 또는 단순한 영업용 재산만을 가리키는 것이다. (×)
> [21 공인회계사]

② "상법상 영업양도란 일정한 영업목적에 의하여 조직화된 총체, 즉 물적·인적 조직을 그 동일성을 유지하면서 일체로서 이전하는 것으로서, 영업양도 당사자 사이의 명시적 또는 묵시적 계약이 있어야 한다"(대판 1997.6.24, 96다2644). [12·18·21 공인회계사]

> • 영업양도계약 당사자간에 별도의 합의가 없는 한 양도인의 영업상 채무가 당연히 양수인에게 이전되는 것은 아니다. (○)
> [12·18 공인회계사]

③ 영업양도는 반드시 영업양도 당사자 사이의 명시적 계약에 의하여야 하는 것은 아니며 묵시적 계약에 의하여도 가능하다. [20 법무사]

④ 영업양도의 경우 별도의 등기가 필요하지 않을뿐더러, 그 계약서의 작성이나 기재사항도 상법에 규정되어 있지 않다. [20 법무사]

> • 영업양도는 반드시 영업양도 당사자 사이의 명시적 계약에 의하여야 하는 것은 아니며 묵시적 계약에 의하여도 가능하다. 영업양도의 경우 별도의 등기가 필요하지 않을뿐더러, 그 계약서의 작성이나 기재사항도 법정화되어 있지 않다. (○)
> [20 법무사]

⑤ 영업이란 지속적으로 수익활동을 할 수 있도록 유기적으로 결합되고 조직화되어 있는 상인의 영업재산 전체를 의미한다. [21 공인회계사] 고객관계, 영업비결, 평판, 판매망 등 무형으로 존재하는 사실관계도 포함한다.

⑥ 영업양도는 상법상 회사의 해산사유에 해당하지 않는다. [12 공인회계사]

> • 회사의 영업양도는 상법상 회사의 해산사유에 해당하지 않는다. (○)
> [12 공인회계사]

2. 영업양도의 법적 성질

① 영업양도는 포괄승계가 아닌 특정승계이다. 영업양도에 따른 재산의 이전은 재산 각각에 대하여 개별적인 이전행위가 이루어져야 한다. [15 공인회계사]

② 영업양도는 채권자취소권의 대상이 되며, 채권자는 사해행위취소에 따른 원상회복으로 피보전채권액을 한도로 하여 영업의 가액을 반환하라고 청구할 수 있다.

"채무자가 영업재산과 영업권이 유기적으로 결합된 일체로서의 영업을 양도함으로써 채무초과상태에 이르거나 이미 채무초과상태에 있는 것을 심화시킨 경우, 영업양도는 채권자취소권 행사의 대상이 된다"(대판 2015.12.10, 2013다84162).

③ "영업양도는 채권계약이므로 양도인이 재산이전의무를 이행함에 있어서는 상속이나 회사의 합병과 같이 포괄적 승계가 인정되지 않고 특정 승계에 의하여 재산의 종류에 따라 개별적으로 이전행위를 하여야 하는바, 양도인의 제3자에 대한 매매계약 해제에 따른 원상회복청구권은 지명채권이므로 그 양도에는 양도인의 채무자에 대한 통지나 채무자의 승낙이 있어야 채무자에게 대항할 수 있다"(대판 1991.10.8, 91다22018·22025). [09 법원직, 05 법무사, 15 공인회계사]

④ "영업양도의 경우 영업양도인은 영업재산이 영업양도 전후에 동일성이 유지되도록 포괄적으로 영업양수인에게 이전해야 하는데, 이 경우에는 등기나 인도 등 영업재산을 이루는 개개의 구성부분을 이전하는 이행행위(물권행위)도 함께 행해져야 한다"(대판 1991.10.8, 91다22018·22025).

⑤ "甲회사가 乙회사와 항공권 발권대행사업에 관한 영업양도계약을 체결하면서 丙을 포함한 근로자에 대한 사용자로서의 모든 권리의무를 乙회사에 이전하기로 하였고, 이에 따라 乙회사와 丙이 甲회사에서와 동일한 근로조건으로 근로계약서를 작성하였는데, 영업양도 전에 丙이 甲회사의 항공권 구매대행업무를 담당하면서 甲회사의 자금을 개인 용도로 사용하였고, 이에 乙회사가 甲회사의 丙에 대한 손해배상채권을 승계취득하였다고 주장하며 丙을 상대로 손해배상을 청구하는 경우, 乙회사는 영업양도에 수반된 근로계약 인수의 효과로서 위 손해배상채권을 취득하였다고 볼 여지가 있다"(대판 2020.12.10, 2020다245958).

⑥ 현물출자는 단체법적 설립행위라는 점에서 채권계약인 영업양도와 다르다. 다만, 외관이 비슷하고 이해관계자에게 미치는 영향이 동일한 관계로 영업양도에 관한 규정이 유추적용된다.

3. 영업의 동일성 유지

① 영업양도에 있어서는 양도되는 영업의 동일성이 유지되어야 한다.

② 상법상의 영업양도는 종래의 영업조직이 유지되어 그 조직이 전부 또는 중요한 일부로서 기능할 수 있는가에 의하여 결정되어야 한다.

③ "영업양도는 양수인이 유기적으로 조직화된 수익의 원천으로서의 기능적 재산을 이전받아 양도인과 같은 영업적 활동을 계속하고 있는지에 따라 판단되어야 한다"(대판 2005.7.22, 2005다602). [18 법무사]

④ 영업양수인이 영업양도인의 채권과 채무를 승계하는지 여부는 영업양도의 요건이 아니므로, 채권채무의 승계가 없더라도 영업목적을 위하여 조직화된 유기적 일체로서 기능적 재산이 그대로 이전되었다면 영업양도에 해당한다.

⑤ "영업재산의 일부를 유보한 채 영업시설을 양도했어도 그 양도한 부분만으로도 종래의 조직이 유지되어 있다고 사회관념상 인정되면 그것을 영업의 양도라 볼 것이지만, 반면에 영업재산의 전부를 양도했어도 그 조직을 해체하여 양도했다면 영업의 양도로 볼 수 없다"(대판 2007.6.1, 2005다5812·5829·5836). [18·19·20 법무사, 13 변호사]

> • 영업양도는 조직화된 유기적 일체로서의 기능재산의 동일성이 유지된 일괄이전을 의미하므로, 만약 그 조직을 해체하여 양도하였다면 설령 영업재산의 전부를 양도하였더라도 영업양도가 되지 않는다. (○)
> [13 변호사]
> • 영업재산의 일부를 유보한 채 영업시설을 양도했어도 그 양도한 부분만으로도 종래의 조직이 유지되어 있다고 사회관념상 인정되면 그것을 영업의 양도로 볼 수 있다. (○) [19 법무사]
> • 상법상의 영업양도는 종래의 영업조직이 유지되어 그 조직이 전부 또는 중요한 일부로서 기능할 수 있는가에 의하여 결정되어야 한다. 따라서 영업재산의 일부를 유보한 채 영업시설을 양도하였더라도 그 양도한 부분만으로도 종래의 조직이 유지되어 있다고 인정된다면 영업의 양도라고 보아야 한다. (○)
> [20 법무사]
> • 영업양도에서의 영업은 영리적 목적을 수행하기 위해 결합시킨 조직적 재산으로 개개의 영업용 재산 또는 단순한 영업용 재산만을 가리키는 것이다. (×) [21 공인회계사]

⑥ 설비 등의 자산만 이전되고 영업조직이 이전되지 않은 경우에는 영업양도가 아니다.

⑦ 물적 시설 전부를 양수하면서 종업원의 상당수를 해고한 경우에는 영업양도가 아니다(대판 1995.7.14, 94다20198).

㉠ "甲 회사의 사업 부문 폐지에 따라 근로자들 중 절반 정도는 다른 직장에 취업하고 나머지 절반 정도의 근로자들은 폐지되는 사업과 동일한 사업을 하고 있던 계열회사인 乙 회사에 입사한 경우, 乙 회사가 그 사업 부문에 속한 근로자 등 인적 조직과 장비 등의 물적 시설을 그대로 인수하지 아니한 점에 비추어 乙 회사가 甲 회사의 사업 부문을 동일성을 유지한 채 포괄적으로 이전받은 것으로 볼 수 없다"(대판 1995.7.14, 94다20198).

㉡ 운수업자가 운수업을 폐지하는 자로부터 그 소속 종업원들에 대한 임금 및 퇴직금 등 채무를 청산하기로 하고 그 운수사업의 면허 및 운수업에 제공된 물적 시설을 양수한 후, 폐지 전 종업원 중 일부만을 신규채용의 형식으로 새로이 고용한 경우, 그러한 사정만으로는 영업양도라고 볼 수 없다(대판 1995.7.25, 95다7987).

4. 근로관계의 이전

① 영업양도의 경우 재산의 개별적인 이전과 달리 근로관계 등 인적 조직은 반대의 특약이 없는 한 동일성을 유지하며 포괄적으로 승계된다. [10·17 법원직, 06·10 법무사, 18 공인회계사]

> • 기업이 사업부문의 일부를 다른 기업에게 양도하면서 그 물적 시설과 함께 양도하는 사업부문에 근무하는 근로자들의 소속을 변경시킨 경우에도 원칙적으로 해당근로자들의 근로관계가 양수하는 기업에게 승계되지는 않는다. (×) [06 법무사]
> • 영업양도가 이루어진 경우 원칙적으로 해당 근로자들의 근로관계가 양수하는 기업에 포괄적으로 승계된다고 할 수 없다. (×) [10 법원직]
> • 판례에 의하면 영업이 양도되면 반대의 특약이 없는 한 양도인과 근로자간의 근로관계도 원칙적으로 양수인에게 승계된다. (○) [10·17 법원직, 18 공인회계사]

② "영업양도 당사자 사이에 근로관계 일부를 승계대상에서 제외하기로 한 특약이 있는 경우에는 그에 따라 근로관계의 승계가 이루어지지 않을 수 있으나, 그러한 특약은 실질적으로 해고와 다름이 없으므로 근로기준법 제27조 제1항의 정당한 이유가 있어야 유효하다"(대판 1995.9.9, 94다54245).

③ "영업양도에 의해 승계되는 근로관계는 계약체결일 현재 실제로 그 영업부문에서 근무하고 있는 근로자와의 근로관계만을 의미하고, 계약체결일 이전에 해당 영업부문에서 근무하다 해고된 근로자로서 해고의 효력을 다투는 근로자와의 근로관계까지 승계되는 것은 아니다"(대판 1996.5.31, 95다33238). [18·20 법무사, 21 변호사]

> 다만, 위 대법원 판결은 일반론으로 설시한 것이고 결론은 승계되는 것으로 판시되었다. "원고들이 감천여객의 전적명령에 동의하지 아니함으로써 전적명령 자체가 효력이 없음이 객관적으로 명확하게 되었을 뿐만 아니라, 감천여객의 대표이사인 甲은 피고 회사의 이사이고, 피고 회사의 대표이사인 乙은 甲과 함께 감천여객의 대표이사로 있다가 전적명령 이후 영업양도 직전인 1993.9.23. 감천여객의 대표이사직만 사임하였을 뿐이어서 피고 회사가 이 사건 영업양수를 할 당시 원고들에 대한 전적명령이 아무런 효력이 없게 된 사실을 알고 있었음이 명백하므로, 특별한 사정이 없는 한 원고들의 근로관계가 피고 회사에게 그대로 승계된다."

- 영업양도에 의하여 승계되는 근로관계는 계약체결일 현재 실제로 그 영업부문에서 근무하고 있는 근로자와의 근로관계뿐만이 아니라, 계약체결일 이전에 해당 영업부문에서 근무하다가 해고된 근로자로서 해고의 효력을 다투는 근로자와의 근로관계도 포함한다. (×) [18 법무사]
- 영업양도에 의하여 승계되는 근로관계는 계약체결일 현재 실제로 그 영업부문에서 근무하고 있는 근로자와의 근로관계만을 의미하고, 계약체결일 이전에 해당 영업부문에서 근무하다가 해고된 근로자로서 해고의 효력을 다투는 근로자와의 근로관계까지 승계되는 것은 아니다. (○) [20 법무사]
- 다른 기업의 사업 부문의 일부를 양수하는 계약을 체결하면서 그 물적 시설과 인적 조직을 함께 포괄 승계받기로 약정한 경우 원칙적으로 양도인과 근로자 사이의 근로관계는 양수인에게 포괄적으로 승계되지만, 계약체결일 이전에 해당 영업 부문에서 근무하다가 해고되어 해고의 효력을 다투는 근로자와의 근로관계까지 승계되는 것은 아니다. (○) [21 변호사]

④ "근로자가 영업양도일 이전에 정당한 이유 없이 해고된 경우 양도인과 근로자 사이의 근로관계는 여전히 유효하고, 해고 이후 영업 전부의 양도가 이루어진 경우, 영업양도 계약에 따라 영업의 전부를 동일성을 유지하면서 이전받는 양수인으로서는 양도인으로부터 정당한 이유 없이 해고된 근로자와의 근로관계를 원칙적으로 승계한다고 보아야 한다"(대판 2020.11.5, 2018두54705).

⑤ "영업양도의 경우에 근로관계의 승계를 거부하는 근로자에 대하여는 근로관계가 양수하는 기업에 승계되지 아니하고 여전히 양도하는 기업과 사이에 존속되며, 원래의 사용자는 영업 일부의 양도로 인한 경영상의 필요에 따라 감원이 불가피하게 되는 사정이 있어 정리해고로서의 정당한 요건이 갖추어져 있다면 그 절차에 따라 승계를 거부한 근로자를 해고할 수 있다"(대판 2010.9.30, 2010다41089). [13 변호사]

> - 영업이 포괄적으로 양도되면 반대의 특약이 없는 한 양도인과 종업원 사이의 근로계약관계는 포괄적으로 양수인에게 승계되므로, 근로자는 근로관계 승계를 거부할 수 없으며 영업양도를 이유로 양수인에 대하여 고용계약을 임의로 해지하지 못한다. (×) [13 변호사]

⑥ "㉠ 계약인수가 이루어지면 계약관계에서 이미 발생한 채권·채무도 이를 인수 대상에서 배제하기로 하는 특약이 있는 등 특별한 사정이 없는 한 인수인에게 이전된다. ㉡ 계약인수는 개별 채권·채무의 이전을 목적으로 하는 것이 아니라 다수의 채권·채무를 포함한 계약당사자로서의 지위의 포괄적 이전을 목적으로 하는 것으로서 계약당사자 3인의 관여에 의해 비로소 효력을 발생한다. ㉢ 따라서 채무자

보호를 위해 개별 채권양도에서 요구되는 대항요건은 계약인수에서는 요구되지 않는다. ㉣ 이러한 법리는 상법상 영업양도에 수반된 계약인수에 대해서도 마찬가지로 적용된다"(대판 2020.12.10, 2020다245958).

⑦ "甲 주식회사가 乙 주식회사와 항공권 발권대행 사업 부문에 관한 영업양도계약을 체결하면서 丙을 포함한 근로자에 대한 사용자로서의 모든 권리의무를 乙 회사에 이전하기로 한 경우, 乙회사는 영업양도에 수반된 근로계약 인수의 효과로서 영업양도 이전에 발생한 甲회사의 丙에 대한 손해배상채권을 취득하였다고 볼 여지가 있다"(대판 2020.12.10, 2020다245958).

5. 영업양도인과 양수인

① 양도인은 상인이어야 하고 처분권한이 있어야 한다.
② 영업의 임차인과 경영위임을 받은 자는 처분권이 없으므로 영업양도인이 될 수 없다.
③ 양수인은 반드시 상인이어야 하는 것은 아니나, 영업양수로 인하여 상인자격을 취득하게 된다. [18 공인회계사]

> • 영업양도계약에 있어 양수인은 반드시 상인일 필요가 없다. (○)　　　　　　　[18 공인회계사]

6. 영업양도계약을 위한 결의절차 등

(1) 자연인인 경우
영업양도인이 자연인인 경우 영업양도계약 체결에 별도의 절차가 요구되지 않는다.

(2) 회사가 영업양도인인 경우
① 합명·합자회사·유한책임회사가 영업양도인인 경우 총사원의 동의가 필요하다.
② 주식회사·유한회사가 영업양도인인 경우 주주(사원)총회 특별결의가 필요하다(제372조 제1항 1호, 제576조 제1항).

(3) 회사가 영업양수인인 경우
① 합명·합자회사·유한책임회사의 영업양수로 정관 변경이 생기는 경우, 총사원의 동의가 필요하다.
② 영업양수로 인하여 주식회사·유한회사의 영업에 중대한 영향을 미치는 경우, 주주(사원)총회 특별결의가 필요하다.

(4) 주식회사의 영업양도에 요구되는 절차
① 주식회사의 영업양도와 관련해서는, ㉠ 중요자산 처분에 대한 이사회결의, ㉡ 주주총회 특별결의 [09 법원직, 06 법무사] 및 ㉢ 반대주주의 주식매수청구권이 적용된다.

> • 주식회사가 영업용 재산을 양도하는 경우에는 항상 주주총회의 특별결의를 요한다. (×) [06 법무사]

② 영업양수로 인하여 주식회사의 영업에 중대한 영향을 미치는 경우에도 주주총회 특별결의가 필요하다.
③ "주식회사가 영업의 전부 또는 중요한 일부를 양도한 후 주주총회의 특별결의가 없었다는 이유를 들어 스스로 그 약정의 무효를 주장하더라도 주주 전원이 그와 같은 약정에 동의한 것으로 볼 수 있는 등 특별한 사정이 인정되지 않는다면 위와 같은 무효 주장이 신의성실 원칙에 반한다고 할 수는 없다"(대판 2018.4.26, 2017다288757). [20 법무사, 20 변호사]

- 주식회사가 영업의 전부 또는 중요한 일부를 양도할 경우에는 주주총회의 보통결의에 의하여야 하지만, 합병계약서의 승인결의는 주주총회의 특별결의에 의하여야 한다. (×)　　　[09 법원직]
- 주식회사가 영업의 중요한 일부를 양도한 후 주주총회의 특별결의가 없었다는 이유를 들어 스스로 그 약정의 무효를 주장하는 경우, 주주 전원이 그와 같은 약정에 동의한 것으로 볼 수 있다면, 그 영업양도에 대한 무효의 주장은 신의성실의 원칙에 반할 수 있다. (×)　　　[20 변호사]

(5) 영업양도와 합병

영업양도	합병
특정승계	포괄승계
회사 해산사유 ×	회사 해산사유 ○
영업 일부 양도 ○	회사 일부 합병 ×
반대주주의 주식매수 청구권 인정	
주식회사 영업의 전부 또는 중요한 일부의 양도 및 합병은 주주총회 특별결의사항	

- 영업양도는 일정한 영업목적에 따라 조직화된 유기적 일체로서의 기능적 재산을 이전하는 것이고, 그 법적 성질은 회사합병의 경우와 마찬가지로 포괄승계이므로 영업용 재산에 대한 개별적인 이전절차를 필요로 하지 않는다. (×)　　　[09 법원직]
- 주식회사는 영업양도를 하거나 합병할 경우 모두 해산사유가 된다. (×)　　　[09 법원직]

Ⅱ. 영업양도인의 경업금지의무

1. 의의

> **제41조【영업양도인의 경업금지】** ① 영업을 양도한 경우에 다른 약정이 없으면 양도인은 10년간 동일한 특별시·광역시·시·군과 인접 특별시·광역시·시·군에서 동종영업을 하지 못한다.
> ② 양도인이 동종영업을 하지 아니할 것을 약정한 때에는 동일한 특별시·광역시·시·군과 인접 특별시·광역시·시·군에 한하여 20년을 초과하지 아니한 범위 내에서 그 효력이 있다.

① 영업을 양도한 경우에 다른 약정이 없으면 양도인은 10년간 동일한 특별시·광역시·시·군과 인접 특별시·광역시·시·군에서 동종영업을 하지 못한다. [12·15·16 법원직, 04·06·08·10·13·16·18 법무사, 12·13·20 변호사, 12·21 공인회계사]

- 양도인이 동종영업을 하지 아니할 것을 약정할 때에는 동일한 특별시·광역시·시·군과 인접 특별시·광역시·시·군에 한하여 5년을 초과하지 아니하는 범위 내에서 그 효력이 있다. (×)　　　[08 법무사]
- 양도인이 동종영업을 하지 아니할 것을 약정한 때에는 동일한 특별시·광역시·시·군과 인접 특별시·광역시·시·군에 한하여 10년을 초과하지 아니한 범위 내에서 그 효력이 있다. (×)　　　[10 법원직]
- 영업을 양도한 경우 양도인은 10년간 동일한 특별시·광역시·시·군과 인접 특별시·광역시·시·군에서 동종영업을 하지 못한다. 단, 양도인과 양수인은 그와 다른 내용의 특약을 할 수 있다. (○)　　　[12·15 법원직, 08·13 법무사]
- 영업을 양도한 경우에 다른 약정이 없으면 양도인은 10년간 동일한 특별시·광역시·시·군과 인접 특별시·광역시·시·군에서 동종영업을 하지 못한다. (○)　　　[15·16 법원직, 18 법무사, 20 변호사]

② 양도인이 동종영업을 하지 아니할 것을 약정한 때에는 동일한 특별시·광역시·시·군과 인접 특별시·광역시·시·군에 한하여 20년을 초과하지 아니한 범위 내에서 그 효력이 있다. [10·12·17 법원직, 08·16 법무사, 15 공인회계사]

2. 적용범위

① 경업금지기간은 경업금지 약정이 없는 경우 10년이고, 약정이 있는 경우 20년 이내로 제한된다.
② 경업금지장소는 동일 및 인접 특별시·광역시·시·군으로 제한된다.
③ "경업금지지역으로서의 동일 지역 또는 인접 지역인지 여부는 양도된 물적 설비가 있던 지역이 아니라 영업양도인의 통상적인 영업활동이 이루어지던 지역을 기준으로 정하여야 한다"(대판 2015.9.10, 2014다80440). [16·17 법원직, 19 법무사]

④ "상법상의 영업양도에 관한 규정은 양도인이 상인이 아닌 경우에는 적용할 수 없고, 농업협동조합법상 농업협동조합을 상인이라 할 수 없으므로 동 조합이 도정공장을 양도하였다 하더라도 동 조합은 양수인에 대하여 상법 41조에 의한 경업금지의무는 없다"(대판 1969.3.25, 68다1560).
⑤ 경업금지의무를 지는 자는 회사의 대표이사나 지배주주 또는 이들이 새로 설립한 회사를 모두 포함한다. 영업을 제3자 명의로 하더라도 양도인의 계산으로 하는 것은 허용되지 않는다.

3. 경업금지의무 위반의 효과

① 상법은 경업금지의무 위반의 효과에 대해서는 규정하고 있지 않다.
② 따라서 민법 채무불이행 원칙에 따라 양수인은 양도인에 대하여 영업의 폐지청구, 손해배상청구, 영업양도계약의 해제가 가능하다.
③ 판례는 "영업양수인이 영업양도인을 상대로 영업양도인 본인의 영업금지 외에 제3자에 대한 영업의 임대, 양도 기타 처분을 금지하는 것도 가능하다."고 본다.

"영업양도인이 경업금지의무에 위반하여 영업을 창출한 경우 그 의무위반 상태를 해소하기 위해서는 영업을 폐지할 것이 요구되고 그 영업을 타에 임대한다거나 양도한다고 하더라도 그 영업의 실체가 남아 있는 이상 의무위반 상태가 해소되는 것은 아니므로, 그 이행강제의 방법으로 영업양도인 본인의 영업 금지 외에 제3자에 대한 영업의 임대, 양도 기타 처분을 금지하는 것도 가능하다. 다만, 위 가처분에 의하여 영업양도인의 제3자에 대한 임대, 양도 등 처분행위의 사법상 효력이 부인되는 것은 아니고, 영업양도인이 그 의무위반에 대한 제재를 받는 것에 불과하다"(대판 1996.12.23, 96다37985). [10 법원직]

> • 영업양도인이 부담하는 경업금지의무에 위반하여 영업을 창출한 경우 그 위반상태를 해소하기 위한 이행강제의 방법으로 영업양도인 본인의 영업 금지 이외에 제3자에 대한 영업의 임대, 양도 기타 처분을 금지하는 것도 가능하다. (○) [10 법원직]

④ 개입권은 인정되지 않는다.

Ⅲ. 영업양수인의 책임

1. 의의

> **제42조【상호를 속용하는 양수인의 책임】** ① 영업양수인이 양도인의 상호를 계속 사용하는 경우에는 양도인의 영업으로 인한 제3자의 채권에 대하여 양수인도 변제할 책임이 있다.
> ② 전항의 규정은 양수인이 영업양도를 받은 후 지체없이 양도인의 채무에 대한 책임이 없음을 등기한 때에는 적용하지 아니한다. 양도인과 양수인이 지체없이 제3자에 대하여 그 뜻을 통지한 경우에 그 통지를 받은 제3자에 대하여도 같다.
> **제44조【채무인수를 광고한 양수인의 책임】** 영업양수인이 양도인의 상호를 계속 사용하지 아니하는 경우에 양도인의 영업으로 인한 채무를 인수할 것을 광고한 때에는 양수인도 변제할 책임이 있다.

① 상법 제42조 제1항은 영업양수인이 양도인의 상호를 계속 사용하는 경우 양도인의 영업으로 인한 제3자의 채권에 대하여 양수인도 변제할 책임이 있다고 규정함으로써 양도인이 여전히 주채무자로서 채무를 부담하면서 양수인도 함께 변제책임을 지도록 하고 있다. [07·16·21 법원직, 04·06·08·10·13·16 법무사, 17 공인회계사]

> • 영업양수인이 양도인의 상호를 계속 사용하는 경우에는 양도인의 영업으로 인한 제3자에 대한 채무를 변제할 책임이 있고, 이 경우 양도인의 제3자에 대한 채무는 영업양도 후 2년이 경과하면 소멸한다. (○) [04·08·10 법무사]
> • 영업양수인이 양도인의 상호를 계속 사용하는 경우 양도인의 영업으로 인한 제3자에 대한 채무는 영업양도계약의 효력 발생과 동시에 소멸한다. (×) [06 법무사]

② 영업양수인이 양도인의 상호를 계속 사용하지 아니하더라도 양도인의 영업으로 인한 채무를 인수할 것을 광고한 때에는 양수인도 변제할 책임이 있으며, 이 경우 양수인의 제3자에 대한 채무는 광고 후 2년이 경과하면 소멸한다. [12·16·21 법원직, 04·08·10·12·13·16·18·20 법무사, 18·21 공인회계사]

> • 영업양수인이 양도인의 상호를 계속 사용하지 않는 경우에 양도인의 영업으로 인한 채무를 인수할 것을 광고한 때에는 양수인이 변제할 책임을 지고, 양도인의 책임은 위 광고한 때에 즉시 소멸한다. (×) [04 법무사]

③ 외관법리에 기초한 채권자보호제도에 해당한다.

2. 요건

(1) 영업양도의 존재

(2) 양도인의 영업으로 인한 제3자의 채권

① "상법 제42조 제1항에 규정된 양도인의 영업으로 인한 채무란, 영업상의 활동에 관하여 발생한 채무를 말하는 것이다"(대판 2002.6.28, 2000다5862).

② "영업양도인이 주식회사인 경우에는 회사에게 사적인 생활이 존재하지 아니한 관계로 주식회사의 명의로 한 행위는 반증이 없는 한 회사의 영업을 위하여 하는 행위로 추정되며, 그로 인하여 회사가 부담하는 채무도 영업으로 인한 채무로 추정된다"(대판 2002.6.28, 2000다5862).

> 대법원은 위 판시 사항과 함께, 반증에 의하여 그 채무가 영업으로 인한 채무가 아니라는 점이 밝혀지는 경우 위 추정은 복멸될 수 있다고 판시하면서, 파주레미콘의 사실상의 소유주인 甲이 파주레미콘의 목적사업과 전혀 무관하게 개인적으로 주유소영업을 하기 위하여 乙로부터 주유소부지 등을 매입한 후 그 대금지급을 위하여 마침 보관 중이던 파주레미콘의 명판과 대표이사 인감도장을 이용하여 약속어음을 발행한 경우 乙의 채권은 파주레미콘의 영업활동과는 전혀 무관한 것으로서 양도인의 영업으로 인한 채권으로 볼 수 없으므로, 피고가 파주레미콘의 영업을 양수하여 그 상호를 계속 사용하고 있다고 하더라도 그 이행책임을 물을 수 없다고 보았다.

③ 영업활동과 관련성이 인정되면 채무불이행, 불법행위, 부당이득으로 인한 채권과 어음 · 수표와 같은 증권채권도 적용대상이 된다. [18 법원직, 15 · 20 법무사, 17 · 21 공인회계사]

④ "제3자의 채권은 영업양도 당시 변제기가 도래할 것이 요구되지는 않으나 영업양도 당시 발생한 것이어야 하고, 영업양도 당시로 보아 가까운 장래에 발생될 것이 확실한 채권은 양수인이 책임져야 한다고 볼 수 없다"(대판 2020.2.6, 2019다270217). [21 법원직, 19 법무사, 21 변호사]

> • 영업양수인이 상법 제42조 제1항 규정에 따라 책임지는 제3자의 채권은 영업양도 당시 채무의 변제기가 도래할 필요까지는 없다고 하더라도 그 당시까지 발생한 것이어야 하는데, 영업양도 당시로 보아 가까운 장래에 발생될 것이 확실한 채권도 양수인이 책임져야 한다. (×)
> [21 법원직, 19·20 법무사]
> • 양수인이 양도인의 상호를 계속 사용하는 경우 양도인의 영업으로 인한 제3자의 채권에 대하여 양수인도 변제할 책임이 있으며, 이 채권은 영업양도 당시까지 발생한 것임을 요하지 아니하므로 영업양도 당시로 보아 가까운 장래에 발생될 것이 확실한 채권도 이에 포함된다. (×) [21 변호사]

⑤ "상호를 속용하는 영업양수인이 변제책임을 지는 양도인의 제3자에 대한 채무는 양도인의 영업으로 인한 채무로서 영업양도 전에 발생한 것이면 족하고, 반드시 영업양도 당시의 상호를 사용하는 동안 발생한 채무에 한하는 것은 아니다"(대판 2010.9.30, 2010다35138). [18 법원직, 12·15 법무사]

> • 영업양도에서 양수인이 변제할 책임이 있는 채무는 영업양도 전에 발생한 것으로 반드시 영업양도 당시의 상호를 사용하는 동안 발생한 채무여야 한다. (×)
> [15 법무사]
> • 상호속용양수인이 변제책임을 지는 양도인의 제3자에 대한 채무는 양도인의 영업으로 인한 채무로서 영업양도 전에 발생한 것으로 영업양도 당시의 상호를 사용하는 동안 발생한 채무에 한한다. (×)
> [18 법원직, 12·15 법무사]

(3) 양수인의 채무인수 부존재

(4) 상호속용 또는 채무인수 광고

① 영업양수인이 양도인의 상호를 계속 사용하거나, 상호를 사용하지 않더라도 양도인의 영업으로 인한 채무를 인수할 것을 광고하는 외관이 존재하여야 한다. [21 변호사]

> • 양수인이 양도인의 상호를 계속 사용하지 아니하는 경우에 양도인의 영업으로 인한 채무를 인수할 것을 광고한 때에는 양수인도 변제할 책임이 있다. (○) [18 법무사, 21 공인회계사, 21 변호사]

② "양도인의 채권자에 대하여 개별적으로 통지를 하는 방식으로 그 취지를 표시한 경우에도 제44조가 적용되어, 그 채권자와의 관계에서는 채무변제의 책임이 발생한다"(대판 2008.4.11, 2007다89722). [15 법원직]

③ "㉠ 상호를 속용하는 영업양수인에게 책임을 묻기 위해서는 상호속용의 원인관계가 무엇인지에 관하여 제한을 둘 필요는 없고 상호속용이라는 사실관계가 있으면 충분하다. ㉡ 상호의 양도 또는 사용허락이 있는 경우는 물론 그에 관한 합의가 무효 또는 취소된 경우라거나 상호를 무단 사용하는 경우도 상호속용에 포함된다"(대판 2009.1.15, 2007다17123·17130). [10 법원직, 13 법무사]

> • 상호의 양도가 있었으나 그에 관한 합의가 무효가 된 경우에도 상호를 속용하는 당해 영업양수인은 양도인의 영업으로 인한 제3자의 채권에 대하여 변제할 책임을 부담한다. (○) [10 법원직]
> • 상호를 계속 사용하는 영업양수인에게 책임을 묻기 위해서는 상호의 양도 또는 사용허락이 있는 경우이어야 하고, 그에 관한 합의가 무효 또는 취소된 경우라거나 상호를 무단 사용하는 경우에는 적용되지 아니한다. (×)
> [13 법무사]

④ "상호는 영업양도 전후에 사용된 상호가 주요 부분에서 공통되면 된다"(대판 1989.12.26, 88다카 10128). [04 법무사]

> • 양도인의 상호의 계속 사용은 일반적으로 양도인이 사용하였던 상호와 전적으로 동일한 것이어야 하는 것은 아니며, 전후의 상호가 주요부분에서 공통되면 양도인의 상호의 속용이 된다. (○)
> [04 법무사]

⑤ 판례는 ㉠ 삼정장여관과 삼정호텔, ㉡ 남성사와 남성정밀공업주식회사, ㉢ 협성산업과 주식회사 협성, ㉣ 주식회사 파주레미콘과 파주콘크리트 주식회사의 경우 상호 계속 사용에 해당한다고 본다.
⑥ "영업양수인이 자신의 상호를 그대로 보유·사용하면서 영업양도인의 상호를 자신의 영업 명칭 내지 영업 표지로서 속용하고 있는 경우에는 영업상의 채권자가 영업주체의 교체나 채무승계 여부 등을 용이하게 알 수 없다는 점에서 일반적인 상호속용의 경우와 다를 바 없으므로, 이러한 경우도 상법 제42조 제1항의 상호속용에 포함된다"(대판 2009.1.15, 2007다17123·17130).
⑦ "상호 자체가 아닌 옥호, 영업표지인 경우에도 영업주체를 나타내는 경우 유추적용된다.
양수인에 의하여 속용되는 명칭이 상호 자체가 아닌 옥호 또는 영업표지인 때에도 그것이 영업주체를 나타내는 것으로 사용되는 경우에는 영업상의 채권자가 영업주체의 교체나 채무승계 여부 등을 용이하게 알 수 없다는 점에서 일반적인 상호속용의 경우와 다를 바 없으므로, 양수인은 특별한 사정이 없는 한 상법 제42조 제1항의 유추적용에 의하여 채무를 부담한다"(대판 2010.9.30, 2010다 35138). [15 법원직, 12·19 법무사, 20 변호사]

> 주식회사 서울종합예술은 교육시설인 '서울종합예술원'을 운영하던 A회사와 교육시설을 양수하고 전·현직 교수 및 교직원들에 대한 급여 등 채무를 인수하는 사업양도양수계약을 체결하고, 교육시설이 소재한 건물의 임차인 지위를 승계하여 소유자와 임대차계약서를 작성하였으며, 관할 교육청에 교육시설 설치자 변경신고를 하였다. 주식회사 서울종합예술은 사업양수 이후 '서울종합예술원'이라는 명칭을 계속 사용하면서 교육시설을 운영하였는데, 영업양수도 이전에 A회사와의 거래관계에서 채권을 보유한 채권자가 주식회사 서울종합예술을 상대로 채무의 변제를 청구하였고, 대법원은 영업표지의 경우에도 상호속용 영업양수인의 책임이 유추적용된다고 판시하였다.

> • 영업양수인이 영업양도인의 상호 자체가 아닌 그 영업표지를 속용하는 때에도 그것이 영업주체를 나타내는 것으로 사용되는 경우 영업양수인은 특별한 사정이 없는 한 영업양도인의 영업상 채무를 변제할 책임이 있다. (○)
> [15 법원직, 12 법무사]
> • 양수인에 의하여 속용되는 명칭이 상호 자체가 아닌 옥호 또는 영업표지인 때에는, 양수인은 특별한 사정이 없는 한 양도인의 영업으로 인한 제3자의 채권에 대하여 변제할 책임이 없다. (×) [19 법무사]
> • 영업양수인에 의하여 속용되는 명칭이 상호 자체가 아니라 영업표지인 때에도 그것이 영업주체를 나타내는 것으로 사용되는 경우에는 영업양수인은 특별한 사정이 없는 한 상호를 속용하는 영업양수인의 책임을 정한 상법 제42조 제1항의 유추적용에 의하여 영업양도인의 영업으로 인한 제3자에 대한 채무를 부담한다. (○)
> [20 변호사]

(5) 채권자의 선의
① 채권자의 선의란 채무인수가 없었다는 사실에 대한 선의를 의미한다.
② "영업양도 사실을 알았더라도 채무인수가 없었다는 사실을 몰랐다면 선의의 제3자에 해당한다"(대판 2009.1.15, 2007다17123·17130). [12 법원직, 10 법무사]

③ 채권자의 악의에 대한 주장·입증책임은 영업양수인에게 있다.

④ "㉠ 상호를 속용하는 영업양수인의 책임은 채권자의 외관신뢰를 보호하기 위한 것이므로, 영업양도에도 불구하고 채무승계의 사실 등이 없다는 것을 알고 있는 악의의 채권자가 아닌 한, 채권자가 비록 영업의 양도가 이루어진 것을 알고 있었다고 하더라도 그러한 사정만으로 보호의 적격이 없다고는 할 수 없다. ㉡ 이 경우 채권자가 악의라는 점에 대한 주장·증명책임은 영업양수인에게 있다"(대판 2009.1.15, 2007다17123·17130). [10 법원직, 10 법무사]

3. 효과

① 양수인의 책임은 양수한 재산으로 제한되지 않고, 양수인은 무한책임을 부담한다.

② 상호속용양수인은 양도인의 영업상 채무를 인수하지 않았음을 증명하더라도 변제책임을 면하지 못한다. [18 법원직]

③ 양수인은 양도인의 항변사유를 주장할 수 있다.

④ 양수인은 양도인과 함께 부진정연대채무를 부담한다. [06·15 법무사]

⑤ "상법 제42조 제1항의 상호속용 영업양수인의 책임에 관한 규정에 의하여 영업양수인은 양도인의 영업자금과 관련한 피보증인의 지위까지 승계하는 것으로 볼 수는 없다"(대판 2020.2.6, 2019다270217). [05 법무사]

⑥ 따라서 영업양도인의 영업상 채무에 대하여 제3자가 보증을 한 경우, 보증인이 양도인의 채무를 변제하더라도 양수인에게 구상권을 행사할 수 없다. [05 법무사]

⑦ "채권자가 영업양도인에 대한 채권을 타인에게 양도하였다는 사정만으로 영업양수인에 대한 채권까지 당연히 함께 양도된 것이라고 단정할 수 없고, 함께 양도된 경우라도 채권양도의 대항요건은 채무자별로 갖추어야 한다"(대판 2009.7.9, 2009다23696).

⑧ 양도인에 대한 판결의 효력이 양수인에게 당연히 미치는 것은 아니다. 따라서 채권자가 양수인의 재산에 대하여 강제집행을 하기 위해서는 양도인과 양수인 양자를 공동피고로 제소하여 각자에 대한 집행권원을 취득하여야 한다. [05 법무사]

> • 확정판결의 변론종결 후 그 확정판결상의 채무자로부터 영업을 양수하여 양도인의 상호를 계속 사용하는 영업양수인은 그 확정판결상의 채무에 관하여 이를 면책적으로 인수하는 등 특별한 사정이 없더라도 민사소송법 제218조의 변론종결 후의 승계인에 해당된다. (×)　　　　　[05 법무사]

⑨ 영업양도인에 대한 채무명의로써 바로 양수인의 소유재산에 대하여 강제집행을 할 수는 없다(대판 1967. 10.31, 67다1102).

> • 영업양도인에 대한 채무명의로써 바로 양수인의 소유재산에 대하여 강제집행을 할 수는 없다. (○)　　　　　[05 법무사]
> • 영업양수인이 양도인의 상호를 계속 사용한 경우에는 양도인의 영업으로 인한 채권자가 양도인에 대한 소송에서 승소하여 얻은 집행권원을 가지고 양수인의 소유재산에 대해 강제집행할 수 있다. (×)　　　　　[05 법무사]

4. 양도인 책임의 단기 제척기간

> **제45조 【영업양도인의 책임의 존속기간】** 영업양수인이 제42조 제1항 또는 전 조의 규정에 의하여 변제의 책임이 있는 경우에는 양도인의 제3자에 대한 채무는 영업양도 또는 광고 후 2년이 경과하면 소멸한다.

상호를 속용하는 영업양수인이 양도인의 영업상 채무에 대하여 변제책임이 있는 경우에는 양도인의 채무는 영업양도 또는 광고 후 2년이 경과하면 양도인의 책임은 소멸한다. [04·10·12 법무사, 13 변호사, 15·17 공인회계사]

> • 영업양수인이 양도인의 상호를 계속 사용하지 않는 경우에 양도인의 영업으로 인한 채무를 인수할 것을 광고한 때에는 양수인이 변제할 책임을 지고, 양도인의 책임은 위 광고한 때에 즉시 소멸한다. (×)　　　　　[04 법무사]
> • 상호를 속용하는 영업양수인이 양도인의 영업상 채무에 대하여 변제책임이 있는 경우에는 양도인의 채무는 영업양도 또는 광고 후 2년이 지나면 소멸한다. (○)　　　　　[12 법무사]
> • 양수인이 양도인의 상호를 속용하는 영업양도의 경우 양도인의 영업으로 인한 제3자의 채권에 대하여 양도인과 양수인은 연대채무관계에서 변제책임을 부담하며, 영업양도 후 2년이 경과하면 양수인의 변제책임은 소멸한다. (×)　　　　　[13 변호사]
> • 채무인수의 광고로 인하여 양수인이 양도인의 영업상의 채무에 대하여 변제책임을 지는 경우 채권자에 대한 양도인의 책임은 광고 후 2년이 경과하면 소멸한다. (○)　　　　　[15 공인회계사]
> • A가 B로부터 영업을 양수하여 B의 상호를 사용하면서 영업을 하고 있고, B는 C에 대하여 영업양도 전에 발생한 영업상 채무를 가지고 있는 경우, A는 영업양수 후 2년이 경과하면 B의 C에 대한 채무를 변제할 책임이 없다. (×)　　　　　[17 공인회계사]
> • 채무인수를 광고한 양수인이 양도인의 영업상 채무에 대하여 변제책임을 부담하는 경우 채권자에 대한 양도인의 채무는 영업양도 후 2년이 경과하면 소멸한다. (×)　　　　　[18 공인회계사]

5. 면책등기와 면책통지

① 양도인의 상호를 계속 사용하는 영업양수인이 영업양도를 받은 후 지체없이 양도인의 채무에 대한 책임이 없음을 등기한 경우에는, 양수인은 양도인의 영업으로 인한 제3자의 채권에 대하여 변제할 책임이 없다. [18 법원직, 13·16 법무사, 12·20 변호사, 12·17 공인회계사]

> • 양수인은 양도인의 상호를 계속 사용하더라도 양도인의 영업상의 채무에 대하여 책임 없음을 광고한 때에는 양도인의 영업상의 채무에 대하여 책임이 없다. (×)　[12 공인회계사]
> • 양수인이 영업양도를 받은 후 지체 없이 양도인의 채무에 대한 책임이 없음을 등기한 때에도 상호속용 양수인은 양도인의 영업으로 인한 제3자의 채권에 대하여 변제할 책임을 진다. (×)　[18 법원직]
> • 양도인의 상호를 계속 사용하는 영업양수인이 영업양도를 받은 후 지체없이 양도인의 채무에 대한 책임이 없음을 등기한 경우에는, 양수인은 양도인의 영업으로 인한 제3자의 채권에 대하여 변제할 책임이 없다. (○)　[12·20 변호사]

② 면책등기는 모든 채권자에게 효력이 미친다.

③ 양도인과 양수인이 지체 없이 제3자에 대하여 책임이 없음을 통지한 경우 통지받은 제3자에게는 양수인이 책임을 부담하지 않는다. [14 법원직, 13·15·16 법무사, 13 변호사, 15·17 공인회계사]

> • 양수인이 양도인의 상호를 속용하는 영업양도의 경우 양수인이 양도인의 영업으로 인한 제3자에 대한 채무를 변제할 책임을 면하려면, 양도인 또는 양수인이 채권자에게 양수인이 양도인의 채무에 대한 책임이 없음을 통지하여야 한다. (×)　[13 변호사]
> • 영업양수인이 양도인의 상호를 계속 사용하는 경우에는 양도인의 영업으로 인한 제3자의 채권에 대하여 양수인도 변제할 책임이 있다. 다만, 양도인 또는 양수인이 지체없이 제3자에 대하여 그 뜻을 통지한 경우에 그 통지를 받은 제3자에 대하여는 그러하지 아니하다. (×)　[14 법원직, 15 법무사]
> • 상호의 속용으로 인하여 양수인이 양도인의 영업상 채무에 대하여 변제책임을 지는 경우 양수인은 지체 없이 채권자에게 영업상 채무에 대한 책임이 없음을 통지하면 통지를 받은 채권자에 대하여는 변제책임을 면한다. (×)　[15 공인회계사]

④ 면책통지는 그 통지를 받은 채권자에 대하여만 효력이 있다.

6. 현물출자에의 유추적용

① 현물출자는 단체법적 설립행위라는 점에서 채권계약인 영업양도와 다르다. 다만, 외관이 비슷하고 이해관계자에게 미치는 영향이 동일한 관계로 현물출자에 영업양도 규정이 유추적용된다.

② 영업을 출자하여 주식회사를 설립하고 그 상호를 계속 사용하는 경우 영업양수인의 책임에 관한 제42조 제1항이 유추적용된다. 이 경우 영업양도인의 책임소멸에 관한 제45조도 유추적용된다.

　㉠ "영업의 전부를 출자하여 주식회사를 설립하고 그 상호를 계속 사용하는 경우에는 영업양도는 아니지만, 출자의 목적이 된 영업의 개념이 동일하고 법률행위에 의한 영업의 이전이란 점에서 영업의 양도와 유사하며, 채권자의 입장에서 볼 때는 외형상 양도와 출자를 구분하기 어려우므로 제42조 제1항의 유추적용에 의하여 새로 설립된 법인은 출자한 자의 영업상 채무를 변제할 책임이 있다"(대판 1995.8.22, 95다12231). [15·17 법원직, 10·12·15·20 법무사, 12 공인회계사]

> • 영업을 출자하여 주식회사를 설립하고 그 상호를 계속 사용하는 경우 새로 설립된 주식회사는 상법 제42조 제1항의 규정의 유추적용에 의하여 출자자의 채무를 변제할 책임이 있다. (○)　[12·20 법무사]

> - 상인이 영업을 출자하여 주식회사를 설립하고, 그 주식회사가 출자한 상인의 상호를 계속 사용하더라도 이는 영업양도에 해당하지 않으므로 그 주식회사는 출자한 상인의 영업으로 인한 제3자의 채권에 대하여 변제할 책임이 없다. (×) [15·17 법원직, 10 법무사]
> - 영업의 현물출자는 영업양도는 아니지만 그 외관이 거의 비슷하고 이해관계자에게 미치는 영향도 동일하기 때문에 상법 제42조, 제44조가 유추적용된다. (○) [15 법무사]

ⓛ "상법 제42조 제1항은 영업양수인이 양도인의 상호를 계속 사용하는 경우에는 양도인의 영업으로 인한 제3자의 채권에 대하여 양수인도 변제할 책임이 있다고 규정하고, 상법 제45조는 영업양수인이 상법 제42조 제1항의 규정에 의하여 변제의 책임이 있는 경우에는 양도인의 제3자에 대한 채무는 영업양도 후 2년이 경과하면 소멸한다고 규정하고 있는바, 영업을 출자하여 주식회사를 설립하고 그 상호를 계속 사용함으로써 상법 제42조 제1항의 규정이 유추적용되는 경우에는 상법 제45조의 규정도 당연히 유추적용된다"(대판 2009.9.10, 2009다38827). [21 변호사]

> - 영업을 출자하여 주식회사를 설립하고 그 상호를 계속 사용함으로써 상법 제42조(상호를 속용하는 양수인의 책임) 제1항의 규정이 유추적용되는 경우에는 상법 제45조(영업양도인의 책임의 존속기간)의 규정도 당연히 유추적용된다. (○) [21 변호사]

7. 영업임대차에의 유추적용 여부

① "영업임대차의 경우 ㉠ 제42조 제1항과 같은 법률규정이 없고, ㉡ 영업재산의 소유권이 모두 임대인에게 유보되어 있고 임차인은 사용·수익권만을 가질 뿐이어서 임차인에게 임대인의 채무에 대한 변제책임을 부담시키면서까지 임대인의 채권자를 보호할 필요가 있다고 보기 어려우며, ㉢ 양수인이 부담하는 책임은 양수한 영업재산에 한정되지 아니하고 그의 전 재산에 미친다는 점 등을 더하여 보면, 영업임대차의 경우에 제42조 제1항을 그대로 유추적용할 것은 아니다"(대판 2016.8.24, 2014다9212). [21 법원직, 19 법무사, 16·20 변호사]

> - 영업임대차의 경우에는 상법 제42조 제1항을 유추적용할 수 없으므로, 임차인은 임대인의 영업으로 인한 제3자의 채권에 대하여 변제할 책임이 없다. (○) [19 법무사]
> - 상호를 속용하는 영업임차인의 책임에 대해서는 상호를 속용하는 영업양수인의 책임을 정한 상법 제42조 제1항이 유추적용된다. (×) [20 변호사]

② "영업임대차의 종료로 영업을 반환하는 경우에도 제42조 제1항이 유추적용되지 않는다"(대판 2017.4.7, 2016다47737).

Ⅳ. 영업상 채무자의 보호

1. 의의

> **제43조 【영업양수인에 대한 변제】** 영업양수인이 양도인의 상호를 계속 사용하는 경우에는 양도인의 영업으로 인한 채권에 대하여 채무자가 선의이며 중대한 과실없이 양수인에게 변제한 때에는 그 효력이 있다.

① 양도인의 영업으로 인한 채권에 대하여 채무자가 선의이며 중대한 과실없이 양도인의 상호를 계속하여 사용하는 양수인에게 변제한 때에는 그 효력이 있다. [06·08·12·19 법무사, 1 변호사, 15·18 공인회계사]

- 영업양수인이 양도인의 상호를 계속 사용하는 경우, 영업양도 사실을 알지 못하는 채무자가 양도인의 영업으로 인한 채권에 대하여 양수인에게 변제한 때에는 언제나 변제의 효력이 있다. (×) [06 법무사]
- 양수인이 양도인의 상호를 계속 사용하는 경우 양도인의 영업으로 인한 채권에 대하여 채무자가 선의이며 중대한 과실없이 양수인에게 변제한 때에는 그 효력이 있다. (○)
  [19 법무사, 15·18 공인회계사, 21 변호사]
- 양수인이 양도인의 상호를 속용하는 경우에는 채권의 양도가 없더라도 채권양도가 있는 것으로 간주되어, 양도인의 채무자는 반드시 양수인에게 변제해야 한다. (×) [21 공인회계사]

② 이는 이중변제의 위험으로부터 선의, 무중과실의 변제자를 보호하기 위한 것으로서 외관법리에 기초한 채무자보호제도이다.

③ 민법 제470조 채권의 준점유자에 대한 변제와 달리 단순한 과실이 있는 채무자도 보호된다.

2. 요건

(1) 요건 일반

① 영업양도, ② 양도인의 영업으로 인한 제3자의 채무 존재, ③ 양도인과 양수인 사이의 채권양도 부존재, ④ 양수인의 양도인 상호 속용, ⑤ 채무자의 선의·무과실의 요건이 요구된다.

(2) 선의, 무중과실의 의미

채무자의 선의의 대상에 관하여 ① 영업상 채권자 보호의 경우와 달리 영업상 채무자 보호의 경우 채무자의 선의란 채권양도가 없었다는 사실이 아니라 영업양도가 있었다는 사실을 모른 경우만을 의미한다는 견해와, ② 영업상 채권자 보호와 달리 볼 이유가 없으므로 영업상 채무자보호의 경우에도 채무자의 선의란 채권양도가 없었다는 사실을 모른 경우를 의미한다는 견해가 존재한다.

3. 양수인에 대한 채무자 변제의 효력

① 양수인에게 변제한 채무자는 면책된다.

② 양도인과 양수인 사이에 채권이 양도되지 않았다면 양수인이 채무자로부터 수령한 급부는 부당이득으로 양도인에게 반환되어야 한다.

③ 양도인이 양수인에게 실제로 채권을 양도하였으나 채권양도에 대한 대항요건이 갖추어지지 않은 상황에서 채무자가 양수인에게 변제한 경우에는 제43조와 상관없이 변제가 유효하다.

4. 영업상 채권자보호와의 비교

① 영업상 채권자보호의 경우와 달리 영업상 채무자보호의 경우에는 채권양도 광고에 관한 규정이 존재하지 않는다. 따라서 채권양도 광고가 있는 경우에도 제43조가 적용되지 않는다.

② 그 결과 양수인이 상호를 속용하지 않는 경우에는 민법 제470조 채권의 준점유자에 대한 변제 규정이 적용된다. 채권의 준점유자에 대한 변제 요건이 인정되지 않으면 양수인에게 채무를 변제한 채무자는 변제의 효력을 주장할 수 없다.

상법총칙
기출편

제1장 / 상법의 법원

01 상법의 이념 및 법원에 관한 설명으로 틀린 것은? 19 공인회계사

① 상법은 원칙적으로 회사 정관에 우선하여 적용된다.

② 기업의 영리성 보장에 관한 각종 제도는 기업의 존속 및 강화를 위한 것이다.

③ 공시제도 및 외관주의의 관철은 거래안전의 보호에 기여한다.

④ 자본시장과 금융투자업에 관한 법률과 채무자 회생 및 파산에 관한 법률은 상법에 우선하여 적용된다.

⑤ 영업양도 및 회사의 합병·분할에 관한 제도는 기업의 유지라는 상법이념의 구체화라고 볼 수 있다.

해설

① [×] 강행규정 이외에는 상거래에 대해서도 사적자치의 원칙에 따라 회사 정관이 상법에 우선하여 적용된다.
[19 공인회계사]

② [○] 상법에서 회사란 상행위나 그 밖의 영리를 목적으로 하여 설립한 법인을 말한다(제169조). 기업의 영리성은 기업의 본질적 특성으로 영리성이 보장됨으로써 기업의 사원이 투자이익이 보장되고, 기업에 대한 투자가 유치되는 등 기업의 존속이 강화된다.
[19 공인회계사]

③ [○] 상호등기와 상업등기와 같은 공시제도는 등기가 사실과 다른 경우에도 등기를 신뢰한 제3자를 보호함으로써 거래안전의 보호에 기여하고, 외관주의는 외관이 사실과 다른 경우에도 외관을 신뢰한 제3자를 보호함으로써 거래안전의 보호에 기여한다.
[19 공인회계사]

④ [○] 자본시장과 금융투자업에 관한 법률과 채무자 회생 및 파산에 관한 법률은 각 법률이 대상으로 하는 법률관계에 대하여 상법의 특별법으로서 상법에 우선하여 적용된다. 금융투자업에 관하여는 다른 법률에 특별한 규정이 있는 경우를 제외하고는 이 법이 정하는 바에 따른다(자본시장과 금융투자업에 관한 법률 제10조 제1항).
[19 공인회계사]

⑤ [○] 영업양도의 경우 영업의 동일성을 유지하면서 영업이 이전됨으로써 양도인의 기업이 소멸하지 아니하고 양수인에 의하여 유지되게 되고, 회사의 합병의 경우에는 피합병회사가 합병회사에 합병됨으로써 피합병회사의 영업이 합병회사의 영업으로 유지되게 된다. 회사 분할의 경우에도 분할대상사업이 분할신설회사 또는 분할승계회사 등으로 이전되어 유지되게 된다.
[19 공인회계사]

정답 ①

02 상법의 적용에 관한 설명으로 옳은 것은?

① 상인과 비상인간의 상거래에 있어서 상인인 당사자에게는 상법이 적용되고, 비상인인 당사자에게는 민법이 적용된다.

② 공법인의 상행위에 대하여는 법령에 다른 규정이 있는 경우에도 상법이 우선 적용된다.

③ 상사에 관하여 상법에 규정이 없으면 민법에 의하고, 민법에 규정이 없으면 상관습법에 의한다.

④ 판례에 의하면 새마을금고가 상인인 회원에게 영업자금을 대출한 경우 그 대출금채권의 소멸시효에 관해서는 상법이 적용된다.

⑤ 민사회사는 영리를 목적으로 하지만 상행위를 하지 않으므로 상법이 아니라 민법이 적용된다.

해설

① [×] 당사자 중 그 1인의 행위가 상행위인 때에는 전원에 대하여 본법을 적용한다(제3조). 이를 일방적 상행위라 한다. 이와 같이 일방적 상행위란 당사자 일방에게만 상행위인 경우를 말한다. 따라서 상인과 비상인간의 상거래는 일방적 상행위에 해당하므로, 상인과 비상인 모두에게 상법이 적용된다. [17 공인회계사]

② [×] 공법인의 상행위에 대하여는 법령에 다른 규정이 없는 경우에 한하여 상법을 적용한다(제2조). [08 법무사, 17 공인회계사]

③ [×] 상사에 관하여 상법에 규정이 없으면 상관습법에 의하고, 상관습법이 없으면 민법의 규정에 의한다(제1조). [08 법무사, 17 공인회계사]

④ [○] 새마을금고가 상인인 회원에게 자금을 대출한 경우, 상인의 행위는 특별한 사정이 없는 한 영업을 위하여 하는 것으로 추정되므로 그 대출금채권은 상사채권으로서 5년의 소멸시효기간이 적용된다(대판 1998.7.10, 98다10793). [17 공인회계사]

⑤ [×] 상사회사란 기본적 상행위를 영업으로 하는 회사를 말하며, 민사회사란 기본적 상행위 외의 행위를 영업으로 하는 회사를 말한다. 상법 제5조 제2항은 회사는 상행위를 하지 아니하더라도 상인으로 본다고 규정하고 있다. 따라서 기본적 상행위 외의 행위를 영업으로 하는 민사회사 역시 상인에 해당하므로 민법이 아닌 상법이 적용된다. [17 공인회계사]

정답 ④

제2장 / 상인

01 상인 및 상행위에 관한 다음 설명 중 가장 옳지 않은 것은? 20 법원직

① 회사는 상법에 의해 상인으로 의제된다고 하더라도 회사의 기관인 대표이사 개인이 상인이 되는 것은 아니다.

② 상인이 영업과 상관없이 개인 자격에서 돈을 투자하는 행위는 상인의 기존 영업을 위한 보조적 상행위로 볼 수 없다.

③ 영업을 준비하는 행위가 보조적 상행위로서 상법의 적용을 받기 위해서는 행위를 하는 자 스스로 상인자격을 취득하는 것을 당연한 전제로 하므로, 어떠한 자가 다른 상인의 영업을 위한 준비행위를 하는 것에 불과하다면, 그 행위는 행위를 한 자의 보조적 상행위가 될 수 없다.

④ 이른바 전문직업인 중 변호사는 의제상인에 해당하지 않으나, 법무사는 의제상인에 해당한다.

해설

① [O] 회사는 상행위를 하지 아니하더라도 상인으로 본다(제5조 제2항). 이와 같이 회사가 상법에 의해 상인으로 의제된다고 하더라도 회사의 기관인 대표이사 개인이 상인이 되는 것은 아니다. [13·20 법원직, 17 법무사]

② [O] 상인이 그 영업과 상관없이 개인자격에서 돈을 투자하는 행위는 상인의 기존 영업을 위한 보조적 상행위로 볼 수 없다(대판 2018.4.24, 2017다205127). [20 법원직]

③ [O] 영업을 준비하는 행위가 보조적 상행위로서 상법의 적용을 받기 위해서는 행위를 하는 자 스스로 상인자격을 취득하는 것을 당연한 전제로 하므로, 어떠한 자가 다른 상인의 영업을 위한 준비행위를 하는 경우, 그 행위는 행위를 한 자의 보조적 상행위가 될 수 없다(대판 2012.7.26, 2011다43594). [20 법원직, 18 법무사]

④ [×] 법무사를 상법 제5조 제1항이 규정하는 '상인적 방법에 의하여 영업을 하는 자'라고 볼 수는 없다(대결 2008.6.26, 2007마996). [17 법무사]

정답 ④

02 상인과 상행위에 관한 다음 설명 중 가장 옳지 않은 것은? 18 법무사

① 회사는 상행위를 하지 않더라도 상인으로 본다.

② 변호사는 상법 제5조 제1항이 규정하는 '상인적 방법에 의하여 영업을 하는 자'라고 볼 수 있다.

③ 소상인이란 자본금 1,000만원에 미달하는 회사 아닌 상인으로서 상법상 지배인·상호·상업장부 및 상업등기에 관한 규정이 적용되지 않는다.

④ 어떠한 자가 자기 명의로 상행위를 함으로써 상인자격을 취득하고자 준비행위를 하는 것이 아니라 다른 상인의 영업을 위한 준비행위를 하는 것에 불과하다면, 그 행위는 행위를 한 자의 보조적 상행위가 될 수 없다.

⑤ 상인은 자기 명의로 상행위를 하는 자를 의미하므로, 행정관청에 대한 인·허가 명의나 국세청에 신고한 사업자등록상의 명의와 실제 영업상의 주체가 다를 경우 후자가 상인이 된다.

해설

① [○] 회사는 상행위를 하지 아니하더라도 상인으로 본다(제5조 제2항).　　　[11·16·17 법원직, 13·16·18 법무사, 19 공인회계사]

② [×] 변호사는 상법 제5조 제1항에 규정된 상인적 방법에 의하여 영업을 하는 자로 볼 수 없으므로, 변호사는 의제상인에 해당하지 않는다(대결 2007.7.26, 2006마334).　　　[09·11·13·17·20 법원직, 13·16·17 법무사]

③ [○] 자본금액 1천만원 미만의 상인으로서 회사가 아닌 자를 소상인이라 한다(시행령 제2조). 지배인, 상호, 상업장부와 상업등기에 관한 규정은 소상인에게 적용하지 않는다(제9조).

[08·12 법원직, 06·09·13·16·17·18 법무사, 12·19 변호사, 13·19·21 공인회계사]

④ [○] 영업을 준비하는 행위가 보조적 상행위로서 상법의 적용을 받기 위해서는 행위를 하는 자 스스로 상인자격을 취득하는 것을 당연한 전제로 하므로, 어떠한 자가 다른 상인의 영업을 위한 준비행위를 하는 경우, 그 행위는 행위를 한 자의 보조적 상행위가 될 수 없다(대판 2012.7.26, 2011다43594).　　　[20 법원직, 18 법무사, 15·18 변호사]

⑤ [○] 행정관청에 대한 인·허가 명의나 국세청에 신고한 사업자등록상의 명의와 실제 영업상의 주체가 다를 경우 실제 영업상의 주체가 상인이 된다(대판 2008.12.11, 2007다66590). [18·21 법원직, 09·13·16·17·18 법무사, 14 변호사, 13 공인회계사]

정답 ②

03 상인에 관한 다음 설명 중 가장 옳지 않은 것은? (다툼이 있는 경우 판례에 의함)　　　17 법원직

① 점포 기타 유사한 설비에 의하여 상인적 방법으로 영업을 하는 자는 상행위를 하지 아니하더라도 상인으로 본다.

② 회사는 상행위를 하지 아니하더라도 상인으로 본다.

③ 변호사는 유상의 위임계약 등을 통하여 사실상 영리를 목적으로 그 직무를 행하는 경향이 있으므로 상법 제5조 제1항의 의제상인에 해당한다.

④ 영업의 목적인 상행위를 개시하기 전에 영업을 위한 준비행위를 하는 자연인은 영업으로 상행위를 할 의사를 실현하는 것이므로 준비행위를 한 때 상인자격을 취득한다.

해설

① [○] 점포 기타 유사한 설비에 의하여 상인적 방법으로 영업을 하는 자는 상행위를 하지 아니하더라도 상인으로 본다(제5조 제1항).　　　[16·17 법원직]

② [○] 회사는 상행위를 하지 아니하더라도 상인으로 본다(제5조 제2항). [11·16·17 법원직, 13·16·18 법무사, 19 공인회계사]

③ [×] 변호사는 상법 제5조 제1항에 규정된 상인적 방법에 의하여 영업을 하는 자로 볼 수 없으므로, 변호사는 의제상인에 해당하지 않는다(대결 2007.7.26, 2006마334).　　　[08·09·11·13·17·20 법원직, 13·16·17 법무사]

④ [○] 영업의 목적인 기본적 상행위의 개시 전에 영업을 위한 준비행위를 하는 자는 영업으로 상행위를 할 의사를 실현하는 것이므로 준비행위를 한 때 상인자격을 취득하고, 개업준비행위는 영업을 위한 행위로서 최초의 보조적 상행위가 된다(대판 1999.1.29, 98다1584).　　　[17 법원직, 09·16·17 법무사]

정답 ③

04 상인과 상행위에 관한 다음 설명 중 가장 옳지 않은 것은? (다툼이 있는 경우 판례에 의함) 17 법무사

① 회사는 상법에 의하여 상인으로 의제되므로, 대표이사 개인이 회사 자금으로 사용하기 위하여 자금을 차용한 경우 상행위에 해당하여 차용금채무를 상사채무로 볼 수 있다.

② 상법상 지배인, 상호, 상업장부와 상업등기에 관한 규정은 소상인에게 적용하지 아니한다.

③ 법무사를 상법 제5조 제1항이 규정하는 '상인적 방법에 의하여 영업을 하는 자'라고 볼 수 없다.

④ 영업의 목적인 상행위를 개시하기 전에 영업을 위한 준비행위를 하는 자는 영업으로 상행위를 할 의사를 실현하는 것이므로 준비행위를 한 때 상인자격을 취득함과 아울러 개업준비행위는 영업을 위한 행위로서 최초의 보조적 상행위가 된다.

⑤ 상인은 자기 명의로 상행위를 하는 자를 의미하는데, 여기서 '자기 명의'란 상행위로부터 생기는 권리의무의 귀속 주체로 된다는 뜻으로서 실질에 따라 판단하여야 하므로, 행정관청에 대한 인·허가 명의나 국세청에 신고한 사업자등록상의 명의와 실제 영업상의 주체가 다를 경우 후자가 상인이 된다.

해설

① [×] 회사가 상법에 의해 상인으로 의제되더라도 대표이사 개인은 상인이 아니어서 대표이사 개인이 회사 자금으로 사용하기 위해서 차용하더라도 상행위에 해당하지 아니하여 차용금채무를 상사채무로 볼 수 없다. 따라서 회사 설립을 위하여 개인이 한 행위는 그것이 설립 중 회사의 행위로 인정되어 장래 설립될 회사에 효력이 미쳐 회사의 보조적 상행위가 될 수 있는지는 별론으로 하고, 장래 설립될 회사가 상인이라는 이유만으로 당연히 개인의 상행위가 되어 상법 규정이 적용된다고 볼 수는 없다(대판 2012.7.26, 2011다43594). [17·20 법무사, 18 변호사]

② [○] 지배인, 상호, 상업장부와 상업등기에 관한 규정은 소상인에게 적용하지 않는다(제9조).
[08·12 법원직, 06·09·13·16·17·18 법무사, 12·19 변호사, 13·19·21 공인회계사]

③ [○] 법령에 의하여 상당한 정도로 그 영리추구 활동이 제한됨과 아울러 직무의 공공성이 요구되는 법무사의 활동은 상인의 영업활동과는 본질적인 차이가 있고, 법무사의 직무 관련 활동과 그로 인하여 형성된 법률관계에 대하여 상인의 영업활동 및 그로 인하여 형성된 법률관계와 동일하게 상법을 적용하지 않으면 안 될 특별한 사회·경제적 필요 내지 요청이 있다고 볼 수도 없으므로, 법무사를 상법 제5조 제1항이 규정하는 '상인적 방법에 의하여 영업을 하는 자'라고 볼 수는 없다(대결 2008.6.26, 2007마996). [17 법무사]

④ [○] 영업의 목적인 기본적 상행위의 개시 전에 영업을 위한 준비행위를 하는 자는 영업으로 상행위를 할 의사를 실현하는 것이므로 준비행위를 한 때 상인자격을 취득하고 개업준비행위는 영업을 위한 행위로서 최초의 보조적 상행위가 된다(대판 1999.1.29, 98다1584). [17 법원직, 09·16·17 법무사, 14·19 변호사]

⑤ [○] 자기명의로 상행위를 하는 자를 당연상인이라고 한다(제4조). 자기명의란 권리의무의 귀속주체가 된다는 의미이다. 행정관청에 대한 인·허가 명의나 국세청에 신고한 사업자등록상의 명의와 실제 영업상의 주체가 다를 경우 실제 영업상의 주체가 상인이 된다(대판 2008.12.11, 2007다66590). [18·21 법원직, 09·13·16·17·18 법무사, 14 변호사]

정답 ①

05 상법상 상인자격에 관한 설명으로 옳은 것은?

① 미성년자가 영업을 하는 경우 법정대리인의 허락을 얻은 때에 비로소 상인자격을 취득한다.

② 법정대리인이 한정치산자를 위하여 영업을 하고자 하는 경우 이를 등기하는 때에 한정치산자의 상인자격이 인정된다.

③ 판례에 의하면 공익법인은 설립등기를 하는 때에 상인자격을 취득한다.

④ 판례에 의하면 농업협동조합은 조합원의 생산물자에 대한 판매사업을 하는 때에도 상인자격이 인정되지 않는다.

⑤ 자연인의 상인자격은 그 상인이 사망한 때 상실되며, 법인의 상인자격은 행정관청에 폐업신고를 하는 때에 상실된다.

해설

① [×] 미성년자가 법정대리인의 허락을 얻어 영업을 하는 때에는 등기를 하여야 한다(제6조). '상인능력'이란 상인자격을 취득할 수 있는 법률상 지위를 의미하고, '상인자격'이란 상인으로서의 지위를 말한다. '영업능력'이란 스스로 유효하게 영업행위를 할 수 있는 능력을 의미한다. 따라서 미성년자에게도 상인자격이 인정되나, 미성년자의 영업능력은 법정대리인의 허락을 얻은 때에 인정되고, 이러한 허락은 등기사항이다. [17 공인회계사]

② [×] 법정대리인이 미성년자, 피한정후견인 또는 피성년후견인을 위하여 영업을 하는 때에는 등기를 하여야 한다(제8조 제1항). 한정치산자에게도 상인자격이 인정되나, 한정치산자의 영업능력은 법정대리인의 허락을 얻은 때에 인정되고, 이러한 허락은 등기사항이다. [10 · 17 공인회계사]

③ [×] 판례는 대한광업진흥공사, 새마을금고, 농업협동조합, 수산업협동조합 등 공공기관의 상인성을 부정한다. [17 공인회계사]

④ [○] 농업협동조합법에 의하여 설립된 조합이 영위하는 사업의 목적은 조합원을 위하여 차별 없는 최대의 봉사를 함에 있을 뿐 영리를 목적으로 하는 것이 아니므로, 동 조합이 그 사업의 일환으로 조합원이 생산하는 물자의 판매사업을 한다 하여도 동 조합을 상인이라 할 수는 없고, 따라서 그 물자의 판매대금 채권은 3년의 단기소멸시효가 적용되는 민법 제163조 제6호 소정의 '상인이 판매한 상품의 대가'에 해당하지 아니한다(대판 2000.2.11, 99다53292). [13 법무사, 13 · 17 공인회계사]

⑤ [×] 자연인의 상인자격은 그 상인이 사망한 때 상실된다. 상법은 "회사는 해산된 후에도 청산의 목적범위 내에서 존속하는 것으로 본다(제245조)."라고 규정하고 있다. 따라서 법인인 회사는 청산사무가 사실상 종결한 때 법인의 상인자격이 상실된다. [17 공인회계사]

정답 ④

06 상인 및 상행위에 관한 설명 중 가장 옳지 않은 것은?

① 점포 기타 유사한 설비에 의하여 상인적 방법으로 영업을 하는 자는 상행위를 하지 아니하더라도 상인으로 보고, 회사는 상행위를 하지 아니하더라도 상인으로 본다.

② 상법 제3조에 따라 당사자 중 1인의 행위가 상행위인 때에는 전원에 대하여 상법이 적용되므로, 당사자의 일방이 수인인 경우에 그중 1인에게만 상행위가 되더라도 전원에 대하여 상법이 적용된다고 해석된다.

③ 상인의 행위는 영업을 위하여 하는 것으로 추정되므로, 상인이 한 어떤 행위를 보조적 상행위가 아니라고 주장하는 자가 증명책임을 진다.

④ 상행위로의 추정은 새로이 채권·채무를 발생시키는 거래에 적용되고, 기존의 채권·채무를 정산하기 위한 계약에는 적용되지 않는다.

해설

① [O] 점포 기타 유사한 설비에 의하여 상인적 방법으로 영업을 하는 자는 상행위를 하지 아니하더라도 상인으로 본다(제5조 제1항). [16·17 법원직, 14 변호사]
회사는 상행위를 하지 아니하더라도 상인으로 본다(제5조 제2항). [11·16·17 법원직, 13·16·18 법무사, 19 공인회계사]

② [O] 상법 제3조에 따라 당사자 중 1인의 행위가 상행위인 때에는 전원에 대하여 상법이 적용되므로, 당사자의 일방이 수인인 경우에 그중 1인에게만 상행위가 되더라도 전원에 대하여 상법이 적용된다고 해석된다(대판 2014.4.10, 2013다68207). [08·14·16 법원직, 15·20 법무사]

③ [O] 상인의 행위는 영업을 위하여 하는 것으로 추정되므로, 상인이 한 어떤 행위를 보조적 상행위가 아니라고 주장하는 자가 증명책임을 진다. [15·16 법원직, 04 법무사]

④ [×] 동업탈퇴로 인한 정산금채권을 소비대차의 목적으로 하기로 약정한 경우 새로이 발생한 채권은 상사채권으로서 5년의 상사시효의 적용을 받는다(대판 1989.6.27, 89다카2957). [16 법원직]

정답 ④

07 상법상 상인과 상인자격에 관한 다음 설명 중 가장 옳지 않은 것은? 16 법무사

① 영업의 목적인 상행위를 개시하기 전에 영업을 위한 준비행위를 하는 사람은 그 준비행위를 한 때 상인자격을 취득한다.

② 회사는 상행위를 하지 아니하더라도 상인으로 본다.

③ 행정관청에 대한 인·허가 명의나 국세청에 신고한 사업자등록상의 명의와 실제 영업상의 주체가 다를 경우 후자가 상인이 된다.

④ 자본금액이 1,000만원 미만인 상인으로서 회사가 아닌 자인 '소상인'에게는 지배인, 상호, 상업장부와 상업 등기에 관한 규정은 적용하지 아니한다.

⑤ 법무사는 상법 제5조 제1항이 규정하는 점포 기타 유사한 설비에 의하여 상인적 방법으로 영업을 하는 자로서 상인으로 볼 수 있다.

해설

① [O] 영업의 목적인 기본적 상행위의 개시 전에 영업을 위한 준비행위를 하는 자는 영업으로 상행위를 할 의사를 실현하는 것이므로 준비행위를 한 때 상인자격을 취득하고 개업준비행위는 영업을 위한 행위로서 최초의 보조적 상행위가 된다(대판 1999.1.29, 98다1584). [17 법원직, 09·16·17 법무사, 14·19 변호사]

② [O] 회사는 상행위를 하지 아니하더라도 상인으로 본다(제5조 제2항). [11·16·17 법원직, 13·16·18 법무사, 19 공인회계사]

③ [O] 행정관청에 대한 인·허가 명의나 국세청에 신고한 사업자등록상의 명의와 실제 영업상의 주체가 다를 경우 실제 영업상의 주체가 상인이 된다(대판 2008.12.11, 2007다66590). [18·21 법원직, 09·13·16·17·18 법무사, 14 변호사, 13 공인회계사]

④ [O] 자본금액 1천만원 미만의 상인으로서 회사가 아닌 자를 소상인이라 한다(시행령 제2조). 지배인, 상호, 상업장부와 상업 등기에 관한 규정은 소상인에게 적용하지 않는다(제9조).
[08·12 법원직, 06·09·13·16·17·18 법무사, 12·19 변호사, 13·19·21 공인회계사]

⑤ [X] 변호사는 상법 제5조 제1항에 규정된 상인적 방법에 의하여 영업을 하는 자로 볼 수 없으므로, 변호사는 의제상인에 해당하지 않는다(대결 2007.7.26, 2006마334). [09·11·13·17·20 법원직, 13·16·17 법무사]

정답 ⑤

08 학원을 설립하여 운영하고자 하는 甲은 2013.4.1. 영업준비자금으로 사용하기 위하여 상인이 아닌 乙로부터 1억원을 차용하였다. 乙은 甲이 학원을 운영할 것이라는 점을 알지 못하였고, 이를 인식할 수 있는 객관적 징표도 없었다. 한편, 자기 소유의 X건물에서 학원을 운영하던 丙은 甲이 학원을 운영하고자 한다는 사실을 알고 2013.5.3. 甲에게 X건물과 학원시설을 매도하였고, 현재 甲은 X건물에서 학원을 운영하고 있다. 다음 설명 중 옳은 것을 모두 고른 것은? (각 지문은 독립적이고, 다툼이 있는 경우 판례에 의함)

14 변호사

> ㄱ. 甲이 2013.4.1. 乙로부터 1억원을 차용한 행위는 보조적 상행위이므로 乙의 대여금 채권에는 상법 제63조의 상사소멸시효가 적용된다.
> ㄴ. 甲이 자기의 처 丁의 명의로 사업자등록을 하였다면 상인으로 인정되는 자는 甲이 아니라 丁이다.
> ㄷ. 매매 당시 X 건물의 보일러 배관에 즉시 발견할 수 없는 하자가 존재한 경우, 甲이 2013.12.2. 그 하자를 발견하더라도 매도 당시 丙이 하자의 존재를 알지 못한 이상 甲은 그 하자를 이유로 위 매매 계약을 해제할 수 없다.
> ㄹ. 甲이 학원을 운영하던 중 여유자금을 상인이 아닌 戊에게 대여한 경우 甲의 행위는 영업을 위하여 한 것으로 추정되므로 그와 다른 반대사실의 증명이 없는 한 그 대여금 채권에 대해서는 상법 제64조의 상사소멸시효가 적용된다.

① ㄷ   ② ㄱ, ㄴ   ③ ㄱ, ㄷ   ④ ㄴ, ㄹ   ⑤ ㄷ, ㄹ

해설

ㄱ. [×] 영업자금 차입행위는 행위 자체의 성질로 보아서는 영업의 목적인 상행위를 준비하는 행위라고 할 수 없지만, 행위자의 주관적 의사가 영업을 위한 준비행위이었고 상대방도 행위자의 설명 등에 의하여 그 행위가 영업을 위한 준비행위라는 점을 인식하였던 경우에는 상행위에 관한 상법의 규정이 적용된다(대판 2012.4.13, 2011다104246). 지문의 경우 甲이 영업준비자금을 차용한 행위는 행위 자체의 성질로 보아서는 영업의 목적인 학원을 준비하는 행위라고 할 수 없고, 乙은 甲이 학원을 운영할 것이라는 점을 알지 못하였으며, 이를 인식할 수 있는 객관적 징표도 없었으므로, 甲의 자금차입행위에 대해 상행위에 관한 상법의 규정이 적용된다고 볼 수 없다. [21 법원직, 14 · 19 변호사]

ㄴ. [×] 자기명의로 상행위를 하는 자를 당연상인이라고 한다(제4조). 자기명의란 권리의무의 귀속주체가 된다는 것을 의미한다. 상인은 자기명의로 상행위를 하는 자를 의미하는데, 자기명의란 상행위로부터 생기는 권리의무의 귀속주체로 된다는 뜻으로서 실질에 따라 판단하여야 하므로, 행정관청에 대한 인 · 허가 명의나 국세청에 신고한 사업자등록상의 명의와 실제 영업상의 주체가 다를 경우 후자가 상인이 된다(대판 2008.12.11, 2007다66590). 따라서 대법원 판례에 의하는 경우 사업자등록 명의자인 丁이 아니라 실제 영업상 주체인 甲이 상인이 된다. [18 · 21 법원직, 09 · 13 · 16 · 17 · 18 법무사, 14 변호사, 13 공인회계사]

ㄷ. [○] 상인간의 매매에 있어서 매수인은 목적물을 수령한 후 지체없이 이를 검사하여 하자 또는 수량의 부족을 발견한 경우에는 즉시 매도인에게 통지를 발송하여야 하고, 즉시 발견할 수 없는 하자는 6월 내에 매도인에게 통지하여야 한다(제69조 제1항). 즉시 발견할 수 없는 하자와 관련하여 대법원은 "상법 제69조는 상거래의 신속한 처리와 매도인의 보호를 위한 규정이므로, 설령 매매의 목적물에 상인에게 통상 요구되는 객관적인 주의의무를 다하여도 즉시 발견할 수 없는 하자가 있는 경우에도 매수인이 6월 내에 그 하자를 발견하여 지체없이 이를 통지하지 아니하면 매수인은 과실의 유무를 불문하고 매도인에게 하자담보책임을 물을 수 없다."고 판시하였다(대판 1999.1.29, 98다1584). 이러한 대법원 판례에 의하면 甲과 丙 사이의 매매에 대하여 상사매매에 관한 상법 규정이 적용되는 경우, 甲은 丙으로부터 X건물을 매수한 2013.5.3.로부터 6개월이 경과한 2013.12.2.에 하자를 발견한 경우에는 매도인인 丙에게 하자담보책임을 물을 수 없다. [11 · 16 · 17 · 18 법원직, 04 · 08 · 10 · 13 · 16 법무사, 14 · 18 변호사]

ㄹ. [○] 금전대여를 영업으로 하지 아니하는 상인이더라도 영업상의 이익 또는 편익을 위하여 금전을 대여하거나 영업자금의 여유가 있어 이자 취득을 목적으로 대여하는 경우가 있을 수 있으므로, 상인이 금전대여행위는 반증이 없는 한 영업을 위하여 하는 것으로 추정된다(대판 2008.12.11, 2006다54378). 지문의 경우 甲이 학원을 운영하던 중에 자금을 대여하였으므로 자금 대여 시점에 甲의 상인자격은 인정되고, 상인이 甲의 금전대여행위는 위 대법원 판례에 의하여 영업을 위하여 한 것으로 추정되므로, 甲의 대여금채권에 대해서는 상법 제64조의 상사소멸시효가 적용된다. [14 변호사]

정답 ⑤

09 상법상 상인 및 상행위에 관한 설명으로 가장 옳지 않은 것은? (다툼이 있는 경우 통설·판례에 의함)

13 법원직

① 당연상인은 '자기의 명의로' 상행위를 하는 자를 말하고, '자기의 계산으로' 할 것은 그 요건이 아니다.

② 변호사는 상법 제5조 제1항이 규정하는 '상인적 방법에 의하여 영업을 하는 자'로서 의제상인에 해당한다.

③ 계주가 여러 개의 낙찰계를 운영하여 얻은 수입으로 가계를 꾸려 왔다 할지라도 상인적 방법에 의한 영업으로 계를 운영한 것이 아니라면 의제상인에 해당한다고 할 수 없다.

④ 회사가 상법에 의해 상인으로 의제된다고 하더라도 회사의 기관인 대표이사 개인이 당연히 상인이 되는 것은 아니다.

해설

① [○] 당연상인은 '자기의 명의로' 상행위를 하는 자를 말한다(제4조). 자기명의란 권리의무의 귀속주체가 된다는 것을 의미하고 타인이 손해와 이익의 귀속주체가 되는 경우에도 무방하다. [13 법원직]

② [×] 변호사는 상법 제5조 제1항에 규정된 상인적 방법에 의하여 영업을 하는 자로 볼 수 없으므로, 변호사는 의제상인에 해당하지 않는다(대결 2007.7.26, 2006마334). [08·09·11·13·17·20 법원직, 13·16·17 법무사]

③ [○] 계주가 여러 개의 낙찰계를 운영하여 얻은 수입으로 가계를 꾸려 왔다 할지라도 상인적 방법에 의한 영업으로 계를 운영한 것이 아니라면 의제상인에 해당한다고 할 수 없다(대판 1993.9.10, 93다21705). [08·13 법원직, 09 법무사]

④ [○] 회사는 상행위를 하지 아니하더라도 상인으로 본다(제5조 제2항). 이와 같이 회사가 상법에 의해 상인으로 의제된다고 하더라도 회사의 기관인 대표이사 개인이 상인이 되는 것은 아니다. [13·20 법원직, 17 법무사]

정답 ②

10 다음 상인과 상행위에 관한 설명 중 가장 옳지 않은 것은?

13 법무사

① 상인은 자기명의로 상행위를 하는 자를 의미하므로, 행정관청에 대한 인·허가 명의자나 국세청에 신고한 사업자등록상의 명의자가 별도로 있다면 실제 영업상의 주체라도 상인이 되지 아니한다.

② 농업협동조합은 그 업무 수행시 조합원이나 회원을 위하여 최대한 봉사하여야 하고 설립취지에 반하여 영리나 투기를 목적으로 하는 업무를 하지 못하도록 농업협동조합법에서 규정하고 있으므로, 농업협동조합이 그 사업의 일환으로 조합원이 생산하는 물자의 판매사업을 한다 하여도 농업협동조합을 상인이라 할 수 없다.

③ 변호사의 직무수행으로 발생한 소득을 사업소득으로 인정하여 종합소득세를 부과하고 있기는 하지만, 변호사는 의제상인에 해당하지 않는다.

④ 회사는 상행위를 하지 않더라도 상인으로 본다.

⑤ 지배인, 상호, 상업장부에 관한 규정은 자본금액이 1천만원 미만인 상인에게는 적용되지 아니하나, 자본금액이 1천만원 미만이더라도 회사인 경우에는 적용된다.

해설

① [×] 행정관청에 대한 인·허가 명의나 국세청에 신고한 사업자등록상의 명의와 실제 영업상의 주체가 다를 경우 실제 영업상의 주체가 상인이 된다(대판 2008.12.11, 2007다66590). [18·21 법원직, 09·13·16·17·18 법무사, 14 변호사, 13 공인회계사]

② [○] 농업협동조합법에 의하여 설립된 조합이 영위하는 사업의 목적은 조합원을 위하여 차별 없는 최대의 봉사를 함에 있을 뿐 영리를 목적으로 하는 것이 아니므로, 동 조합이 그 사업의 일환으로 조합원이 생산하는 물자의 판매사업을 한다 하여도 동 조합을 상인이라 할 수는 없고, 따라서 그 물자의 판매대금 채권은 3년의 단기소멸시효가 적용되는 민법 제163조 제6호 소정의 '상인이 판매한 상품의 대가'에 해당하지 아니한다(대판 2000.2.11, 99다53292). [13 법무사, 13·17 공인회계사]

③ [○] 변호사는 상법 제5조 제1항에 규정된 상인적 방법에 의하여 영업을 하는 자로 볼 수 없으므로, 변호사는 의제상인에 해당하지 않는다(대결 2007.7.26, 2006마334). [09·11·13·17·20 법원직, 13·16·17 법무사]

④ [○] 회사는 상행위를 하지 아니하더라도 상인으로 본다(제5조 제2항). [11·16·17 법원직, 13·16·18 법무사, 19 공인회계사]

⑤ [○] 자본금액 1천만원 미만의 상인으로서 회사가 아닌 자를 소상인이라 한다(시행령 제2조). 지배인, 상호, 상업장부와 상업등기에 관한 규정은 소상인에게 적용하지 않는다(제9조). [08·12 법원직, 06·09·13·16·17·18 법무사, 12·19 변호사, 13·19·21 공인회계사]

정답 ①

11 상법상 상인과 상인자격에 관한 설명으로 **틀린** 것은?

① 자기명의로 신용카드, 전자화폐 등을 이용한 지급결제 업무의 인수를 영업으로 하는 자는 상법상의 당연상인이 아니다.

② 판례에 따르면 대한광업진흥공사가 광업자금을 광산업자에게 융자하여 주고 소정의 금리에 따른 이자 및 연체이자를 지급받는다고 하더라도 이는 영리를 목적으로 하는 행위로 인정되지 않는다.

③ 판례에 따르면 세무서에 신고된 사업자등록상의 명의와 실제 영업상의 주체가 다른 경우 실제 영업상의 주체가 상인으로 인정된다.

④ 판례에 따르면 새마을금고가 이자를 받는 대가로 금고의 회원에게 자금을 대출하는 경우 이는 영리를 목적으로 하는 행위로 인정되지 않는다.

⑤ 판례에 따르면 농업협동조합법에 의하여 설립된 조합이 사업의 일환으로 조합원이 생산하는 물자의 판매사업을 하는 경우 상법상의 상인으로 볼 수 없다.

해설

① [×] 자기명의로 상행위를 하는 자는 당연상인이다(제4조). 또한, 상법 제46조에서는 영업으로 하는 상행위를 규정하고 있다. 신용카드, 전자화폐 등을 이용한 지급결제 업무의 인수는 제46조 제22호에서 규정한 상행위에 해당하므로, 이와 같은 상행위를 자기명의로 하는 자는 당연상인에 해당한다. [13 공인회계사]

② [○] 어느 행위가 상법 제46조 소정의 기본적 상행위에 해당하기 위하여는 영업으로 같은 조 각 호 소정의 행위를 하는 경우이어야 하고, 여기서 영업으로 한다고 함은 영리를 목적으로 동종의 행위를 계속 반복적으로 하는 것을 의미하는바, 구 대한광업진흥공사법(1986.5.12. 법률 제3834호로 전문 개정되기 전의 것)의 제반 규정에 비추어 볼 때 대한광업진흥공사가 광업자금을 광산업자에게 융자하여 주고 소정의 금리에 따른 이자 및 연체이자를 지급받는다고 하더라도, 이와 같은 대금행위는 같은 법 제1조 소정의 목적인 민영광산의 육성 및 합리적인 개발을 지원하기 위하여 하는 사업이지 이를 '영리를 목적'으로 하는 행위라고 보기는 어렵다(대판 1994.4.29, 93다54842). [13 공인회계사]

③ [○] 행정관청에 대한 인·허가 명의나 국세청에 신고한 사업자등록상의 명의와 실제 영업상의 주체가 다를 경우 실제 영업상의 주체가 상인이 된다(대판 2008.12.11, 2007다66590). [18·21 법원직, 09·13·16·17·18 법무사, 14 변호사, 13 공인회계사]

④ [○] 새마을금고는 우리나라 고유의 상부상조 정신에 입각하여 자금의 조성 및 이용과 회원의 경제적·사회적·문화적 지위의 향상 및 지역사회개발을 통한 건전한 국민정신의 함양과 국가경제발전에 기여함을 목적으로 하는 비영리법인이므로, 새마을금고가 금고의 회원에게 자금을 대출하는 행위는 일반적으로는 영리를 목적으로 하는 행위라고 보기 어렵다(대판 1998.7.10, 98다10793). [13 공인회계사]

⑤ [○] 농업협동조합법에 의하여 설립된 조합이 영위하는 사업의 목적은 조합원을 위하여 차별 없는 최대의 봉사를 함에 있을 뿐 영리를 목적으로 하는 것이 아니므로, 동 조합이 그 사업의 일환으로 조합원이 생산하는 물자의 판매사업을 한다 하여도 동 조합을 상인이라 할 수는 없다(대판 2000.2.11, 99다53292). [13 법무사, 13·17 공인회계사]

정답 ①

12 다음 상인·상행위의 개념에 관한 설명 중 옳지 않은 것은? (다툼이 있는 경우 통설·판례에 의함)

① 회사는 상행위를 하지 아니하더라도 상인으로 본다.

② 상법상 상인이 영업으로 하지 아니하더라도 상행위로 보는 이른바 '절대적 상행위'는 존재하지 아니한다.

③ 영업으로 하는 상법 제46조 소정의 행위는 상행위이나, 영업으로 하더라도 그 규모가 영세한 경우에는 예외적으로 상행위가 되지 않을 수 있다.

④ 변호사도 상법 제5조 제1항에서 정하는 '상인적 방법으로 영업을 하는 자'에 해당할 수 있다.

해설

① [○] 회사는 상행위를 하지 아니하더라도 상인으로 본다(제5조 제2항). [11·16·17 법원직, 13·16·18 법무사, 19 공인회계사]

② [○] 자기명의로 상행위를 하는 자를 상인이라 한다(제4조). 상행위는 영업성을 본질적 징표로 하므로, 상법상 상인이 영업으로 하지 아니하더라도 상행위로 보는 이른바 '절대적 상행위'는 존재하지 아니한다. [11 법원직]

③ [○] 상법 제46조는 기본적 상행위를 규정하면서 "영업으로 하는 다음의 행위를 상행위라 한다. 그러나 오로지 임금을 받을 목적으로 물건을 제조하거나 노무에 종사하는 자의 행위는 그러하지 아니하다."고 규정하고 있다. 이러한 상법에 의하면 상법 제46조 소정의 행위를 영업으로 하더라도 임금을 받을 목적으로 하는 경우와 같이 규모가 영세한 경우에는 예외적으로 상행위가 되지 않을 수 있다. [11 법원직]

④ [×] 변호사는 상법 제5조 제1항에 규정된 상인적 방법에 의하여 영업을 하는 자로 볼 수 없으므로, 변호사는 의제상인에 해당하지 않는다(대결 2007.7.26, 2006마334). [08·09·11·13·17·20 법원직, 13·16·17 법무사]

정답 ④

13 다음 중 상인에 관한 설명으로 틀린 것은? (다툼이 있는 경우 판례에 의함)

① 행정관청에 대한 신고명의인이나 납세명의인이라도 그가 권리의무의 주체가 되지 않는 이상 상인이 아니다.

② 여러 개의 낙찰계를 운영하여 얻은 수입으로 가계를 꾸려온 계주가 상인적 방법에 의한 영업으로 계를 운영한 것이 아니라면 의제상인이 아니다.

③ 민사회사는 상행위 이외의 행위를 영리의 목적으로 하는 회사로서 의제상인이고, 신용보증기금이 이에 해당한다.

④ 자연인의 상인자격 취득시기는 개업준비행위에 착수한 때이다.

⑤ 소상인에게는 지배인, 상호, 상업장부와 상업등기에 관한 규정은 적용되지 아니한다.

해설

① [○] 행정관청에 대한 인·허가 명의나 국세청에 신고한 사업자등록상의 명의와 실제 영업상의 주체가 다를 경우 실제 영업상의 주체가 상인이 된다(대판 2008.12.11, 2007다66590). [18·21 법원직, 09·13·16·17·18 법무사, 14 변호사, 13 공인회계사]

② [○] 계주가 여러 개의 낙찰계를 운영하여 얻은 수입으로 가계를 꾸려 왔다 할지라도 상인적 방법에 의한 영업으로 계를 운영한 것이 아니라면 의제상인에 해당한다고 할 수 없다(대판 1993.9.10, 93다21705). [13 법원직, 09 법무사]

③ [×] 신용보증기금법과 같은 법 시행령 및 상법 중 상행위에 관한 규정들을 종합하여 볼 때 신용보증기금은 상인으로 볼 수 없다(대판 1989.6.27, 88다카16812). [09 법무사]

④ [○] 영업의 목적인 기본적 상행위의 개시 전에 영업을 위한 준비행위를 하는 자는 영업으로 상행위를 할 의사를 실현하는 것이므로 준비행위를 한 때 상인자격을 취득하고, 개업준비행위는 영업을 위한 행위로서 최초의 보조적 상행위가 된다(대판 1999.1.29, 98다1584). [17 법원직, 09·16·17 법무사, 14·19 변호사]

⑤ [○] 지배인, 상호, 상업장부와 상업등기에 관한 규정은 소상인에게 적용하지 않는다(제9조). [08·12 법원직, 06·09·13·16·17·18 법무사, 12·19 변호사, 13·19·21 공인회계사]

정답 ③

14 다음 중 상법상의 상인으로 볼 수 없는 것은? (다툼이 있는 경우 판례에 의함) 08 법원직

① 변호사가 변호사법 관계 규정에 따라 설립한 법무법인

② 출자금 총액 2,000만원 미만인 합자회사

③ 상호저축은행법상 상호신용계와 유사하게 상인적 방법에 의한 영업으로 낙찰계를 운영하는 계주

④ 농장을 경영하는 회사

해설

① [×] 변호사는 상법 제5조 제1항에 규정된 상인적 방법에 의하여 영업을 하는 자로 볼 수 없으므로, 변호사는 의제상인에 해당하지 않는다(대결 2007.7.26, 2006마334). [08 · 09 · 11 · 13 · 17 · 20 법원직, 13 · 16 · 17 법무사]

② [○] ④ [○] 회사는 상인으로 의제된다(제5조 제2항). [08 법원직]

③ [○] 계주가 여러 개의 낙찰계를 운영하여 얻은 수입으로 가계를 꾸려 왔다 할지라도 상인적 방법에 의한 영업으로 계를 운영한 것이 아니라면 의제상인에 해당한다고 할 수 없다(대판 1993.9.10, 93다21705). 판례의 반대해석상 상인적 방법에 의한 영업으로 낙찰계를 운영한 경우에는 상인에 해당한다. [08 · 13 법원직, 09 법무사]

정답 ①

15 다음 중 가장 옳은 것은? 08 법원직

① 상사에 관하여 상법에 규정이 없으면 민법에 의하고, 민법에 규정이 없으면 상관습에 의한다.

② 공법인의 상행위에 대하여는 법령에 다른 규정이 있더라도 상법을 적용한다.

③ 당사자 중 그 1인의 행위가 상행위인 때에는 그 1인에 대하여만 상법을 적용한다.

④ 지배인, 상호, 상업장부와 상업등기에 관한 규정은 소상인에 적용하지 아니한다.

해설

① [×] 상사에 관하여 상법에 규정이 없으면 상관습법에 의하고, 상관습법이 없으면 민법의 규정에 의한다(제1조). [08 법원직, 17 공인회계사]

② [×] 공법인의 상행위에 대하여는 법령에 다른 규정이 없는 경우에 한하여 상법을 적용한다(제2조). [08 법원직, 17 공인회계사]

③ [×] 당사자 중 그 1인의 행위가 상행위인 때에는 전원에 대하여 상법을 적용한다(제3조). [08 · 14 · 16 법원직, 15 · 20 법무사]

④ [○] 지배인, 상호, 상업장부와 상업등기에 관한 규정은 소상인에게 적용하지 않는다(제9조). [08 · 12 법원직, 06 · 09 · 13 · 16 · 17 · 18 법무사, 12 · 19 변호사, 13 · 19 · 21 공인회계사]

정답 ④

제3장 / 상업사용인

01 다음 상업사용인에 대한 설명 중 틀린 것은?

04 법무사

① 상법에는 상업사용인으로 지배인, 부분적 포괄대리권을 가진 사용인, 물건판매점포의 사용인을 규정하고 있다.
② 상법상 영업상의 업무에 관하여 영업주를 대리할 권한이 없는 자는 상업사용인이 아니다.
③ 지배인은 지배인이 아닌 점원 기타 사용인을 선임 또는 해임할 수 있다.
④ 본점 또는 지점의 영업주임 기타 유사한 명칭을 가진 사용인은 본점 또는 지점의 지배인과 동일한 권한이 있는 것으로 보게 되므로 재판상 또는 재판 외의 모든 행위를 할 수 있다.
⑤ 공동지배인을 둔 경우라도 지배인 1인에 대한 의사표시는 영업주에 대하여 그 효력이 있다.

해설

① [O] 상법상 상업사용인은 지배인, 부분적 포괄대리권을 가진 사용인, 물건판매점포의 사용인이 규정되어 있다. [04 법무사]
② [O] 상업사용인이란 특정 상인에 종속되어 그 상인의 영업에 관한 대외적 거래를 대리하는 자를 말한다. 따라서 상업사용인이 영업주를 대리할 권한은 상업사용인의 본질적 요소이다. [04 법무사]
③ [O] 지배인은 지배인이 아닌 점원 기타 사용인을 선임 또는 해임할 수 있다(제11조 제2항). [14 법원직, 04 · 05 · 08 법무사]
④ [×] 본점 또는 지점의 본부장, 지점장, 그 밖에 지배인으로 인정될 만한 명칭을 사용하는 자는 본점 또는 지점의 지배인과 동일한 권한이 있는 것으로 본다. 다만, 재판상 행위에 관하여는 그러하지 아니하다(제14조 제1항).
[07 · 09 · 10 · 16 · 18 법원직, 04 · 05 · 08 · 13 · 18 법무사, 16 · 21 공인회계사]
⑤ [O] 상인은 수인의 지배인에게 공동으로 대리권을 행사하게 할 수 있고, 공동지배인 중 1인에 대한 의사표시는 영업주에 대하여 유효하다(제12조 제1항 · 제2항). [14 · 17 · 19 법원직, 04 · 05 · 08 · 13 · 14 · 16 법무사, 18 · 19 공인회계사]

정답 ④

02 상법상 지배인에 관한 설명으로 틀린 것은?

21 공인회계사

① 지배인은 부분적 포괄대리권을 가진 사용인을 해임할 수 있다.
② 지배인은 영업주의 허락없이 다른 상인의 사용인이 되지 못한다.
③ 지배인에 관한 상법 규정은 소상인에게 적용하지 아니한다.
④ 표현지배인은 영업주의 영업에 관한 재판상 행위에 관하여 그 영업소의 지배인과 동일한 권한이 있는 것으로 본다.
⑤ 상인은 지배인의 대리권의 소멸에 관하여 그 지배인을 둔 본점 또는 지점소재지에서 등기하여야 한다.

해설

① [O] 지배인은 지배인이 아닌 점원 기타 사용인을 선임 또는 해임할 수 있다(제11조 제2항). 따라서 지배인은 부분적 포괄대리권을 가진 사용인을 해임할 수 있다. [21 공인회계사]

② [O] 지배인이란 영업주에 갈음하여 그 영업에 관하여 재판상 또는 재판 외의 모든 행위를 할 수 있는 대리권을 가진 상업사용인을 말한다. 상법은 "상업사용인은 영업주의 허락없이 자기 또는 제삼자의 계산으로 영업주의 영업부류에 속한 거래를 하거나 회사의 무한책임사원, 이사 또는 다른 상인의 사용인이 되지 못한다(제17조)."고 규정하고 있다. 따라서 상업사용인인 지배인은 영업주의 허락없이 회사의 무한책임사원, 이사 또는 다른 상인의 사용인이 되지 못한다. [14 법무사, 21 공인회계사]

③ [O] 지배인, 상호, 상업장부와 상업등기에 관한 규정은 소상인에게 적용하지 않는다(제9조).
[08 · 12 법원직, 06 · 09 · 13 · 16 · 17 · 18 법무사, 12 · 19 변호사, 19 · 21 공인회계사]

④ [×] 표현지배인이란 지배인이 아님에도 본점 또는 지점의 본부장, 지점장 등 지배인으로 인정될 만한 명칭을 사용하는 자를 말한다. 상법 제14조 제1항은 "본점 또는 지점의 본부장, 지점장, 그 밖에 지배인으로 인정될 만한 명칭을 사용하는 자는 본점 또는 지점의 지배인과 동일한 권한이 있는 것으로 본다. 다만, 재판상 행위에 관하여는 그러하지 아니하다."고 규정하고 있다. 따라서 표현지배인은 재판상 행위에 관하여 그 영업소의 지배인과 동일한 권한을 가지고 있지 않다.
[07 · 09 · 10 · 16 · 18 법원직, 04 · 05 · 08 · 13 · 18 법무사, 21 공인회계사]

⑤ [O] 상인은 지배인의 선임과 그 대리권의 소멸에 관하여 그 지배인을 둔 본점 또는 지점소재지에서 등기하여야 한다. 공동지배인의 선임과 그 변경도 같다(제13조). [11 · 18 법원직, 21 공인회계사]

정답 ④

03 상법상 지배인에 관한 다음 설명 중 가장 옳지 않은 것은? 20 법원직

① 지배인은 영업주에 갈음하여 그 영업에 관한 재판상 또는 재판 외의 모든 행위를 할 수 있다.

② 지배인의 어떤 행위가 영업주의 영업에 관한 것인가의 여부는 지배인의 행위 당시의 주관적인 의사에 따라 결정될 수밖에 없다.

③ 지배인은 상인 또는 그 대리인에 의해 선임된다.

④ 지배인의 행위가 영업에 관한 것으로서 대리권한 범위 내의 행위라 하더라도 영업주 본인의 이익이나 의사에 반하여 자기 또는 제3자의 이익을 도모할 목적으로 그 권한을 행사한 경우에 그 상대방이 지배인의 진의를 알았거나 알 수 있었을 때에는 민법 제107조 제1항 단서의 유추해석상 그 지배인의 행위에 대하여 영업주 본인은 아무런 책임을 지지 않는다.

해설

① [O] 지배인은 영업주에 갈음하여 그 영업에 관한 재판상 또는 재판 외의 모든 행위를 할 수 있다(제11조 제1항).
[09 · 16 · 17 · 20 법원직, 06 · 08 · 11 · 13 · 14 법무사]

② [×] 지배인의 행위가 영업주의 영업에 관한 것인가의 여부는 지배인의 행위 당시의 주관적인 의사와는 관계없이 그 행위의 객관적 성질에 따라 추상적으로 판단한다(대판 1998.8.21, 97다6704). [09 · 20 법원직, 11 법무사]

③ [O] 상인은 지배인을 선임하여 본점 또는 지점에서 영업을 하게 할 수 있다(제10조). 상인의 대리인도 지배인을 선임할 수 있다. [20 법원직]

④ [O] 지배인의 행위가 영업에 관한 것으로서 대리권한 범위 내의 행위라 하더라도 영업주 본인의 이익이나 의사에 반하여 자기 또는 제3자의 이익을 도모할 목적으로 그 권한을 행사한 경우에 상대방이 지배인의 진의를 알았거나 알 수 있었을 때에는 민법 제107조 제1항 단서의 유추해석상 그 지배인의 행위에 대하여 영업주 본인은 아무런 책임을 지지 않는다(대판 1999.3.9, 97다7721 · 7738). [20 법원직, 11 법무사]

정답 ②

04 상법상 지배인에 대한 설명 중 틀린 것은? 08 법무사

① 지배인은 영업주에 갈음하여 그 영업에 관한 재판상 또는 재판 외의 모든 행위를 할 수 있다.
② 지배인의 대리권에 대한 제한은 선의의 제3자에게 대항하지 못한다.
③ 상인이 수인의 지배인에게 공동으로 대리권을 행사하게 하는 경우에 지배인 1인에 대한 의사표시는 영업주에 대하여 효력이 있다.
④ 본점 또는 지점의 영업주임 기타 유사한 명칭을 가진 사용인은 재판상 또는 재판 외의 행위에 있어 본점 또는 지점의 지배인과 동일한 권한이 있는 것으로 본다.
⑤ 지배인이 다른 지배인을 선임하거나 해임할 수는 없다.

해설

① [O] 지배인은 영업주에 갈음하여 그 영업에 관한 재판상 또는 재판 외의 모든 행위를 할 수 있다(제11조 제1항).
[09 · 16 · 17 · 20 법원직, 06 · 08 · 11 · 13 · 14 법무사, 17 공인회계사]
② [O] 지배인의 대리권에 대한 제한은 선의의 제3자에게 대항하지 못한다(제11조 제3항). [18 법원직, 08 법무사, 17 공인회계사]
③ [O] 상인은 수인의 지배인에게 공동으로 대리권을 행사하게 할 수 있고, 공동지배인 중 1인에 대한 의사표시는 영업주에 대하여 유효하다(제12조 제1항 · 제2항). [14 · 17 · 19 법원직, 04 · 05 · 08 · 13 · 14 · 16 법무사, 18 · 19 공인회계사]
④ [×] 본점 또는 지점의 본부장, 지점장, 그 밖에 지배인으로 인정될 만한 명칭을 사용하는 자는 본점 또는 지점의 지배인과 동일한 권한이 있는 것으로 본다. 다만, 재판상 행위에 관하여는 그러하지 아니하다(제14조 제1항).
[07 · 09 · 10 · 16 · 18 법원직, 04 · 05 · 08 · 13 · 18 법무사, 16 · 21 공인회계사]
⑤ [O] 지배인은 지배인이 아닌 점원 기타 사용인을 선임 또는 해임할 수 있다(제11조 제2항). [14 법원직, 04 · 05 · 08 법무사]

정답 ④

---

05 다음은 지배인에 관하여 설명한 것이다. 옳은 것은? (다툼이 있는 경우 판례에 의함) 07 법원직

① 지배인은 직무의 성질상 감사와의 겸임은 허용되지만, 업무집행사원이나 이사는 지배인을 겸할 수 없다.
② 지배인은 영업을 전제로 하여 선임되는 것이므로 청산 중의 회사나 파산 중의 회사는 지배인을 선임할 수 없으나, 재판상 소송행위만을 대리하기 위한 지배인은 선임할 수 있다.
③ 영업주가 표현지배인에게 지배인으로 믿을 만한 명칭사용을 허락한 경우 영업주는 선의의 제3자에게 대항할 수 없지만, 제3자에게 중과실이 있는 경우에는 대항할 수 있다.
④ 지배인이 영업주에 대한 경업금지의무를 위반하여 제3자의 계산으로 거래한 경우에 영업주는 그 거래를 영업주의 계산으로 한 것으로 볼 수 있다.

해설

① [×] 지배인은 직무의 성질상 감사와의 겸임은 허용되지 않지만, 업무집행사원이나 이사는 지배인을 겸할 수 있다.
[07 법원직, 05 · 13 · 16 법무사, 16 공인회계사]
② [×] 원고회사의 지배인이라고 하는 甲은 원고회사가 1984.11.경 부도가 난 후 원고회사의 각종 채권관계를 정리하고 이에 관한 소송업무를 처리하기 위하여 1985.8.10.경 지배인으로 선임된 이래 일반 영업업무는 담당함이 없이 오로지 소송 등 채권회수업무에만 종사하여 왔다. 그렇다면 甲을 원고회사의 특정영업소에 있어서의 포괄적 대리권을 가진 지배인이라고 볼 수 없음은 명백하다(서울민사지방법원 1986.1.20, 85가단5402). [07 법원직]
③ [O] 영업주가 표현지배인에게 지배인으로 믿을 만한 명칭사용을 허락한 경우 영업주는 선의의 제3자에게 대항할 수 없지만, 제3자에게 중과실이 있는 경우에는 대항할 수 있다. [07 법원직]

④ [×] 상업사용인이 경업금지 규정에 위반하여 거래를 한 경우에 그 거래가 자기의 계산으로 한 것인 때에는 영업주는 이를 영업주의 계산으로 한 것으로 볼 수 있고, 제3자의 계산으로 한 것인 때에는 영업주는 사용인에 대하여 이로 인한 이득의 양도를 청구할 수 있다(제17조 제2항).　　　　　　　[07·09 법원직, 03·13·14 법무사, 16·19·20 공인회계사]

정답 ③

06 다음 지배인에 관한 설명 중 가장 옳지 않은 것은?　　　　　　　　　　05 법무사

① 지배인은 자연인이어야 하지만, 반드시 행위능력자임을 요하는 것은 아니며, 주식회사나 유한회사의 이사도 지배인이 될 수 있다.

② 지배인은 다른 지배인을 선임 또는 해임할 수 없으므로, 본점의 총지배인이라고 하더라도 지점의 지배인을 선임 또는 해임할 권한은 없다.

③ 공동지배인은 공동으로만 영업주를 대리할 수 있으므로, 등기된 공동지배인 중 1인에 대하여만 의사표시를 한 경우에는 영업주에게 효력이 발생하지 않는다.

④ 지배인의 선임과 종임은 등기하지 아니하여도 효력이 있고, 다만 영업주가 이를 등기하지 아니하면 이로써 선의의 제3자에게 대항할 수 없을 뿐이다.

⑤ 본점 또는 지점의 영업주임 기타 유사한 명칭을 가진 사용인은 재판상의 행위를 제외하고는 본점 또는 지점의 지배인과 동일한 권한이 있는 것으로 본다.

해설

① [○] 지배인은 의사능력을 갖춘 자연인이어야 하고, 반드시 행위능력자임을 요하지 아니하며, 직무의 성질상 감사와의 겸임은 허용되지 않지만, 업무집행사원이나 이사는 지배인을 겸할 수 있다.　　　[07 법원직, 05·13·16 법무사, 16 공인회계사]

② [○] 지배인은 지배인이 아닌 점원 기타 사용인을 선임 또는 해임할 수 있다(제11조 제2항). [14 법원직, 04·05·08 법무사]

③ [×] 상인은 수인의 지배인에게 공동으로 대리권을 행사하게 할 수 있고, 공동지배인 중 1인에 대한 의사표시는 영업주에 대하여 유효하다(제12조 제1항·제2항).　　　[14·17·19 법원직, 04·05·08·13·14·16 법무사, 18·19 공인회계사]

④ [○] 지배인 관련 등기는 효력요건이 아니라 대항요건이므로(제37조 제1항), 지배인의 선임과 그 대리권의 소멸의 효력은 해당 사유 발생시점에 발생한다. 다만, 선의의 제3자에게 대항할 수 없다.　　　　　　[05 법무사]

⑤ [○] 본점 또는 지점의 본부장, 지점장, 그 밖에 지배인으로 인정될 만한 명칭을 사용하는 자는 본점 또는 지점의 지배인과 동일한 권한이 있는 것으로 본다. 다만, 재판상 행위에 관하여는 그러하지 아니하다(제14조 제1항).
　　　　　　　[07·09·10·16·18 법원직, 04·05·08·13·18 법무사, 16·21 공인회계사]

정답 ③

07 상인에 관한 다음 설명 중 옳지 않은 것은? (다툼이 있는 경우 판례에 의함) 11 법무사

① 소상인이란 자본금이 1,000만원에 미달하는 상인으로서 상법상 지배인·상호·상업장부 및 상업등기에 관한 규정이 적용되지 않는다.

② 회사는 어느 경우에도 소상인이 될 수 없다.

③ 상인은 지배인을 선임하여 본점 또는 지점에서 영업을 하게 할 수 있고, 지배인은 영업주에 갈음하여 그 영업에 관한 재판상 또는 재판 외의 모든 행위를 할 수 있다.

④ 지배인의 행위가 영업주의 영업에 관한 것인가의 여부는 지배인의 행위 당시의 주관적인 의사와는 관계없이 그 행위의 객관적 성질에 따라 판단되어야 한다.

⑤ 지배인의 행위가 영업에 관한 것으로서 대리권한범위 내의 것이라면 영업주 본인의 이익이나 의사에 반하는 경우라도 영업주 본인은 항상 책임을 부담한다.

해설

① [O] 자본금액 1천만원 미만의 상인으로서 회사가 아닌 자를 소상인이라 한다(시행령 제2조). 지배인, 상호, 상업장부와 상업 등기에 관한 규정은 소상인에게 적용하지 않는다(제9조).
[08·12 법원직, 06·09·13·16·17·18 법무사, 12·19 변호사, 13·19·21 공인회계사]

② [O] 소상인은 자본금액 1천만원 미만의 상인으로서 회사가 아닌 자를 말하므로(시행령 제2조), 회사는 소상인이 될 수 없다.
[11 법무사]

③ [O] 상인은 지배인을 선임하여 본점 또는 지점에서 영업을 하게 할 수 있다(제10조). 지배인은 영업주에 갈음하여 그 영업에 관한 재판상 또는 재판 외의 모든 행위를 할 수 있다(제11조 제1항). [09·16·17·20 법원직, 06·08·11·13·14 법무사]

④ [O] 지배인의 행위가 영업주의 영업에 관한 것인가의 여부는 지배인의 행위 당시의 주관적인 의사와는 관계없이 그 행위의 객관적 성질에 따라 추상적으로 판단한다. [09·20 법원직, 11 법무사]

⑤ [×] 지배인의 행위가 영업에 관한 것으로서 대리권한범위 내의 행위라 하더라도 영업주 본인의 이익이나 의사에 반하여 자기 또는 제3자의 이익을 도모할 목적으로 그 권한을 행사한 경우에 상대방이 지배인의 진의를 알았거나 알 수 있었을 때에는 민법 제107조 제1항 단서의 유추해석상 그 지배인의 행위에 대하여 영업주 본인은 아무런 책임을 지지 않는다(대판 1999.3.9, 97다7721·7738). [20 법원직, 11 법무사]

정답 ⑤

08 상업사용인에 관한 다음 설명 중 가장 옳지 않은 것은? (다툼이 있는 경우 판례에 의함) 17 법원직

① 수인의 지배인이 선임된 경우 특별한 사정이 없는 한 수인의 지배인은 각자 독립하여 대리권을 행사할 수 있다.

② 공동지배인은 공동으로만 대리권을 행사할 수 있으므로 공동지배인 중 1인에 대하여 한 의사표시는 영업주에 대하여 효력이 없다.

③ 지배인은 변호사가 아닌 경우에도 영업주를 위하여 그 영업에 관한 소송행위를 대리할 수 있다.

④ 지배인이 영업주가 정한 대리권에 관한 제한 규정에 위반하여 한 행위에 대하여는 제3자가 위 대리권의 제한 사실을 알고 있었던 경우뿐만 아니라 알지 못한 데에 중대한 과실이 있는 경우에도 영업주는 그러한 사유를 들어 상대방에게 대항할 수 있다.

해설

① [O] 수인의 지배인이 선임된 경우 특별한 사정이 없는 한 수인의 지배인은 각자 독립하여 대리권을 행사할 수 있다.

[17 법원직]

② [×] 상인은 수인의 지배인에게 공동으로 대리권을 행사하게 할 수 있고, 공동지배인 중 1인에 대한 의사표시는 영업주에 대하여 유효하다(제12조 제1항·제2항). [14·17·19 법원직, 04·05·08·13·14·16 법무사, 18·19 공인회계사]

③ [O] 지배인은 영업주에 갈음하여 그 영업에 관한 재판상 또는 재판 외의 모든 행위를 할 수 있다(제11조 제1항).

[09·16·17·20 법원직, 06·08·11·13·14 법무사, 17 공인회계사]

④ [O] 지배인이 영업주가 정한 대리권에 관한 제한 규정에 위반하여 행위한 경우 제3자가 대리권의 제한 사실을 알고 있었던 경우뿐만 아니라 알지 못한 데에 중대한 과실이 있는 경우에도 영업주는 그러한 사유를 들어 상대방에게 대항할 수 있고, 이러한 제3자의 악의 또는 중대한 과실에 대한 주장·입증책임은 영업주가 부담한다(대판 1997.8.26, 96다36753).

[17·19 법원직, 14·18 법무사]

정답 ②

09 상법상 지배인에 관한 설명으로 틀린 것은? 　　　　　　　　　　　　　　　　17 공인회계사

① 지배인은 영업주에 갈음하여 그 영업에 관한 재판상 또는 재판 외의 모든 행위를 할 수 있다.

② 판례에 의하면 표현지배인의 행위가 영업주의 영업에 관한 것인가의 여부는 표현지배인의 행위 당시의 주관적인 의사에 따라 구체적으로 판단하여야 한다.

③ 지배인의 대리권에 대한 제한은 선의의 제3자에게 대항하지 못한다.

④ 판례에 의하면 지배인의 대리권 제한에 대항할 수 있는 제3자에는 그 지배인으로부터 직접 어음을 취득한 상대방은 물론 그로부터 어음을 다시 배서·양도받은 자도 포함된다.

⑤ 지배인은 영업주의 허락없이 자기 또는 제3자의 계산으로 영업주의 영업부류에 속한 거래를 하거나 회사의 무한책임사원, 이사 또는 다른 상인의 사용인이 되지 못한다.

해설

① [O] 지배인은 영업주에 갈음하여 그 영업에 관한 재판상 또는 재판 외의 모든 행위를 할 수 있다(제11조 제1항).

[09·16·17·20 법원직, 06·08·11·13·14 법무사, 17 공인회계사]

② [×] 지배인의 행위가 영업주의 영업에 관한 것인가의 여부는 지배인의 행위 당시의 주관적인 의사와는 관계없이 그 행위의 객관적 성질에 따라 추상적으로 판단한다(대판 1998.8.21, 97다6704). [09·20 법원직, 11 법무사, 17 공인회계사]

③ [O] 영업주가 지배인의 권한을 제한하더라도 선의의 제3자에게 대항할 수 없다(제11조 제3항).

[18 법원직, 08 법무사, 17 공인회계사]

④ [O] 지배인이 내부적인 대리권 제한 규정에 위배하여 어음행위를 한 경우, 이러한 대리권의 제한에 대항할 수 있는 제3자의 범위에는 그 지배인으로부터 직접 어음을 취득한 상대방뿐만 아니라 그로부터 어음을 다시 배서·양도받은 제3취득자도 포함된다(대판 1997.8.26, 96다36753). [17 공인회계사]

⑤ [O] 지배인이란 영업주에 갈음하여 그 영업에 관하여 재판상 또는 재판 외의 모든 행위를 할 수 있는 대리권을 가진 상업사용인을 말한다(제11조 제1항). 상업사용인은 영업주의 허락없이 자기 또는 제삼자의 계산으로 영업주의 영업부류에 속한 거래를 하거나 회사의 무한책임사원, 이사 또는 다른 상인의 사용인이 되지 못한다(제17조 제1항).

[14 법무사, 17·18·20·21 공인회계사]

정답 ②

10 상법상 지배인에 관한 아래의 설명 중 가장 옳은 것은? (다툼이 있는 경우 판례에 의함) 14 법무사

① 상인이 수인의 지배인에게 공동으로 대리권을 행사하게 하는 경우 지배인 1인에 대한 의사표시는 영업주에 대하여 그 효력이 있다.

② 지배인이 영업주에 대한 경업금지의무를 위반하여 제3자의 계산으로 거래한 경우에 영업주는 그 거래를 영업주의 계산으로 한 것으로 볼 수 있다.

③ 지배인이 영업주에 갈음하여 그 영업에 관한 재판상의 행위를 함에 있어서는 영업주로부터 별도의 수권이 있어야 한다.

④ 지배인의 대리권에 대한 제한은 악의의 제3자에게 대항할 수 있는데, 이 경우 상대방의 악의는 지배인이 증명하여야 한다.

⑤ 상업사용인은 영업주의 허락없이 다른 회사의 무한책임사원 또는 다른 상인의 사용인은 될 수 없으나, 다른 회사의 이사는 될 수 있다.

해설

① [○] 상인은 수인의 지배인에게 공동으로 대리권을 행사하게 할 수 있고, 공동지배인 중 1인에 대한 의사표시는 영업주에 대하여 유효하다(제12조 제1항·제2항). [14·17·19 법원직, 04·05·08·13·14·16 법무사, 18·19 공인회계사]

② [×] 상업사용인이 경업금지 규정에 위반하여 거래를 한 경우에 그 거래가 자기의 계산으로 한 것인 때에는 영업주는 이를 영업주의 계산으로 한 것으로 볼 수 있고, 제3자의 계산으로 한 것인 때에는 영업주는 사용인에 대하여 이로 인한 이득의 양도를 청구할 수 있다(제17조 제2항). [07·09 법원직, 03·13·14 법무사, 16·19·20 공인회계사]

③ [×] 지배인은 영업주에 갈음하여 그 영업에 관한 재판상 또는 재판 외의 모든 행위를 할 수 있다(제11조 제1항). [09·16·17·20 법원직, 06·08·11·13·14 법무사, 17 공인회계사]

④ [×] 지배인의 대리권에 대한 제한은 선의의 제3자에게 대항하지 못한다(제11조 제3항). 지배인이 영업주가 정한 대리권에 관한 제한 규정에 위반하여 행위한 경우 제3자가 대리권의 제한 사실을 알고 있었던 경우뿐만 아니라 알지 못한 데에 중대한 과실이 있는 경우에도 영업주는 그러한 사유를 들어 상대방에게 대항할 수 있고, 이러한 제3자의 악의 또는 중대한 과실에 대한 주장·입증책임은 영업주가 부담한다(대판 1997.8.26, 96다36753). [17·19 법원직, 14·18 법무사]

⑤ [×] 상업사용인은 영업주의 허락없이 자기 또는 제삼자의 계산으로 영업주의 영업부류에 속한 거래를 하거나 회사의 무한책임사원, 이사 또는 다른 상인의 사용인이 되지 못한다(제17조 제1항). [14 법무사, 17·18·21 공인회계사]

정답 ①

11 지배인 등에 관한 다음 설명 중 가장 옳지 않은 것은? 18 법원직

① 상인은 지배인을 선임하여 본점 또는 지점에서 영업을 하게 할 수 있다.

② 상인은 지배인의 선임과 그 대리권의 소멸에 관하여 그 지배인을 둔 본점 또는 지점소재지에서 등기하여야 한다.

③ 지배인의 대리권에 대한 제한은 선의의 제3자에게 대항하지 못한다.

④ 본점 또는 지점의 본부장, 지점장, 그 밖에 지배인으로 인정될 만한 명칭을 사용하는 자는 재판상 행위에 관하여 본점 또는 지점의 지배인과 동일한 권한이 있는 것으로 본다.

해설

① [○] 상인은 지배인을 선임하여 본점 또는 지점에서 영업을 하게 할 수 있다(제10조). [11·18 법원직]
② [○] 상인은 지배인의 선임과 그 대리권의 소멸에 관하여 그 지배인을 둔 본점 또는 지점소재지에서 등기하여야 한다(제13조).
[11·18 법원직, 21 공인회계사]
③ [○] 지배인의 대리권에 대한 제한은 선의의 제3자에게 대항하지 못한다(제11조 제3항). [18 법원직, 08 법무사]
④ [×] 본점 또는 지점의 본부장, 지점장, 그 밖에 지배인으로 인정될 만한 명칭을 사용하는 자는 본점 또는 지점의 지배인과 동일한 권한이 있는 것으로 본다. 다만, 재판상 행위에 관하여는 그러하지 아니하다(제14조 제1항).
[07·09·10·16·18 법원직, 04·05·08·13·18 법무사, 21 공인회계사]

정답 ④

12 다음 지배인에 관한 설명 중 가장 옳지 않은 것은? (다툼이 있는 경우 판례에 의함) 13 법무사

① 지배인은 영업주에 갈음하여 그 영업에 관한 재판상 또는 재판 외의 모든 행위를 할 수 있다.
② 상인은 수인의 지배인에게 공동으로 대리권을 행사하게 할 수 있지만, 그 경우에도 지배인 1인에 대한 의사표시는 영업주에 대하여 효력이 있다.
③ 지배인은 의사능력을 갖춘 자연인이어야 하고, 직무의 성질상 감사와의 겸임은 허용되지 않지만, 업무집행사원이나 이사는 지배인을 겸할 수 있다.
④ 본점 또는 지점의 본부장, 지점장, 그 밖에 지배인으로 인정될 만한 명칭을 사용하는 자는 본점 또는 지점의 지배인과 동일한 권한이 있는 것으로 본다. 다만, 재판상 행위에 관하여는 그러하지 아니하다.
⑤ 지배인이 영업주의 허락없이 제3자의 계산으로 영업주의 영업부류에 속한 거래를 한 경우 영업주는 이를 영업주의 계산으로 한 것으로 볼 수 있다.

해설

① [○] 지배인은 영업주에 갈음하여 그 영업에 관한 재판상 또는 재판 외의 모든 행위를 할 수 있다(제11조 제1항).
[09·16·17·20 법원직, 06·08·11·13·14 법무사, 17 공인회계사]
② [○] 상인은 수인의 지배인에게 공동으로 대리권을 행사하게 할 수 있고, 공동지배인 중 1인에 대한 의사표시는 영업주에 대하여 유효하다(제12조 제1항·제2항). [14·17·19 법원직, 04·05·08·13·14·16 법무사, 18·19 공인회계사]
③ [○] 지배인은 의사능력을 갖춘 자연인이어야 하고, 반드시 행위능력자임을 요하지 아니하며, 직무의 성질상 감사와의 겸임은 허용되지 않지만, 업무집행사원이나 이사는 지배인을 겸할 수 있다. [07 법원직, 05·13·16 법무사, 16 공인회계사]
④ [○] 본점 또는 지점의 본부장, 지점장, 그 밖에 지배인으로 인정될 만한 명칭을 사용하는 자는 본점 또는 지점의 지배인과 동일한 권한이 있는 것으로 본다. 다만, 재판상 행위에 관하여는 그러하지 아니하다(제14조 제1항).
[07·09·10·16·18 법원직, 04·05·08·13·18 법무사, 16·21 공인회계사]
⑤ [×] 상업사용인이 경업금지 규정에 위반하여 거래를 한 경우에 그 거래가 자기의 계산으로 한 것인 때에는 영업주는 이를 영업주의 계산으로 한 것으로 볼 수 있고, 제3자의 계산으로 한 것인 때에는 영업주는 사용인에 대하여 이로 인한 이득의 양도를 청구할 수 있다(제17조 제2항). [07·09 법원직, 03·13·14 법무사, 16·19·20 공인회계사]

정답 ⑤

13 표현지배인에 관한 다음 설명 중 가장 옳지 않은 것은? 20 법무사

① 상법상 표현지배인에 관한 규정이 적용되기 위하여는 당해 사용인의 근무장소가 상법상 지점으로서의 실체를 구비하여야 한다.

② 본부장, 지점장 외에 지점차장도 표현지배인에 해당한다.

③ 거래행위라고 볼 수 없는 재판상 행위에 대하여는 표현지배인이 인정되지 아니한다.

④ 단순히 본·지점의 지휘·감독 아래 기계적으로 제한된 보조적 사무만을 처리하는 영업소는 상법상의 영업소라 볼 수 없으므로 동 영업소의 소장을 상법 제14조 제1항 소정의 표현지배인으로 볼 수 없다.

⑤ 지배인이 영업주 명의로 한 어음행위는 객관적으로 영업에 관한 행위로서 지배인의 대리권의 범위에 속하는 행위라 할 것이므로 지배인이 개인적 목적을 위하여 어음행위를 한 경우에도 그 행위의 효력은 영업주에게 미친다 할 것이고, 이러한 법리는 표현지배인의 경우에도 동일하다.

해설

① [○] 표현지배인 조항을 적용하려면 당해 사용인의 근무장소가 상법상의 영업소인 본점 또는 지점의 실체를 가지고 어느 정도 독립적으로 영업활동을 할 수 있어야 한다(대판 1978.12.13, 78다1567). [16·18·20 법무사]

② [×] 지점차장이라는 명칭은 그 명칭 자체로서 상위직의 사용인의 존재를 추측할 수 있게 하는 것이므로 상법 제14조 제1항 소정의 영업주임 기타 이에 유사한 명칭을 가진 사용인을 표시하는 것이라고 할 수 없고, 따라서 표현지배인이 아니다(대판 1993.12.10, 93다36974). [18·20 법무사]

③ [○] 재판상 행위에는 표현지배인이 성립하지 않는다. [20 법무사]

④ [○] 단순히 본·지점의 지휘·감독 아래 기계적으로 제한된 보조적 사무만을 처리하는 것으로밖에 볼 수 없는 경우, 상법상의 영업소인 본점·지점에 준하는 영업장소라고 볼 수 없어 표현지배인이라고 볼 수 없다(대판 1978.12.13, 78다1567). [16·18·20 법무사]

⑤ [○] 지배인이 영업주 명의로 한 어음행위는 객관적으로 영업에 관한 행위로서 지배인의 대리권의 범위에 속하는 행위라 할 것이므로 지배인이 개인적 목적을 위하여 어음행위를 한 경우에도 그 효력은 영업주에게 미친다. 이러한 법리는 표현지배인의 경우에도 동일하다(대판 1998.8.21, 97다6704). [18·20 법무사, 15 변호사]

정답 ②

14 상법상 상업사용인에 관한 다음 설명 중 가장 옳지 않은 것은?

① 부분적 포괄대리권을 가진 상업사용인은 개개의 행위에 대하여 영업주로부터 별도의 수권을 받을 필요가 없다.
② 상업사용인이 영업주가 정한 대리권에 관한 제한 규정에 위반하여 한 행위에 대하여는 제3자가 위 대리권의 제한 사실을 알고 있었던 경우뿐만 아니라 알지 못한 데에 중대한 과실이 있는 경우에도 영업주는 그러한 사유를 들어 상대방에게 대항할 수 있고, 이러한 제3자의 악의 또는 중대한 과실에 대한 주장·증명책임은 영업주가 부담한다.
③ 부분적 포괄대리권을 가진 상업사용인이 특정된 영업이나 특정된 사항에 속하지 아니하는 행위를 한 경우 영업주가 책임을 지기 위하여는 민법상의 표현대리의 법리에 의하여 그 상업사용인과 거래한 상대방이 그 상업사용인에게 그 권한이 있다고 믿을 만한 정당한 이유가 있어야 한다.
④ 부분적 포괄대리권을 가진 상업사용인이 그 범위 내에서 한 행위는 설사 상업사용인이 영업주 본인의 이익이나 의사에 반하여 자기 또는 제3자의 이익을 도모할 목적으로 그 권한을 남용한 것이라 할지라도 일단 영업주 본인의 행위로서 유효하다.
⑤ 부분적 포괄대리권을 가진 사용인의 경우에도 표현지배인에 관한 상법 제14조의 규정이 유추적용된다.

해설

① [○] 영업의 특정한 종류 또는 특정한 사항에 대하여 지배인과 같이 포괄적 대리권을 가지며, 획일적·정형적으로 대리권이 주어진다. 따라서 개개의 행위에 대하여 영업주로부터 별도의 수권을 받을 것이 요구되지 않는다. [18 법무사]
② [○] 지배인이 영업주가 정한 대리권에 관한 제한 규정에 위반하여 행위한 경우 제3자가 대리권의 제한 사실을 알고 있었던 경우뿐만 아니라 알지 못한 데에 중대한 과실이 있는 경우에도 영업주는 그러한 사유를 들어 상대방에게 대항할 수 있고, 이러한 제3자의 악의 또는 중대한 과실에 대한 주장·입증책임은 영업주가 부담한다(대판 1997.8.26, 96다36753). [17·19 법원직, 14·18 법무사]
③ [○] 부분적 포괄대리권을 가진 상업사용인이 특정된 영업이나 특정된 사항에 속하지 아니하는 행위를 한 경우, 영업주가 책임을 지기 위하여는 민법상의 표현대리의 법리에 의하여 그 상업사용인과 거래한 상대방이 그 상업사용인에게 그 권한이 있다고 믿을 만한 정당한 이유가 있어야 한다(대판 2012.12.13, 2011다69770). [19 법원직, 18 법무사]
④ [○] 부분적 포괄대리권을 가진 상업사용인이 그 범위 내에서 한 행위는 설사 상업사용인이 영업주 본인의 이익이나 의사에 반하여 자기 또는 제3자의 이익을 도모할 목적으로 그 권한을 남용한 것이라 할지라도 일단 영업주 본인의 행위로서 유효하다(대판 2008.7.10, 2006다43767). [18 법무사]
⑤ [×] 부분적 포괄대리권을 가진 사용인이 아닌 사용인이 그러한 사용인과 유사한 명칭을 사용하여 법률행위를 한 경우 그 거래상대방은 민법 제125조의 표현대리나 민법 제756조의 사용자책임 등의 규정에 의하여 보호될 수 있으므로, 부분적 포괄대리권을 가진 사용인의 경우에도 표현지배인에 관한 상법 제14조의 규정이 유추적용되어야 한다고 할 수는 없다(대판 2007.8.23, 2007다23425). [08·09·19 법원직, 18 법무사, 15 변호사]

정답 ⑤

15 상업사용인에 관한 다음 설명 중 가장 옳지 않은 것은? 19 법원직

① 부분적 포괄대리권을 가진 사용인의 경우에도 표현지배인에 관한 상법 제14조의 규정이 유추적용되어야 한다고 할 수는 없다.

② 상업사용인이 영업주가 정한 대리권에 관한 제한 규정에 위반하여 한 행위에 대하여는 제3자가 위 대리권의 제한 사항을 알고 있었던 경우뿐만 아니라 알지 못한 데에 중대한 과실이 있는 경우에도 영업주는 그러한 사유를 들어 상대방에게 대항할 수 있고, 이러한 제3자의 악의 또는 중대한 과실에 대한 주장·증명책임은 영업주가 부담한다.

③ 부분적 포괄대리권을 가진 상업사용인이 특정된 영업이나 특정된 사항에 속하지 아니하는 행위를 한 경우 영업주가 책임을 지기 위하여 반드시 민법상의 표현대리의 법리에 의하여 그 상업사용인과 거래한 상대방이 그 상업사용인에게 그 권한이 있다고 믿을 만한 정당한 이유가 있어야만 하는 것은 아니다.

④ 상인은 수인의 지배인에게 공동으로 대리권을 행사하게 할 수 있고, 이 경우에 지배인 1인에 대한 의사표시는 영업주에 대하여 그 효력이 있다.

해설

① [○] 부분적 포괄대리권을 가진 사용인이 아닌 사용인이 그러한 사용인과 유사한 명칭을 사용하여 법률행위를 한 경우 그 거래상대방은 민법 제125조의 표현대리나 민법 제756조의 사용자책임 등의 규정에 의하여 보호될 수 있으므로, 부분적 포괄대리권을 가진 사용인의 경우에도 표현지배인에 관한 상법 제14조의 규정이 유추적용되어야 한다고 할 수는 없다(대판 2007.8.23, 2007다23425). [08·09·19 법원직, 18 법무사, 15 변호사]

② [○] 지배인이 영업주가 정한 대리권에 관한 제한 규정에 위반하여 행위한 경우 제3자가 대리권의 제한 사실을 알고 있었던 경우뿐만 아니라 알지 못한 데에 중대한 과실이 있는 경우에도 영업주는 그러한 사유를 들어 상대방에게 대항할 수 있고, 이러한 제3자의 악의 또는 중대한 과실에 대한 주장·입증책임은 영업주가 부담한다(대판 1997.8.26, 96다36753). [17·19 법원직, 14·18 법무사]

③ [×] 부분적 포괄대리권을 가진 상업사용인이 특정된 영업이나 특정된 사항에 속하지 아니하는 행위를 한 경우, 영업주가 책임을 지기 위하여는 민법상의 표현대리의 법리에 의하여 그 상업사용인과 거래한 상대방이 그 상업사용인에게 그 권한이 있다고 믿을 만한 정당한 이유가 있어야 한다(대판 2012.12.13, 2011다69770). [19 법원직, 18 법무사]

④ [○] 상인은 수인의 지배인에게 공동으로 대리권을 행사하게 할 수 있고, 공동지배인 중 1인에 대한 의사표시는 영업주에 대하여 유효하다(제12조 제1항·제2항). [14·17·19 법원직, 04·05·08·13·14·16 법무사]

정답 ③

---

16 상법상 상업사용인에 관한 설명으로 옳은 것은? 18 공인회계사

① A가 운영하는 전기제품 판매점의 점원인 B가 그 판매점에서 외상으로 제품을 구매하였던 C의 사무실을 찾아가 A의 허락없이 C로부터 외상대금을 수령한 경우 C의 B에 대한 외상대금의 변제행위는 유효하다.

② 영업주로부터 지배인으로 선임된 A가 지배인 선임등기가 이루어지기 전에 B와 영업주의 영업상 거래를 한 경우 A와 B의 거래행위의 효력은 영업주에게 미친다.

③ 甲회사의 공동지배인 A, B, C는 D와 물품매매계약을 체결하고 계약금을 공동으로 수령한 후 1개월 뒤 D가 B에게만 잔금을 지급하였다면 甲회사에 대해서는 잔금지급의 효력이 인정되지 않는다.

④ 상업사용인은 영업주의 허락이 없어도 다른 회사의 무한책임사원이나 이사가 될 수 있다.

⑤ 영업의 특정한 종류 또는 특정한 사항에 대한 위임을 받은 사용인은 이에 관한 재판상 또는 재판 외의 모든 행위를 할 수 있다.

해설

① [×] 물건을 판매하는 점포의 사용인은 그 판매에 관한 모든 권한이 있는 것으로 본다(제16조 제1항). 물건판매점포의 사용인에게는 점포 내에서의 판매대금 수령, 판매가격 할인, 물건 교환에 대한 권한이 인정된다. 다만, 점포 외에서의 대금 수령권한은 인정되지 않는다. 지문의 경우, B는 A의 물건판매점포의 사용인에 해당한다. 따라서 B에게는 점포 외에서의 대금 수령권한이 인정되지 않기 때문에 C의 사무실에서 C가 B에게 대금을 변제한 행위는 무효이다.　　　　[18 공인회계사]

② [O] 지배인 관련 등기는 효력요건이 아니라 대항요건이므로(제37조 제1항), 지배인의 선임과 그 대리권의 소멸의 효력은 해당 사유 발생시점에 발생한다. 지문의 경우 영업주로부터 지배인으로 선임된 A는 선임된 시점에 영업주의 지배인의 권한이 부여된다. 따라서 지배인 선임등기가 이루어지기 전에 A가 B와 영업주의 영업상 거래를 한 경우 그러한 거래행위의 효력은 영업주에게 영향을 미친다.　　　　[18 공인회계사]

③ [×] 상인은 수인의 지배인에게 공동으로 대리권을 행사하게 할 수 있고(제12조 제1항), 공동지배인 중 1인에 대한 의사표시는 영업주에 대하여 유효하다(제12조 제2항). 지문의 경우 D가 공동지배인 중 1인인 B에게 잔금을 지급하였다면 甲회사에 대해서는 잔금지급의 효력이 인정된다.　　　　[14·17·19 법원직, 04·05·08·13·14·16 법무사, 18·19 공인회계사]

④ [×] 상업사용인은 영업주의 허락없이 회사의 무한책임사원, 이사 또는 다른 상인의 사용인이 되지 못한다(제17조 제1항).　　　　[14 법무사, 18·21 공인회계사]

⑤ [×] 영업의 특정한 종류 또는 특정한 사항에 대한 위임을 받은 사용인은 이에 관한 재판 외의 모든 행위를 할 수 있다(제15조 제1항).　　　　[08·09·14 법원직, 20 법무사, 18·20 공인회계사]

정답 ②

17 상업사용인에 관한 다음 설명 중 가장 옳지 않은 것은?　　　　16 법원직

① 본점 또는 지점의 본부장, 지점장, 그 밖에 지배인으로 인정될 만한 명칭을 사용하는 자는 본점 또는 지점의 재판상 행위 및 재판 외의 행위에 대하여 지배인과 동일한 권한이 있는 것으로 본다.

② 지배인은 영업주에 갈음하여 그 영업에 관한 재판상 또는 재판 외의 모든 행위를 할 수 있다.

③ 영업의 특정한 종류 또는 특정한 사항에 대한 위임을 받은 사용인은 이에 관한 재판 외의 모든 행위를 할 수 있다.

④ 물건을 판매하는 점포의 사용인은 그 판매에 관한 모든 권한이 있는 것으로 본다. 하지만 상대방이 악의인 경우에는 그러하지 아니하다.

해설

① [×] 본점 또는 지점의 본부장, 지점장, 그 밖에 지배인으로 인정될 만한 명칭을 사용하는 자는 본점 또는 지점의 지배인과 동일한 권한이 있는 것으로 본다. 다만, 재판상 행위에 관하여는 그러하지 아니하다(제14조 제1항).　　　　[07·09·10·16·18 법원직, 04·05·08·13·18 법무사, 21 공인회계사]

② [O] 지배인은 영업주에 갈음하여 그 영업에 관한 재판상 또는 재판 외의 모든 행위를 할 수 있다(제11조 제1항).　　　　[09·16·17·20 법원직, 06·08·11·13·14 법무사, 17 공인회계사]

③ [O] 영업의 특정한 종류 또는 특정한 사항에 대한 위임을 받은 사용인은 이에 관한 재판 외의 모든 행위를 할 수 있다(제15조 제1항).　　　　[08·09·14·16 법원직, 20 법무사, 18·20 공인회계사]

④ [O] 물건을 판매하는 점포의 사용인은 그 판매에 관한 모든 권한이 있는 것으로 본다. 상대방이 악의인 경우에는 그러하지 아니한다(제16조 제1항·제2항).　　　　[14·16 법원직]

정답 ①

18 상업사용인에 관한 다음 설명 중 가장 옳지 않은 것은? (다툼이 있는 경우 판례에 의함)　　16 법무사

① 지배인은 자연인이어야 하지만, 반드시 행위능력자임을 요하지 아니하며, 주식회사나 유한회사의 감사도 지배인이 될 수 있다.

② 상인이 수인의 지배인에게 공동으로 대리권을 행사하게 하는 경우에 지배인 1인에 대한 의사표시는 영업주에 대하여 효력이 있다.

③ 표현지배인이 성립하려면 사용인이 상법상의 영업소로서의 실체를 가지고 어느 정도 독립적인 영업활동을 할 수 있는 곳에서 근무할 것을 요하고, 단순히 본점 또는 지점의 지휘·감독 아래 기계적으로 제한된 보조적 사무만을 처리하는 영업소는 해당되지 아니한다.

④ 부분적 포괄대리권을 가진 사용인에 해당하기 위해서는 그 업무 내용에 영업주를 대리하여 법률행위를 하는 것이 당연히 포함되어 있어야 한다.

⑤ 영업주가 상업사용인에게 개입권 또는 이득양도청구권을 행사한 이후에도 사용인에 대한 계약의 해지나 손해배상청구를 할 수 있다.

해설

① [×] 지배인은 의사능력을 갖춘 자연인이어야 하고, 반드시 행위능력자임을 요하지 아니하며, 직무의 성질상 감사와의 겸임은 허용되지 않지만, 업무집행사원이나 이사는 지배인을 겸할 수 있다.　　[07 법원직, 05·13·16 법무사, 16 공인회계사]

② [○] 상인은 수인의 지배인에게 공동으로 대리권을 행사하게 할 수 있고, 공동지배인 중 1인에 대한 의사표시는 영업주에 대하여 유효하다(제12조 제1항·제2항).　　[14·17·19 법원직, 04·05·08·13·14·16 법무사, 18·19 공인회계사]

③ [○] 표현지배인 조항을 적용하려면 당해 사용인의 근무장소가 상법상의 영업소인 본점 또는 지점의 실체를 가지고 어느 정도 독립적으로 영업활동을 할 수 있어야 한다. 단순히 본·지점의 지휘·감독 아래 기계적으로 제한된 보조적 사무만을 처리하는 것으로밖에 볼 수 없는 경우, 상법상의 영업소인 본점·지점에 준하는 영업장소라고 볼 수 없어 표현지배인이라고 볼 수 없다(대판 1978.12.13, 78다1567).　　[16·18 법무사]

④ [○] 부분적 포괄대리권을 가진 사용인은 영업의 특정한 종류 또는 특정한 사항에 관한 재판 외의 모든 행위를 할 수 있는 대리권을 가진 상업사용인을 말하므로, 사용인의 업무 내용에 영업주를 대리하여 법률행위를 하는 것이 당연히 포함되어 있어야 한다(대판 2007.8.23, 2007다23425).　　[16·20 법무사, 18 변호사]

⑤ [○] 상업사용인이 경업금지 규정에 위반하여 거래를 한 경우에 그 거래가 자기의 계산으로 한 것인 때에는 영업주는 이를 영업주의 계산으로 한 것으로 볼 수 있고 제3자의 계산으로 한 것인 때에는 영업주는 사용인에 대하여 이로 인한 이득의 양도를 청구할 수 있다(제17조 제2항). 위 규정은 영업주로부터 사용인에 대한 계약의 해지 또는 손해배상의 청구에 영향을 미치지 아니한다(제17조 제3항).　　[03·16 법무사]

정답 ①

19 상법상 상업사용인에 관한 설명 중 가장 옳지 않은 것은? (다툼이 있는 경우 통설·판례에 의함)

14 법원직

① 지배인은 지배인이 아닌 점원 기타 사용인을 해임할 수 있다.

② 영업의 특정한 종류 또는 특정한 사항에 대한 위임을 받은 사용인은 그 특정한 종류 또는 특정한 사항에 관하여 재판상 또는 재판 외의 모든 행위를 할 수 있다.

③ 물건을 판매하는 점포의 사용인은 그 판매에 관한 모든 권한이 있는 것으로 본다. 다만, 상대방이 악의인 경우에는 그러하지 아니하다.

④ 상인은 수인의 지배인에게 공동으로 대리권을 행사하게 할 수 있고, 그 경우 지배인 1인에 대한 의사표시는 영업주에 대하여 그 효력이 있다.

해설

① [O] 지배인은 지배인이 아닌 점원 기타 사용인을 선임 또는 해임할 수 있다(제11조 제2항). [14 법원직]
② [×] 영업의 특정한 종류 또는 특정한 사항에 대한 위임을 받은 사용인은 이에 관한 재판 외의 모든 행위를 할 수 있다(제15조 제1항). [08·09·14·16 법원직, 20 법무사, 18·20 공인회계사]
③ [O] 물건을 판매하는 점포의 사용인은 그 판매에 관한 모든 권한이 있는 것으로 본다. 상대방이 악의인 경우에는 그러하지 아니한다(제16조 제1항·제2항). [14·16 법원직]
④ [O] 상인은 수인의 지배인에게 공동으로 대리권을 행사하게 할 수 있고, 공동지배인 중 1인에 대한 의사표시는 영업주에 대하여 유효하다(제12조 제1항·제2항). [14·17·19 법원직, 04·05·08·13·14·16 법무사, 18·19 공인회계사]

정답 ②

---

20 상법상 상업사용인에 관한 설명으로 옳은 것은? 14 공인회계사

① 상업사용인은 영업주의 허락없이 다른 합자회사의 유한책임사원이 될 수 없다.
② 상업사용인이 경업금지의무를 위반하여 제3자와 거래를 한 경우에 그 거래는 제3자의 선의·악의를 불문하고 유효하다.
③ 물건판매점포사용인은 다른 상업사용인과 마찬가지로 법률행위에 대한 대리권의 수여행위가 있어야 한다.
④ 합명회사의 경우, 지배인의 선임과 해임은 정관에 다른 정함이 없으면 총사원 전원의 동의가 있어야 한다.
⑤ 지배인의 대리권에 대한 제한을 등기하면 선의의 제3자에게 대항할 수 있다.

해설

① [×] 상업사용인은 영업주의 허락없이 자기 또는 제삼자의 계산으로 영업주의 영업부류에 속한 거래를 하거나 회사의 무한책임사원, 이사 또는 다른 상인의 사용인이 되지 못한다(제17조 제1항). 따라서 상업사용인은 익명조합의 조합원, 합자조합의 유한책임조합원, 주식회사 주주, 합자회사의 유한책임사원, 유한회사와 유한책임회사의 사원이 될 수 있다. [14 법무사, 14 공인회계사]
② [O] 상업사용인이 경업금지의무를 위반하여 제3자와 거래를 한 경우, 영업주는 상업사용인에게 개입권 또는 이득양도청구권을 행사할 수 있다. 이와 별도로 영업주는 상업사용인과의 계약을 해지하거나 손해배상을 청구할 수 있다(제17조 제3항). 이러한 경업금지의무 위반의 경우에도 상업사용인과 상대방 사이의 거래는 여전히 유효하다. [14 공인회계사]
③ [×] 물건을 판매하는 점포의 사용인은 그 판매에 관한 모든 권한이 있는 것으로 본다(제16조 제1항). 물건판매점포의 사용인에 대해서는 상법에 의하여 대리권이 주어지므로 영업주가 대리권을 부여하지 않은 경우에도 권한이 인정된다. 따라서 영업주의 대리권 수여행위가 있어야 하는 것은 아니다. [14 공인회계사]
④ [×] 합명회사의 경우, 지배인의 선임과 해임은 정관에 다른 정함이 없으면 업무집행사원이 있는 경우에도 총사원 과반수의 결의에 의하여야 한다(제203조). [14 공인회계사]
⑤ [×] 지배인의 대리권에 대한 제한은 선의의 제3자에게 대항하지 못한다(제11조 제3항). 따라서 지배인의 대리권에 대한 제한을 등기하였다 할지라도 선의의 제3자에게 대항하지 못한다. [14 공인회계사]

정답 ②

21 상업사용인에 관한 다음 설명으로 가장 옳지 않은 것은?   09 법원직

① 지배인은 영업주에 갈음하여 그 영업에 관한 재판상 또는 재판 외의 모든 행위를 할 수 있다.

② 본점 또는 지점의 영업주임 기타 유사한 명칭을 가진 사용인은 본점 또는 지점의 지배인과 동일한 권한이 있으므로 그 영업에 관한 재판상 또는 재판 외의 모든 행위를 할 수 있다.

③ 영업의 특정한 종류 또는 특정한 사항에 대한 위임을 받은 사용인은 이에 관한 재판 외의 모든 행위를 할 수 있다.

④ 상업사용인이 영업주의 허락없이 자기의 계산으로 영업주의 영업부류에 속한 거래를 한 경우에는 영업주는 이를 영업주의 계산으로 한 것으로 볼 수 있다.

해설

① [O] 지배인은 영업주에 갈음하여 그 영업에 관한 재판상 또는 재판 외의 모든 행위를 할 수 있다(제11조 제1항).
[09 · 16 · 17 · 20 법원직, 06 · 08 · 11 · 13 · 14 법무사, 17 공인회계사]

② [×] 본점 또는 지점의 본부장, 지점장, 그 밖에 지배인으로 인정될 만한 명칭을 사용하는 자는 본점 또는 지점의 지배인과 동일한 권한이 있는 것으로 본다. 다만, 재판상 행위에 관하여는 그러하지 아니하다(제14조 제1항).
[07 · 09 · 10 · 16 · 18 법원직, 04 · 05 · 08 · 13 · 18 법무사, 16 · 21 공인회계사]

③ [O] 영업의 특정한 종류 또는 특정한 사항에 대한 위임을 받은 사용인은 이에 관한 재판 외의 모든 행위를 할 수 있다(제15조 제1항).
[08 · 09 · 14 · 16 법원직, 20 법무사, 18 · 20 공인회계사]

④ [O] 상업사용인이 경업금지 규정에 위반하여 거래를 한 경우에 그 거래가 자기의 계산으로 한 것인 때에는 영업주는 이를 영업주의 계산으로 한 것으로 볼 수 있고, 제3자의 계산으로 한 것인 때에는 영업주는 사용인에 대하여 이로 인한 이득의 양도를 청구할 수 있다(제17조 제2항).
[07 · 09 법원직, 03 · 13 · 14 법무사, 16 · 19 · 20 공인회계사]

정답 ②

---

22 다음은 대법원의 판결(결정)례들이다. 그 내용이 잘못된 것은?   09 법원직

① 당사자 쌍방에 대하여 모두 상행위가 되는 행위로 인한 채권뿐만 아니라 당사자 일방에 대하여만 상행위에 해당하는 행위로 인한 채권도 상법 제64조에서 정한 5년의 소멸시효기간이 적용되는 상사채권에 해당한다.

② 변호사는 상법 제5조 제1항이 규정하는 '점포 기타 유사한 설비에 의하여 상인적 방법으로 영업을 하는 자'로서 의제상인에 해당한다.

③ 부분적 포괄대리권을 가진 사용인의 경우에는 표현지배인에 관한 상법 제14조의 규정이 유추적용되지 않는다.

④ 지배인의 행위가 영업주의 영업에 관한 것인가의 여부는 지배인의 행위 당시의 주관적인 의사와는 관계없이 그 행위의 객관적 성질에 따라 추상적으로 판단하여야 한다.

해설

① [O] 당사자 쌍방에 대하여 모두 상행위가 되는 행위로 인한 채권뿐만 아니라 당사자 일방에 대하여만 상행위에 해당하는 행위로 인한 채권도 상법 제64조 소정의 5년의 소멸시효기간이 적용되는 상사채권에 해당하고, 그 상행위에는 상법 제46조 각 호에 해당하는 기본적 상행위뿐만 아니라, 상인이 영업을 위하여 하는 보조적 상행위도 포함된다(대판 2018.6.15, 2018다10920).
[09 · 21 법원직, 10 · 13 · 16 · 19 · 20 법무사]

② [×] 변호사는 상법 제5조 제1항에 규정된 상인적 방법에 의하여 영업을 하는 자로 볼 수 없으므로, 변호사는 의제상인에 해당하지 않는다(대결 2007.7.26, 2006마334).
[08 · 09 · 11 · 13 · 17 · 20 법원직, 13 · 16 · 17 법무사]

③ [O] 부분적 포괄대리권을 가진 사용인이 아닌 사용인이 그러한 사용인과 유사한 명칭을 사용하여 법률행위를 한 경우 그 거래상대방은 민법 제125조의 표현대리나 민법 제756조의 사용자책임 등의 규정에 의하여 보호될 수 있으므로, 부분적 포괄대리권을 가진 사용인의 경우에도 표현지배인에 관한 상법 제14조의 규정이 유추적용되어야 한다고 할 수는 없다(대판 2007.8.23, 2007다23425). [08·09·19 법원직, 18 법무사, 15 변호사]

④ [O] 지배인의 행위가 영업주의 영업에 관한 것인가의 여부는 지배인의 행위 당시의 주관적인 의사와는 관계없이 그 행위의 객관적 성질에 따라 추상적으로 판단한다(대판 1998.8.21, 97다6704). [09·20 법원직, 11 법무사, 17 공인회계사]

정답 ②

---

23 다음 중 부분적 포괄대리권을 가진 상업사용인에 관하여 가장 옳은 것은? (다툼이 있는 경우 판례에 의함)

08 법원직

① 영업의 특정한 종류 또는 특정한 사항에 대한 위임을 받은 사용인은 이에 관한 재판상 또는 재판 외의 모든 행위를 할 수 있다.

② 주식회사의 기관인 상무이사는 상법 제15조 소정의 부분적 포괄대리권을 가지는 그 회사의 사용인을 겸임할 수 있다.

③ 부분적 포괄대리권을 가진 상업사용인이 특정된 영업이나 특정된 사항에 속하지 아니하는 행위를 한 경우 표현지배인에 관한 상법 제14조가 유추적용된다.

④ 전산개발장비 구매와 관련된 실무를 총괄하는 상업사용인의 지위에 있는 자는 회사에 새로운 채무부담을 발생시키는 지급보증행위를 할 권한이 있다.

해설

① [×] 영업의 특정한 종류 또는 특정한 사항에 대한 위임을 받은 사용인은 이에 관한 재판 외의 모든 행위를 할 수 있다(제15조 제1항). [08·09·14·16 법원직, 20 법무사, 18·20 공인회계사]

② [O] 주식회사의 기관인 상무이사도 상법 제15조 소정의 부분적 포괄대리권을 가지는 사용인을 겸임할 수 있다(대판 1996.8.23, 95다39472). [08 법원직]

③ [×] 부분적 포괄대리권을 가진 사용인이 아닌 사용인이 그러한 사용인과 유사한 명칭을 사용하여 법률행위를 한 경우 그 거래상대방은 민법 제125조의 표현대리나 민법 제756조의 사용자책임 등의 규정에 의하여 보호될 수 있으므로, 부분적 포괄대리권을 가진 사용인의 경우에도 표현지배인에 관한 상법 제14조의 규정이 유추적용되어야 한다고 할 수는 없다(대판 2007.8.23, 2007다23425). [08·09·19 법원직, 18 법무사, 15 변호사]

④ [×] 전산개발장비 구매와 관련된 실무를 총괄하는 상업사용인의 지위에 있는 자가 회사에 새로운 채무부담을 발생시키는 지급보증행위를 하는 것은 부분적 포괄대리권을 가진 상업사용인의 권한에 속하지 아니한다(대판 2006.6.15, 2006다 13117). [08 법원직]

정답 ②

24 상업사용인과 상행위에 관한 설명 중 옳지 않은 것은? (다툼이 있는 경우 판례에 의함)

① 상법 제69조 제1항은 민법상의 매도인의 담보책임에 대한 특칙으로 전문적 지식을 가진 매수인에게 신속한 검사와 통지의 의무를 부과함으로써 상거래를 신속하게 결말짓도록 하기 위한 규정으로서 그 성질상 강행규정으로 보아야 한다.

② 지배인이 영업주 명의로 한 어음행위는 객관적으로 영업에 관한 행위로서 지배인의 대리권의 범위에 속하는 행위라 할 것이므로 지배인이 개인적 목적을 위하여 어음행위를 한 경우에도 그 행위의 효력은 영업주에게 미친다 할 것이고, 이러한 법리는 표현지배인의 경우에도 동일하다.

③ 부분적 포괄대리권을 가진 사용인의 경우에는 표현지배인에 관한 상법 제14조의 규정이 유추적용되어야 한다고 할 수 없다.

④ 어떠한 자가 자기명의로 상행위를 함으로써 상인 자격을 취득하고자 준비행위를 하는 것이 아니라 다른 상인의 영업을 위한 준비행위를 하는 것에 불과하다면, 그 행위는 그 행위를 한 자의 보조적 상행위가 될 수 없다.

⑤ 위탁매매에 있어서 위탁물의 소유권은 위탁자와 위탁매매인 또는 위탁매매인의 채권자간의 관계에서는 위탁자에게 귀속한다 할 것이므로, 특별한 사정이 없는 한 위탁매매인이 그 판매대금을 임의로 사용·소비한 때에는 횡령죄가 성립한다.

해설

① [×] 상법 제69조 제1항은 민법상의 매도인의 담보책임에 대한 특칙으로 전문적 지식을 가진 매수인에게 신속한 검사와 통지의 의무를 부과함으로써 상거래를 신속하게 결말짓도록 하기 위한 규정으로서 그 성질상 임의규정으로 보아야 할 것이고 따라서 당사자간의 약정에 의하여 이와 달리 정할 수 있다(대판 2008.5.15, 2008다3671). 이러한 판례에 의하면 상법 제69조 제1항은 임의규정이다.
[20 법원직, 15 변호사]

② [○] 지배인의 행위가 영업주의 영업에 관한 것인가의 여부는 지배인의 행위 당시의 주관적인 의사와는 관계없이 행위의 객관적 성질에 따라 추상적으로 판단하여야 하므로, 지배인이 영업주 명의로 한 어음행위는 객관적으로 영업에 관한 행위로서 지배인의 대리권의 범위에 속하는 행위이므로 지배인이 개인적 목적을 위하여 어음행위를 한 경우에도 그 행위의 효력은 영업주에게 미치고, 이러한 법리는 표현지배인의 경우에도 동일하다(대판 1998.8.21, 97다6704).
[18 법무사, 15 변호사]

③ [○] 부분적 포괄대리권을 가진 사용인에 대해서는 상법이 표현적 명칭에 대한 상대방의 신뢰를 보호하는 규정을 두고 있지 않은데, 지배인과 같은 정도의 획일적·정형적인 대리권을 갖지도 않는 부분적 포괄대리권을 가진 사용인에 대해서까지 상대방의 신뢰를 무조건적으로 보호한다는 것은 오히려 영업주의 책임을 지나치게 확대하는 것이 될 우려가 있으며, 부분적 포괄대리권을 가진 사용인에 해당하지 않는 사용인이 그러한 사용인과 유사한 명칭을 사용하여 법률행위를 한 경우 그 거래 상대방은 민법 제125조의 표현대리나 민법 제756조의 사용자책임 등의 규정에 의하여 보호될 수 있다고 할 것이므로, 부분적 포괄대리권을 가진 사용인의 경우에도 표현지배인에 관한 상법 제14조의 규정이 유추적용되어야 한다고 할 수는 없다(대판 2007.8.23, 2007다23425).
[08·09·19 법원직, 18 법무사, 15 변호사]

④ [○] 영업을 준비하는 행위가 보조적 상행위로서 상법의 적용을 받기 위해서는 행위를 하는 자 스스로 상인자격을 취득하는 것을 당연한 전제로 하므로, 어떠한 자가 다른 상인의 영업을 위한 준비행위를 하는 경우, 그 행위는 행위를 한 자의 보조적 상행위가 될 수 없다. 회사 설립을 위하여 개인이 한 행위는 그것이 설립 중 회사의 행위로 인정되어 장래 설립될 회사에 효력이 미쳐 회사의 보조적 상행위가 될 수 있는지는 별론으로 하고, 장래 설립될 회사가 상인이라는 이유만으로 당연히 개인의 상행위가 되어 상법 규정이 적용된다고 볼 수 없다(대판 2012.7.26, 2011다43594).
[20 법원직, 18 법무사, 15·18 변호사]

⑤ [○] 위탁매매인이 위탁자로부터 받은 물건 등이나 위탁매매로 인하여 취득한 물건 등은 위탁자와 위탁매매인 또는 위탁매매인의 채권자간의 관계에서는 이를 위탁자의 소유로 본다(제103조). 판례는 "위탁판매에 있어서는 위탁품의 소유권은 위임자에게 속하고 그 판매대금은 다른 특약이나 특별한 사정이 없는 한 이를 수령함과 동시에 위탁자에 귀속한다 할 것이므로 위탁매매인이 이를 사용, 소비한 때에는 횡령죄가 성립한다."고 판시하고 있다(대판 1982.2.23, 81도2619).
[15·16 변호사]

정답 ①

25 상법상 상업사용인에 관한 설명으로 옳은 것은?

① 지배인은 영업주의 허락없이 영업주를 위하여 다른 영업을 양수하고 그 영업의 지배인을 선임할 수 있다.

② 회사가 구매부장의 구매업무에 관한 대리권을 제한하더라도 이로써 선의의 제3자에게 대항하지 못한다.

③ 표현지배인은 재판 외의 행위뿐만 아니라 재판상의 모든 행위에 관하여도 그 영업소의 지배인과 동일한 권한을 가진다.

④ 영업주는 상업사용인이 경업금지의무를 위반하여 한 거래행위가 제3자의 계산으로 한 경우 제3자에 대하여 그가 얻은 이득의 양도를 청구할 수 있다.

⑤ 주식회사의 지배인은 당해 회사의 감사의 직무를 겸할 수 있으며, 지배인은 의사능력을 갖춘 자연인이어야 한다.

해설

① [×] 지배인은 지배인이 아닌 점원 기타 사용인을 선임 또는 해임할 수 있다(제11조 제2항). 따라서 지배인은 다른 지배인을 선임할 수 없다.
[07 법원직, 05·13·16 법무사, 16 공인회계사]

② [○] 부분적 포괄대리권을 가진 사용인의 대리권에 대한 제한은 선의의 제3자에게 대항하지 못한다(제15조 제2항). 구매부장은 회사의 구매업무에 관한 포괄대리권을 가진 상업사용인에 해당한다. 따라서 회사가 구매부장의 구매업무에 관한 대리권을 제한하더라도 이로써 선의의 제3자에게 대항하지 못한다.
[18 법원직, 08 법무사, 16·17 공인회계사]

③ [×] 표현지배인이란 지배인이 아님에도 본점 또는 지점의 본부장, 지점장 등 지배인으로 인정될 만한 명칭을 사용하는 자를 말한다. 본점 또는 지점의 본부장, 지점장, 그 밖에 지배인으로 인정될 만한 명칭을 사용하는 자는 본점 또는 지점의 지배인과 동일한 권한이 있는 것으로 본다. 다만, 재판상 행위에 관하여는 그러하지 아니하다(제14조 제1항).
[07·09·10·16·18 법원직, 04·05·08·13·18 법무사, 16·21 공인회계사]

④ [×] 영업주는 그 거래가 상업사용인의 계산으로 한 것인 때에는 이를 영업주의 계산으로 한 것으로 볼 수 있고, 제3자의 계산으로 한 것인 때에는 영업주는 사용인에 대하여 이로 인한 이득의 양도를 청구할 수 있다(제17조 제2항).
[07·09 법원직, 03·13·14 법무사, 16·19·20 공인회계사]

⑤ [×] 지배인은 의사능력을 갖춘 자연인이어야 하고, 반드시 행위능력자임을 요하지 아니하며, 직무의 성질상 감사와의 겸임은 허용되지 않지만, 업무집행사원이나 이사는 지배인을 겸할 수 있다.
[07 법원직, 05·13·16 법무사, 16 공인회계사]

정답 ②

26 상법상 상인과 상업사용인에 관한 설명으로 틀린 것은?

① 자기명의로 상법 제46조의 기본적 상행위를 하는 자는 당연상인이다.

② 회사는 상행위를 하지 아니하더라도 상인으로 본다.

③ 회사가 아닌 자본금액 1천만원 미만의 상인에 대해서는 지배인, 상호, 상업등기와 상업장부에 관한 규정을 적용하지 아니한다.

④ 거래상대방이 영업주에게 하는 의사표시는 공동지배인 모두에게 하여야 영업주에게 효력이 있다.

⑤ 영업주는 상업사용인이 경업금지의무를 위반한 경우 개입권을 행사할 수 있고, 사용인에 대하여 계약의 해지 또는 손해배상청구를 할 수 있다.

해설

① [O] 상법 제4조에서는 당연상인을 '자기명의로 상행위를 하는 자'라고 규정하고 있다. 또한, 동법 제46조에서는 기본적 상행위를 '영업으로 하는 행위'라고 규정하고 있다. 따라서 자기명의로 상법 제46조의 기본적 상행위를 하는 자는 당연상인이다.
[19 공인회계사]

② [O] 회사는 상행위를 하지 아니하더라도 상인으로 본다(제5조 제2항).   [11·16·17 법원직, 13·16·18 법무사, 19 공인회계사]

③ [O] 자본금액 1천만원 미만의 상인으로서 회사가 아닌 자를 소상인이라 한다(시행령 제2조). 지배인, 상호, 상업장부와 상업등기에 관한 규정은 소상인에게 적용하지 않는다(제9조).
[08·12 법원직, 06·09·13·16·17·18 법무사, 12·19 변호사, 19·21 공인회계사]

④ [X] 상인은 수인의 지배인에게 공동으로 대리권을 행사하게 할 수 있고, 공동지배인 중 1인에 대한 의사표시는 영업주에 대하여 유효하다(제12조 제1항·제2항).   [14·17·19 법원직, 04·05·08·13·14·16 법무사, 19 공인회계사]

⑤ [O] 영업주는 그 거래가 상업사용인의 계산으로 한 것인 때에는 이를 영업주의 계산으로 한 것으로 볼 수 있고, 제3자의 계산으로 한 것인 때에는 영업주는 사용인에 대하여 이로 인한 이득의 양도를 청구할 수 있다(제17조 제2항). 이를 개입권이라 한다. 영업주가 개입권을 행사한 경우에도 영업주는 사용인에 대한 계약의 해지 또는 손해배상의 청구를 할 수 있다(제17조 제3항).   [07·09 법원직, 03·13·14·16 법무사, 19·20 공인회계사]

정답 ④

27 상법상 상업사용인에 관한 설명으로 틀린 것은?

① 상업사용인은 영업주의 허락없이 자기 또는 제3자의 계산으로 영업주의 영업부류에 속한 거래를 하지 못한다.

② 상인이 수인의 지배인에게 공동으로 대리권을 행사하게 한 경우 및 이를 변경한 경우에는 그 사항을 등기하여야 한다.

③ 상업사용인이 경업금지의무를 위반하여 거래를 한 경우, 그 거래가 제3자의 계산으로 한 것인 때에는 영업주는 그 제3자에 대하여 그 거래로 취득한 이득의 양도를 청구할 수 있다.

④ 영업의 특정한 종류 또는 특정한 사항에 대한 위임을 받은 사용인은 이에 관한 재판 외의 모든 행위를 할 수 있다.

⑤ 부분적 포괄대리권을 가진 사용인의 대리권에 대한 제한은 선의의 제3자에게 대항하지 못한다.

① [O] 상업사용인은 영업주의 허락없이 자기 또는 제삼자의 계산으로 영업주의 영업부류에 속한 거래를 하지 못한다(제17조 제1항).   [03 법무사, 17 · 20 공인회계사]

② [O] 상인은 수인의 지배인에게 공동으로 대리권을 행사하게 할 수 있다(제12조 제1항). 상인은 공동지배인의 선임과 그 변경에 관하여 그 공동지배인을 둔 본점 또는 지점소재지에서 등기하여야 한다(제13조).   [20 공인회계사]

③ [×] 상업사용인이 경업금지의무를 위반하여 거래를 한 경우, 그 거래가 자기의 계산으로 한 것인 때에는 영업주는 이를 영업주의 계산으로 한 것으로 볼 수 있고, 제3자의 계산으로 한 것인 때에는 영업주는 사용인에 대하여 이로 인한 이득의 양도를 청구할 수 있다(제17조 제2항). 지문의 경우 거래가 제3자의 계산으로 한 것이므로 영업주는 제3자가 아닌 사용인에 대하여 그 거래로 취득한 이득의 양도를 청구할 수 있다.   [07 · 09 법원직, 03 · 13 · 14 법무사, 20 공인회계사]

④ [O] 영업의 특정한 종류 또는 특정한 사항에 대한 위임을 받은 사용인은 이에 관한 재판 외의 모든 행위를 할 수 있다(제15조 제1항).   [08 · 09 · 14 · 16 법원직, 20 법무사, 20 공인회계사]

⑤ [O] 부분적 포괄대리권을 가진 사용인의 대리권에 대한 제한은 선의의 제3자에게 대항하지 못한다(제15조 제2항).   [20 공인회계사]

정답 ③

---

28 상업사용인의 경업피지의무(競業避止義務)와 관련된 다음의 설명 중 가장 잘못된 것은?   03 법무사

① 상업사용인은 영업주의 허락이 없으면 자기 또는 제3자의 계산으로 영업주의 영업부류에 속한 거래를 하지 못한다.

② 상업사용인이 영업주의 허락없이 영업주의 영업부류에 속한 거래를 자기의 계산으로 한 때에는 영업주는 이를 영업주의 계산으로 한 것으로 볼 수 있다.

③ 상업사용인이 영업주의 허락없이 영업주의 영업부류에 속한 거래를 제3자의 계산으로 한 때에는 영업주는 사용인에 대하여 이로 인한 이득의 양도를 청구할 수 있다.

④ 영업주의 사용인에 대한 개입권 또는 이득양도청구권은 영업주가 그 거래를 안 날로부터 2주간을 경과하거나 그 거래가 있은 날로부터 1년을 경과하면 소멸한다.

⑤ 영업주가 사용인에 대하여 개입권 또는 이득양도청구권을 행사한 후에는 별도로 사용인에 대하여 손해배상청구를 하지 못한다.

해설

① [O] 상업사용인은 영업주의 허락없이 자기 또는 제삼자의 계산으로 영업주의 영업부류에 속한 거래를 하지 못한다(제17조 제1항).   [03 법무사, 17 · 20 공인회계사]

② [O] ③ [O] 상업사용인이 경업금지 규정에 위반하여 거래를 한 경우에 그 거래가 자기의 계산으로 한 것인 때에는 영업주는 이를 영업주의 계산으로 한 것으로 볼 수 있고, 제3자의 계산으로 한 것인 때에는 영업주는 사용인에 대하여 이로 인한 이득의 양도를 청구할 수 있다(제17조 제2항).   [07 · 09 법원직, 03 · 13 · 14 법무사, 16 · 19 · 20 공인회계사]

④ [O] 개입권은 영업주가 그 거래를 안 날로부터 2주간을 경과하거나 그 거래가 있은 날로부터 1년을 경과하면 소멸한다(제17조 제4항).   [03 법무사]

⑤ [×] 영업주가 상업사용인에게 개입권 또는 이득양도청구권을 행사한 이후에도 영업주는 상업사용인과의 계약을 해지하거나 손해배상을 청구할 수 있다(제17조 제3항).   [03 · 16 법무사]

정답 ⑤

제4장 / 상호

01 상법상 상호에 관한 설명으로 옳은 것으로만 묶은 것은?

19 공인회계사

> ㄱ. 회사가 상이한 수개의 영업을 영위하는 경우 단일 상호를 사용할 수 없다.
> ㄴ. 상호를 등기한 자가 정당한 사유 없이 2년간 상호를 사용하지 아니한 때에는 이를 폐지한 것으로 본다.
> ㄷ. 주식회사, 유한회사는 설립시에 상호의 가등기를 신청할 수 있으나, 상호와 목적을 변경할 때에는 상호의 가등기를 신청할 수 없다.
> ㄹ. 명의대여자는 명의차용자인 영업주의 거래상대방이 악의인 경우 이를 입증함으로써 면책될 수 있다.
> ㅁ. 부정한 목적으로 타인의 영업으로 오인할 수 있는 상호를 사용하는 자가 있는 경우 상호를 등기한 자만이 상호의 폐지를 청구할 수 있다.

① ㄱ, ㄴ   ② ㄱ, ㄷ
③ ㄴ, ㄹ   ④ ㄷ, ㅁ
⑤ ㄹ, ㅁ

해설

㉠ [×] 동일한 영업에는 단일상호를 사용하여야 한다(제21조 제1항). 회사의 상호는 회사 자체를 표시하므로, 회사는 여러 영업을 하더라도 하나의 상호만 사용해야 한다. 따라서 회사가 수 개의 영업에 하나의 상호를 사용하는 것은 허용된다.

[19 공인회계사]

㉡ [O] 상호를 등기한 자가 정당한 사유 없이 2년간 상호를 사용하지 않으면 폐지한 것으로 본다(제26조).

[10·14·20 법원직, 06·07·15·16 법무사, 19 공인회계사]

㉢ [×] 유한책임회사, 주식회사 또는 유한회사를 설립하고자 할 때에는 본점의 소재지를 관할하는 등기소에 상호의 가등기를 신청할 수 있다(제22조의2 제1항).   [10·13·19 법원직, 05·08 법무사, 12 변호사, 14·18·19 공인회계사]
회사는 상호나 목적 또는 상호와 목적을 변경하고자 할 때에는 본점의 소재지를 관할하는 등기소에 상호의 가등기를 신청할 수 있다(제22조의2 제2항).   [19 법원직, 08·15·16 법무사, 18·19 공인회계사]

㉣ [O] 명의대여자의 책임은 명의자를 영업주로 오인하여 거래한 제3자를 보호하기 위한 것이므로, 거래 상대방이 명의대여사실을 알았거나 모른 데 대하여 중대한 과실이 있는 때에는 책임을 지지 않는다. 상대방의 악의와 중과실은 면책을 주장하는 명의대여자들이 입증책임을 부담한다(대판 2001.4.13, 2000다10512).

[14·17·20 법원직, 09·13·16·17 법무사, 14·20 변호사, 19 공인회계사]

㉤ [×] 부정한 목적으로 타인의 영업으로 오인할 수 있는 상호를 사용하는 자가 있는 경우 이로 인하여 손해를 받을 염려가 있는 자 또는 상호를 등기한 자는 폐지를 청구할 수 있다(제23조 제2항). 이를 상호전용권이라고 한다.

[09·14·15·18 법원직, 11·15·16·19 법무사, 12·15·19 공인회계사]

정답 ③

02 상호에 관한 다음 설명 중 가장 옳지 않은 것은?

18 법원직

① 타인에게 자기의 성명 또는 상호를 사용하여 영업을 할 것을 허락한 자는 자기를 영업주로 오인하여 거래한 제3자에 대하여 그 타인과 연대하여 변제할 책임이 있다.

② 회사가 아니면 상호에 회사임을 표시하는 문자를 사용하지 못한다. 단, 회사의 영업을 양수한 경우에는 그러하지 아니하다.

③ 상호는 영업을 폐지하거나 영업과 함께 하는 경우에 한하여 이를 양도할 수 있고, 상호의 양도는 등기하지 아니하면 제3자에게 대항하지 못한다.

④ 누구든지 부정한 목적으로 타인의 영업으로 오인할 수 있는 상호를 사용하지 못한다. 이를 위반하여 상호를 사용하는 자가 있다면 이로 인해 손해를 받을 염려가 있는 자 또는 상호를 등기한 자는 그 폐지를 청구할 수 있다.

해설

① [○] 타인에게 자기의 성명 또는 상호를 사용하여 영업을 할 것을 허락한 자는 자기를 영업주로 오인하여 거래한 제3자에 대하여 그 타인과 연대하여 변제할 책임이 있다(제24조). [07 · 09 · 16 · 18 법원직, 13 · 16 · 19 법무사]

② [×] 회사가 아니면 상호에 회사임을 표시하는 문자를 사용하지 못한다. 회사의 영업을 양수한 경우에도 같다(제20조). [14 · 16 · 18 법원직, 05 · 16 · 17 · 20 법무사, 12 변호사, 10 공인회계사]

③ [○] 상호는 영업을 폐지하거나 영업과 함께 하는 경우에 한하여 양도할 수 있다. 상호의 양도는 등기하지 아니하면 제3자(선의, 악의 불문)에게 대항하지 못한다(제25조 제1항 · 제2항). [09 · 13 · 18 법원직, 05 · 07 · 17 법무사, 17 변호사, 20 공인회계사]

④ [○] 누구든지 부정한 목적으로 타인의 영업으로 오인할 수 있는 상호를 사용하지 못한다(제23조 제1항). 부정한 목적으로 타인의 영업으로 오인할 수 있는 상호를 사용하는 자가 있는 경우 이로 인하여 손해를 받을 염려가 있는 자 또는 상호를 등기한 자는 폐지를 청구할 수 있다(제23조 제2항). 이를 상호전용권이라고 한다. [09 · 14 · 15 · 18 법원직, 11 · 15 · 16 · 19 법무사, 12 · 15 · 19 · 20 공인회계사]

정답 ②

03 상법상 상호에 관한 설명으로 옳은 것은? 18 공인회계사

① 개인 상인이 수 개의 영업을 영위하는 경우에도 하나의 상호만을 사용하여야 한다.
② 상인의 상호는 영업내용 및 영업주의 실질과 일치하여야 한다.
③ 동일한 영업에는 단일상호를 사용하여야 하며, 지점의 상호에는 본점과의 종속관계를 표시하여야 한다.
④ 상호를 등기한 자가 정당한 사유 없이 1년간 상호를 사용하지 아니하는 때에는 이를 폐지한 것으로 본다.
⑤ 상인의 상호의 등기 여부는 자유이지만, 등기한 상호에 대해서는 상법에 의한 보호를 받는다.

해설

① [×] 동일한 영업에는 단일상호를 사용하여야 한다(제21조 제1항). 회사는 여러 영업을 하더라도 하나의 상호만 사용해야 한다. 다만, 개인의 경우 독립된 영업별로 다른 상호를 사용하는 것이 가능하며, 수 개의 영업에 하나의 상호를 사용하는 것도 허용된다. 따라서 개인 상인이 수 개의 영업을 하는 경우 반드시 하나의 상호만을 사용하여야 하는 것은 아니다.
[18 · 19 공인회계사]
② [×] 상인은 그 성명 기타의 명칭으로 상호를 정할 수 있다(제18조). 상호의 선정은 자유로이 할 수 있으므로, 상호가 영업내용 및 영업주의 실질과 일치하지 않아도 무방하다.
[18 공인회계사]
③ [O] 동일한 영업에는 단일상호를 사용하여야 한다(제21조 제1항). 지점의 상호에는 본점과의 종속관계를 표시하여야 한다(제21조 제2항).
[12 · 16 법원직, 07 · 17 법무사, 18 · 20 공인회계사]
④ [×] 상호를 등기한 자가 정당한 사유 없이 2년간 상호를 사용하지 않으면 폐지한 것으로 본다(제26조).
[10 · 14 · 20 법원직, 06 · 07 · 15 · 16 법무사, 18 · 19 공인회계사]
⑤ [×] 상호가 등기되지 않은 경우에도 상호폐지청구권의 요건이 갖추어지는 경우 상호폐지청구권을 행사할 수 있다.
[18 공인회계사]

정답 ③

---

04 상호에 관한 다음 설명 중 옳지 않은 것은? 07 법무사

① 회사의 상호에는 그 종류에 따라 합명회사, 합자회사, 주식회사 또는 유한회사의 문자를 사용하여야 한다.
② 회사가 아니면 상호에 회사임을 표시하는 문자를 사용하지 못한다. 회사의 영업을 양수한 경우에도 같다.
③ 지점의 상호에는 본점과의 종속관계를 표시하여야 한다.
④ 상호는 영업을 폐지하거나 영업과 함께 하는 경우에 한하여 이를 양도할 수 있다.
⑤ 상호를 등기한 자가 정당한 사유 없이 3년간 상호를 사용하지 아니하는 때에는 이를 폐지한 것으로 본다.

해설

① [O] 회사의 상호에는 그 종류에 따라 합명회사, 합자회사, 유한책임회사, 주식회사 또는 유한회사의 문자를 사용하여야 한다(제19조).
[09 법원직, 07 · 17 법무사]
② [O] 회사가 아니면 상호에 회사임을 표시하는 문자를 사용하지 못한다. 회사의 영업을 양수한 경우에도 같다(제20조).
[14 · 16 · 18 법원직, 05 · 16 · 17 · 20 법무사, 12 변호사, 10 공인회계사]
③ [O] 동일한 영업에는 단일상호를 사용하여야 하고, 지점의 상호에는 본점과의 종속관계를 표시하여야 한다(제21조).
[12 · 16 법원직, 07 · 17 법무사, 18 · 20 공인회계사]
④ [O] 상호는 영업을 폐지하거나 영업과 함께 하는 경우에 한하여 양도할 수 있다. 상호의 양도는 등기하지 아니하면 제3자(선의, 악의 불문)에게 대항하지 못한다(제25조).
[09 · 12 · 13 · 18 법원직, 05 · 07 · 17 법무사, 17 변호사]
⑤ [×] 상호를 등기한 자가 정당한 사유 없이 2년간 상호를 사용하지 않으면 폐지한 것으로 본다(제26조).
[10 · 14 · 20 법원직, 06 · 07 · 15 · 16 법무사, 12 · 15 · 18 · 19 공인회계사]

정답 ⑤

05 다음 설명 중 타당한 것은 어느 것인가? 06 법무사

① 상인이 선임한 지배인이라도 합의부가 심판하는 사건에서는 소송행위를 할 수 없다.

② 모든 상인은 회계장부 및 대차대조표를 작성하여야 한다.

③ 상관습법은 상법과 민법에 규정이 없는 때에만 적용된다.

④ 상호를 등기한 자가 정당한 사유 없이 2년간 상호를 사용하지 아니한 때에는 이를 폐지한 것으로 본다.

⑤ 서울특별시 서초구에 본점을 둔 상인은 종로구에서 동종영업으로 타인이 등기한 상호를 사용하여도 아무런 문제가 없다.

해설

① [×] 지배인은 영업주에 갈음하여 그 영업에 관한 재판상 또는 재판 외의 모든 행위를 할 수 있다(제11조 제1항).

[09 · 16 · 17 · 20 법원직, 06 · 08 · 11 · 13 · 14 법무사, 17 공인회계사]

② [×] 상인은 영업상의 재산 및 손익의 상황을 명백히 하기 위하여 회계장부 및 대차대조표를 작성하여야 한다(제29조 제1항). 다만, 상법 제9조에서 지배인, 상호, 상업장부와 상업등기에 관한 규정은 소상인에게 적용하지 않는다고 규정되어 있다.

[08 · 12 법원직, 06 · 09 · 13 · 16 · 17 · 18 법무사, 12 · 19 변호사, 19 · 21 공인회계사]

③ [×] 상사에 관하여 상법에 규정이 없으면 상관습법에 의하고, 상관습법이 없으면 민법의 규정에 의한다(제1조).

[06 법무사, 17 공인회계사]

④ [O] 상호를 등기한 자가 정당한 사유 없이 2년간 상호를 사용하지 않으면 폐지한 것으로 본다(제26조).

[10 · 14 · 20 법원직, 06 · 07 · 15 · 16 법무사, 12 · 15 · 18 · 19 공인회계사]

⑤ [×] 타인이 등기한 상호는 동일한 특별시 · 광역시 · 시 · 군에서 동종영업의 상호로 등기하지 못한다(제22조).

[12 법원직, 06 · 08 · 11 법무사]

정답 ④

06 상법상 상호에 관한 다음 설명 중 옳은 것은?

05 법무사

① 합명회사의 영업을 양수한 경우에는 비록 합명회사가 아니더라도 상호에 합명회사임을 표시하는 문자를 사용할 수 있다.

② 합자회사 또는 합명회사를 설립하고자 할 때에는 본점의 소재지를 관할하는 등기소에 상호의 가등기를 신청할 수 있다.

③ 개인 상인이 수 개의 영업을 영위하는 경우에는 그 영업의 수만큼 서로 다른 상호를 선정하여 쓸 수 있지만, 회사의 경우는 수 개의 영업이 있는 때라도 상호는 하나만 사용할 수 있다.

④ 동일한 특별시·광역시·시·군에서 동종영업으로 타인이 등기한 상호를 사용하는 자는 부정한 목적으로 사용하는 것으로 간주한다.

⑤ 영업을 폐지하는 경우에는 상호만 따로 양도하는 것이 허용되지 않는다.

해설

① [×] 회사가 아니면 상호에 회사임을 표시하는 문자를 사용하지 못한다. 회사의 영업을 양수한 경우에도 같다(제20조).
[14·16·18 법원직, 05·16·17·20 법무사, 12 변호사, 10 공인회계사]

② [×] 유한책임회사, 주식회사 또는 유한회사를 설립하고자 할 때에는 본점의 소재지를 관할하는 등기소에 상호의 가등기를 신청할 수 있다(제22조의2 제1항).
[10·13·19 법원직, 05·08 법무사, 12 변호사, 14·18·19 공인회계사]

③ [〇] 회사의 상호는 회사 자체를 표시하므로, 회사는 여러 영업을 하더라도 하나의 상호만 사용해야 한다.
[13 법원직, 05 법무사, 12·17 변호사]

④ [×] 동일한 특별시·광역시·시·군에서 동종영업으로 타인이 등기한 상호를 사용하는 자는 부정한 목적으로 사용하는 것으로 추정한다(제23조 제4항).
[16 법원직, 05·17 법무사, 15 공인회계사]

⑤ [×] 상호는 영업을 폐지하거나 영업과 함께 하는 경우에 한하여 양도할 수 있는데, 영업을 폐지하는 경우 영업과 분리하여 상호만을 양도하는 것이 가능하다(제25조 제1항).
[09·12·13·18 법원직, 05·07·17 법무사, 17 변호사]

정답 ③

---

07 상법상 상호에 관한 설명으로 틀린 것은?

20 공인회계사

① 상인은 그 성명 기타의 명칭으로 상호를 정할 수 있다.

② 회사가 아닌 개인 상인의 경우에는 동일한 영업에 대하여 단일상호를 사용하지 않아도 된다.

③ 누구든지 부정한 목적으로 타인의 영업으로 오인할 수 있는 상호를 사용하지 못한다.

④ 등기된 상호의 경우 상호의 양도는 등기하지 아니하면 제3자에게 대항하지 못한다.

⑤ 상호를 폐지한 경우, 2주간 내에 그 상호를 등기한 자가 폐지의 등기를 하지 아니하는 때에는 이해관계인은 그 등기의 말소를 청구할 수 있다.

해설

① [〇] 상인은 그 성명 기타의 명칭으로 상호를 정할 수 있다(제18조).
[20 공인회계사]

② [×] 동일한 영업에는 단일상호를 사용하여야 한다(제21조 제1항).
[12·16 법원직, 07·17 법무사, 20 공인회계사]

③ [〇] 누구든지 부정한 목적으로 타인의 영업으로 오인할 수 있는 상호를 사용하지 못한다(제23조 제1항). [20 공인회계사]

④ [〇] 상호의 양도는 등기하지 아니하면 제3자(선의, 악의 불문)에게 대항하지 못한다(제25조 제2항).
[09·13·18 법원직, 05·07·17 법무사, 17 변호사, 20 공인회계사]

⑤ [〇] 상호권자가 상호의 변경 또는 폐지 시점으로부터 2주간 내에 변경 또는 폐지의 등기를 하지 않으면, 이해관계인은 그 등기의 말소를 청구할 수 있다(제27조).
[08 법무사, 14·20 공인회계사]

정답 ②

08 상호의 가등기에 관한 다음 설명 중 가장 옳지 않은 것은? 19 법원직

① 주식회사를 설립하고자 할 때에는 본점의 소재지를 관할하는 등기소에 상호의 가등기를 신청할 수 있다.

② 회사는 상호와 목적을 변경하고자 할 때에는 본점의 소재지를 관할하는 등기소에 상호의 가등기를 신청할 수 있다.

③ 회사는 본점을 이전하고자 할 때에 이전할 곳을 관할하는 등기소에 상호의 가등기를 신청할 수 있다.

④ 합자회사를 설립하고자 할 때에는 본점의 소재지를 관할하는 등기소에 상호의 가등기를 신청할 수 있다.

해설

① [○] ④ [×] 유한책임회사, 주식회사 또는 유한회사를 설립하고자 할 때에는 본점의 소재지를 관할하는 등기소에 상호의 가등기를 신청할 수 있다(제22조의2 제1항). [10 · 13 · 19 법원직, 05 · 08 법무사, 12 변호사, 14 · 18 · 19 공인회계사]

② [○] 회사는 상호나 목적 또는 상호와 목적을 변경하고자 할 때에는 본점의 소재지를 관할하는 등기소에 상호의 가등기를 신청할 수 있다(제22조의2 제2항). [19 법원직, 08 · 15 · 16 법무사, 15 · 18 · 19 공인회계사]

③ [○] 회사는 본점을 이전하고자 할 때에는 이전할 곳을 관할하는 등기소에 상호의 가등기를 신청할 수 있다(제22조의2 제3항). [19 법원직, 18 공인회계사]

정답 ④

09 상법상 상호의 가등기에 관한 설명으로 틀린 것은? 18 공인회계사

① 합명회사를 설립하고자 할 때에는 본점의 소재지를 관할하는 등기소에 상호의 가등기를 신청할 수 있다.

② 합자회사의 상호를 변경하고자 하는 경우에는 상호의 가등기를 신청할 수 있다.

③ 유한회사의 본점을 이전하고자 하는 경우에는 이전할 곳을 관할하는 등기소에 상호의 가등기를 신청할 수 있다.

④ 회사가 아닌 상인은 상호를 가등기할 수 없다.

⑤ 타인이 가등기한 상호는 동일한 특별시 · 광역시 · 시 · 군에서 동종영업의 상호로 등기하지 못한다.

해설

① [×] 유한책임회사, 주식회사 또는 유한회사를 설립하고자 할 때에는 본점의 소재지를 관할하는 등기소에 상호의 가등기를 신청할 수 있다(제22조의2 제1항). [10 · 13 · 19 법원직, 05 · 08 법무사, 12 변호사, 14 · 18 · 19 공인회계사]

② [○] 회사는 상호나 목적 또는 상호와 목적을 변경하고자 할 때에는 본점의 소재지를 관할하는 등기소에 상호의 가등기를 신청할 수 있다(제22조의2 제2항). [19 법원직, 08 · 15 · 16 법무사, 15 · 18 · 19 공인회계사]

③ [○] 회사는 본점을 이전하고자 할 때에는 이전할 곳을 관할하는 등기소에 상호의 가등기를 신청할 수 있다(제22조의2 제3항). [19 법원직, 18 공인회계사]

④ [○] 상호의 가등기는 자연인에게는 허용되지 않는다. [17 변호사, 18 공인회계사]

⑤ [○] 타인이 가등기한 상호는 동일한 특별시 · 광역시 · 시 · 군에서 동종영업의 상호로 등기하지 못한다(제22조의2 제4항, 제22조). 즉, 가등기상호에 대해서는 등기배척권이 인정된다. [12 · 18 공인회계사]

정답 ①

10 상법상 상호에 관한 설명 중 옳은 것을 모두 고른 것은?

> ㄱ. 부정한 목적으로 타인의 영업으로 오인될 수 있는 상호를 사용하는 자가 있는 경우, 그러한 상호의 사용으로 인하여 손해를 받을 염려가 있는 자는 그 상호의 폐지를 청구할 수 있고, 이와는 별도로 손해배상의 청구가 가능하다.
> ㄴ. 영업을 폐지하는 경우, 등기되지 아니한 그 영업의 상호는 양도할 수 없다.
> ㄷ. 회사가 수 개의 독립된 영업을 하는 경우, 각 영업별로 다른 상호를 사용할 수 없다.
> ㄹ. 회사가 상호와 목적을 변경하고자 할 때에는 상호의 가등기를 신청할 수 있다.

① ㄱ, ㄴ
② ㄴ, ㄷ
③ ㄷ, ㄹ
④ ㄱ, ㄴ, ㄹ
⑤ ㄱ, ㄷ, ㄹ

해설

ㄱ. [O] 부정한 목적으로 타인의 영업으로 오인할 수 있는 상호를 사용하는 자가 있는 경우 이로 인하여 손해를 받을 염려가 있는 자 또는 상호를 등기한 자는 폐지를 청구할 수 있다(제23조 제2항). 제23조 제2항은 손해배상의 청구에 영향을 미치지 아니한다.
    [09·14·15·18 법원직, 11·15·16·19 법무사, 17 변호사, 12·15·19·20 공인회계사]
ㄴ. [×] 상호는 영업을 폐지하거나 영업과 함께 하는 경우에 한하여 양도할 수 있다(제25조 제1항). 이 경우 영업의 폐지는 사실상의 영업 중단으로 충분하다.
    [09·12·13·18 법원직, 05·07·17 법무사, 17 변호사]
ㄷ. [O] 동일한 영업에는 단일상호를 사용하여야 한다(제21조 제1항). 회사의 상호는 회사 자체를 표시하므로, 회사는 여러 영업을 하더라도 하나의 상호만 사용해야 한다. 회사와 달리 개인은 독립된 영업별로 다른 상호를 사용하는 것이 가능하다.
    [13 법원직, 05 법무사, 12·17 변호사]
ㄹ. [O] 회사는 상호나 목적 또는 상호와 목적을 변경하고자 할 때에는 본점의 소재지를 관할하는 등기소에 상호의 가등기를 신청할 수 있다(제22조의2 제2항).
    [19 법원직, 08·15·16 법무사, 17 변호사, 15·18·19 공인회계사]

정답 ⑤

11 상호에 관한 다음 설명 중 가장 옳지 않은 것은?

① 회사의 상호에는 그 종류에 따라 합명회사, 합자회사, 유한책임회사, 주식회사 또는 유한회사의 문자를 사용하여야 한다.
② 회사의 영업을 양수한 경우에도 회사가 아니라면 상호에 회사임을 표시하는 문자를 사용하지 못한다.
③ 동일한 특별시·광역시·시·군에서 동종영업으로 타인이 등기한 상호를 사용하는 자는 부정한 목적으로 사용하는 것으로 간주한다.
④ 동일한 영업에는 단일상호를 사용하여야 한다.
⑤ 상호는 영업을 폐지하거나 영업과 함께 하는 경우에 한하여 이를 양도할 수 있다.

해설

① [O] 회사의 상호에는 그 종류에 따라 합명회사, 합자회사, 유한책임회사, 주식회사 또는 유한회사의 문자를 사용하여야 한다 (제19조).   [09 법원직, 07 · 17 법무사]

② [O] 회사가 아니면 상호에 회사임을 표시하는 문자를 사용하지 못한다. 회사의 영업을 양수한 경우에도 같다(제20조).   [14 · 16 · 18 법원직, 05 · 16 · 17 · 20 법무사, 12 변호사, 10 공인회계사]

③ [X] 동일한 특별시 · 광역시 · 시 · 군에서 동종영업으로 타인이 등기한 상호를 사용하는 자는 부정한 목적으로 사용하는 것으로 추정한다(제23조 제4항).   [16 법원직, 17 법무사, 15 공인회계사]

④ [O] 동일한 영업에는 단일상호를 사용하여야 하고, 지점의 상호에는 본점과의 종속관계를 표시하여야 한다(제21조).   [12 · 16 법원직, 07 · 17 법무사, 18 · 20 공인회계사]

⑤ [O] 상호는 영업을 폐지하거나 영업과 함께 하는 경우에 한하여 양도할 수 있다(제25조 제1항).   [09 · 13 · 18 법원직, 05 · 07 · 17 법무사, 17 변호사]

정답 ③

12 상법상 상호에 관한 다음 설명 중 가장 옳지 않은 것은?   16 법원직

① 회사가 아니면 상호에 회사임을 표시하는 문자를 사용하지 못한다. 회사의 영업을 양수한 경우에도 같다.

② 동일한 특별시 · 광역시 · 시 · 군에서 타인이 등기한 상호를 사용하는 자는 동종영업이 아닌 경우에도 부정한 목적으로 사용하는 것으로 추정한다.

③ 타인에게 자기의 성명 또는 상호를 사용하여 영업을 할 것을 허락한 자는 자기를 영업주로 오인하여 거래한 제3자에 대하여 그 타인과 연대하여 변제할 책임이 있다.

④ 동일한 영업에는 단일상호를 사용하여야 하고, 지점의 상호에는 본점과의 종속관계를 표시하여야 한다.

해설

① [O] 회사가 아니면 상호에 회사임을 표시하는 문자를 사용하지 못한다. 회사의 영업을 양수한 경우에도 같다(제20조).   [14 · 16 · 18 법원직, 05 · 16 · 17 · 20 법무사, 12 변호사, 10 공인회계사]

② [X] 동일한 특별시 · 광역시 · 시 · 군에서 동종영업으로 타인이 등기한 상호를 사용하는 자는 부정한 목적으로 사용하는 것으로 추정한다(제23조 제4항).   [16 법원직, 17 법무사, 15 공인회계사]

③ [O] 타인에게 자기의 성명 또는 상호를 사용하여 영업을 할 것을 허락한 자는 자기를 영업주로 오인하여 거래한 제3자에 대하여 그 타인과 연대하여 변제할 책임이 있다(제24조).   [07 · 09 · 16 · 18 법원직, 13 · 16 · 19 법무사]

④ [O] 동일한 영업에는 단일상호를 사용하여야 하고, 지점의 상호에는 본점과의 종속관계를 표시하여야 한다(제21조).   [12 · 16 법원직, 07 · 17 법무사, 18 · 20 공인회계사]

정답 ②

13 상법상 상호에 관한 다음 설명 중 가장 옳지 않은 것은? 16 법무사

① 회사가 아니면 상호에 회사임을 표시하는 문자를 사용하지 못한다. 회사의 영업을 양수한 경우에도 같다.

② 회사는 상호나 목적 또는 상호와 목적을 변경하고자 할 때에는 본점의 소재지를 관할하는 등기소에 상호의 가등기를 신청할 수 있다.

③ 부정한 목적으로 타인의 영업으로 오인할 수 있는 상호를 사용하는 자가 있는 경우에 이로 인하여 손해를 받을 염려가 있는 자 또는 상호를 등기한 자는 그 폐지를 청구할 수 있다.

④ 타인에게 자기의 성명 또는 상호를 사용하여 영업을 할 것을 허락한 자는 자기를 영업주로 오인하여 거래한 제3자에 대하여 그 타인과 연대하여 변제할 책임이 있다.

⑤ 상호를 등기한 자가 정당한 사유 없이 1년간 상호를 사용하지 아니하는 때에는 이를 폐지한 것으로 본다.

해설

① [〇] 회사가 아니면 상호에 회사임을 표시하는 문자를 사용하지 못한다. 회사의 영업을 양수한 경우에도 같다(제20조).

[14·16·18 법원직, 05·16·17·20 법무사, 12 변호사, 10 공인회계사]

② [〇] 회사는 상호나 목적 또는 상호와 목적을 변경하고자 할 때에는 본점의 소재지를 관할하는 등기소에 상호의 가등기를 신청할 수 있다(제22조의2 제2항). [19 법원직, 08·15·16 법무사, 17 변호사, 15·18·19 공인회계사]

③ [〇] 부정한 목적으로 타인의 영업으로 오인할 수 있는 상호를 사용하는 자가 있는 경우 이로 인하여 손해를 받을 염려가 있는 자 또는 상호를 등기한 자는 폐지를 청구할 수 있다(제23조 제2항).

[09·14·15·18 법원직, 11·15·16·19 법무사, 12·15·19·20 공인회계사]

④ [〇] 타인에게 자기의 성명 또는 상호를 사용하여 영업을 할 것을 허락한 자는 자기를 영업주로 오인하여 거래한 제3자에 대하여 그 타인과 연대하여 변제할 책임이 있다(제24조). [07·09·16·18 법원직, 13·16·19 법무사]

⑤ [✕] 상호를 등기한 자가 정당한 사유 없이 2년간 상호를 사용하지 않으면 폐지한 것으로 본다(제26조).

[10·14·20 법원직, 06·07·15·16 법무사, 12·15·18·19 공인회계사]

정답 ⑤

14 상호전용권에 관한 다음 설명 중 가장 옳지 않은 것은? 15 법원직

① 상인은 타인이 부정한 목적으로 자신의 영업으로 오인할 수 있는 상호를 사용할 경우 이를 배척할 수 있는 권리를 갖는데, 이를 강학(講學)상 상호전용권이라고 한다.

② 판례는 상법 제23조의 주체를 오인시킬 상호의 사용금지에서 말하는 '타인의 영업으로 오인할 수 있는 상호'는 그 타인의 영업과 동종영업에 사용되는 상호만을 한정하는 것으로 보고 있다.

③ 판례는 상법 제23조 제1항·제4항에 규정된 부정한 목적이란 '어느 명칭을 자기의 상호로 사용함으로써 일반인으로 하여금 자기의 영업을 그 명칭에 의하여 표시된 타인의 영업으로 오인시키려고 하는 의도'를 말하는 것으로 보고 있다.

④ 상법 제23조 제1항에서 규정하는 유사상호의 사용금지는 법무상 지역적인 제한이 없다.

해설

① [O] 부정한 목적으로 타인의 영업으로 오인할 수 있는 상호를 사용하는 자가 있는 경우 이로 인하여 손해를 받을 염려가 있는 자 또는 상호를 등기한 자는 폐지를 청구할 수 있다(제23조 제2항). 이를 상호전용권이라고 한다.

② [×] 상호의 유사성은 영업의 종류, 규모, 지역성을 고려하여 결정하며, 상호가 반드시 동종영업일 것을 요건으로 하지는 않으나 최소한 두 영업주체가 밀접하게 관련되어 있을 것으로 일반인들이 오인할 정도는 되어야 한다(대판 1996.10.15, 96다24637).

③ [O] 부정한 목적이란 어느 명칭을 자기의 상호로 사용함으로써 일반인으로 하여금 자신의 영업을 상호권자의 영업으로 오인하게 하여 부당한 이익을 얻으려 하거나 타인에게 손해를 가하려고 하는 등의 부정한 의도를 말한다(대판 2004.3.26, 2001다72081).

④ [O] 상호폐지청구권은 ㉠ 등기상호가 아닌 경우에도 인정될 수 있고, ㉡ 지역 제한이 없으며, ㉢ 두 영업주체가 밀접하게 관련된 것으로 일반인들이 오인할 가능성이 있으면 되고 영업의 동일성까지 요구되지는 않고, ㉣ 상호의 유사성이 요구될 뿐 상호의 동일성까지 요구되지는 않는다.

정답 ②

---

15 상법상 상호에 관한 다음 설명 중 가장 옳지 않은 것은? (다툼이 있는 경우 판례에 의함) 15 법무사

① 부정한 목적으로 타인의 영업으로 오인할 수 있는 상호를 사용하는 자가 있는 경우에 이로 인하여 손해를 받을 염려가 있는 자 또는 상호를 등기한 자는 그 폐지를 청구할 수 있다.

② 회사는 상호나 목적 또는 상호와 목적을 변경하고자 할 때에는 본점의 소재지를 관할하는 등기소에 상호의 가등기를 신청할 수 있다.

③ 영업양수인이 양도인의 상호를 계속 사용하는 경우에는 양도인의 영업으로 인한 제3자의 채권에 대하여 양수인도 변제할 책임이 있다. 다만, 양도인 또는 양수인이 지체없이 제3자에 대하여 그 뜻을 통지한 경우에 그 통지를 받은 제3자에 대하여는 그러하지 아니하다.

④ 회사가 아니면 회사의 영업을 양수한 경우에도 상호에 회사임을 표시하는 문자를 사용하지 못한다.

⑤ 상호를 등기한 자가 정당한 사유 없이 2년간 상호를 사용하지 아니하는 때에는 이를 폐지한 것으로 본다.

해설

① [O] 부정한 목적으로 타인의 영업으로 오인할 수 있는 상호를 사용하는 자가 있는 경우 이로 인하여 손해를 받을 염려가 있는 자 또는 상호를 등기한 자는 폐지를 청구할 수 있다(제23조 제2항).

② [O] 회사는 상호나 목적 또는 상호와 목적을 변경하고자 할 때에는 본점의 소재지를 관할하는 등기소에 상호의 가등기를 신청할 수 있다(제22조의2 제2항).

③ [×] 영업양수인이 양도인의 상호를 계속 사용하는 경우에는 양도인의 영업으로 인한 제3자의 채권에 대하여 양수인도 변제할 책임이 있다. 양도인과 양수인이 지체없이 제3자에 대하여 책임이 없음을 통지한 경우 통지받은 제3자에게는 양수인이 책임을 부담하지 않는다(제42조).

④ [O] 회사가 아니면 상호에 회사임을 표시하는 문자를 사용하지 못한다. 회사의 영업을 양수한 경우에도 같다(제20조).

⑤ [O] 상호를 등기한 자가 정당한 사유 없이 2년간 상호를 사용하지 않으면 폐지한 것으로 본다(제26조).

정답 ③

16 상법상 상호에 관한 설명으로 옳은 것은?

① 상법 제23조에서 말하는 타인의 영업으로 오인할 수 있는 상호란 그 타인의 영업과 동종영업에 사용되는 상호에 한정되지 않는다.

② 합명회사나 합자회사가 상호나 목적 또는 상호와 목적을 변경하는 경우에는 상호의 가등기를 신청할 수 없다.

③ 동일 또는 인접한 특별시·광역시·시·군에서 동종영업으로 타인이 등기한 상호를 사용하는 자는 부정한 목적으로 사용하는 것으로 추정한다.

④ 상법은 정당한 사유 없이 2년간 등기상호를 사용하지 아니하면 이를 폐지한 것으로 추정한다.

⑤ 타인이 자신의 성명이나 명칭을 이용하여 주체를 오인시킬 상호를 사용하는 경우에 상인이 아닌 자는 상법 제23조를 근거로 그 상호사용의 폐지를 청구할 수 없다.

해설

① [○] 판례는 상법 제23조의 주체를 오인시킬 상호의 사용금지에서 말하는 '타인의 영업으로 오인할 수 있는 상호'를 그 타인의 영업과 동종영업에 사용되는 상호만으로 한정하고 있지 않다. [13·15 법원직, 15 공인회계사]

② [×] 회사는 상호나 목적 또는 상호와 목적을 변경하고자 할 때에는 본점의 소재지를 관할하는 등기소에 상호의 가등기를 신청할 수 있다(제22조의2 제2항). [19 법원직, 08·15·16 법무사, 15·18·19 공인회계사]

③ [×] 동일한 특별시·광역시·시·군에서 동종영업으로 타인이 등기한 상호를 사용하는 자는 부정한 목적으로 사용하는 것으로 추정한다(제23조 제4항). [16 법원직, 17 법무사, 15 공인회계사]

④ [×] 상호를 등기한 자가 정당한 사유 없이 2년간 상호를 사용하지 않으면 폐지한 것으로 본다(제26조). [10·14·20 법원직, 06·07·15·16 법무사, 12·15·18·19 공인회계사]

⑤ [×] 타인의 영업으로 오인할 수 있는 상호를 사용하는 자가 있는 경우 이로 인하여 손해를 받을 염려가 있는 자 또는 상호를 등기한 자는 폐지를 청구할 수 있다(제23조 제2항). 따라서 타인이 자신의 성명이나 명칭을 이용하여 주체를 오인시킬 상호를 사용하는 경우 상인이 아닌 자도 손해를 받을 염려가 있는 자는 상법 제23조를 근거로 그 상호사용의 폐지를 청구할 수 있다. [09·14·15·18 법원직, 11·15·16·19·20 법무사, 12·15·19 공인회계사]

정답 ①

---

17 상법상 상호에 관한 설명 중 가장 옳지 않은 것은? (다툼이 있는 경우 통설·판례에 의함)

① 회사가 아니면 회사의 영업을 양수한 경우에도 상호에 회사임을 표시하는 문자를 사용하지 못한다.

② 상호를 등기한 자가 정당한 사유 없이 2년간 상호를 사용하지 아니하는 때에는 이를 폐지한 것으로 본다.

③ 영업양수인이 양도인의 상호를 계속 사용하는 경우에는 양도인의 영업으로 인한 제3자의 채권에 대하여 양수인도 변제할 책임이 있다. 다만, 양도인 또는 양수인이 지체없이 제3자에 대하여 그 뜻을 통지한 경우에 그 통지를 받은 제3자에 대하여는 그러하지 아니하다.

④ 부정한 목적으로 타인의 영업으로 오인할 수 있는 상호를 사용하는 자가 있는 경우에 이로 인하여 손해를 받을 염려가 있는 자 또는 상호를 등기한 자는 그 폐지를 청구할 수 있다.

해설

① [O] 회사가 아니면 상호에 회사임을 표시하는 문자를 사용하지 못한다. 회사의 영업을 양수한 경우에도 같다(제20조).

[14 · 16 · 18 법원직, 05 · 16 · 17 · 20 법무사, 12 변호사, 10 공인회계사]

② [O] 상호를 등기한 자가 정당한 사유 없이 2년간 상호를 사용하지 않으면 폐지한 것으로 본다(제26조).

[10 · 14 · 20 법원직, 06 · 07 · 15 · 16 법무사, 12 · 15 · 18 · 19 공인회계사]

③ [X] 영업양수인이 양도인의 상호를 계속 사용하는 경우에는 양도인의 영업으로 인한 제3자의 채권에 대하여 양수인도 변제할 책임이 있다. 양도인과 양수인이 지체없이 제3자에 대하여 책임이 없음을 통지한 경우 통지받은 제3자에게는 양수인이 책임을 부담하지 않는다(제42조 제2항).

[14 법원직, 13 · 15 · 16 법무사, 13 변호사]

④ [O] 부정한 목적으로 타인의 영업으로 오인할 수 있는 상호를 사용하는 자가 있는 경우 이로 인하여 손해를 받을 염려가 있는 자 또는 상호를 등기한 자는 폐지를 청구할 수 있다(제23조 제2항).

[09 · 14 · 15 · 18 법원직, 11 · 15 · 16 · 19 법무사, 12 · 15 · 19 · 20 공인회계사]

정답 ③

18 다음 중 상법상 상호에 관한 설명으로 가장 옳지 않은 것은? (다툼이 있는 경우 판례에 의함)

13 법원직

① 주식회사 또는 유한회사를 설립하고자 할 때에는 본점 소재지를 관할하는 등기소에 상호의 가등기를 신청할 수 있다.

② 상법 제23조 제1항에서 타인의 영업으로 오인시킬 수 있는 상호란 그 타인의 영업과 동종영업에 사용되는 상호에 한정된다.

③ 개인 상인이 수 개의 영업을 하는 경우에는 각 영업마다 별도의 상호를 사용할 수도 있고, 수 개의 영업 전체에 대하여 하나의 상호를 사용할 수도 있다.

④ 상호는 영업을 폐지하거나 영업과 함께 하는 경우에 한하여 이를 양도할 수 있으며, 상호의 양도는 등기하지 아니하면 제3자에게 대항하지 못한다.

해설

① [O] 유한책임회사, 주식회사 또는 유한회사를 설립하고자 할 때에는 본점의 소재지를 관할하는 등기소에 상호의 가등기를 신청할 수 있다(제22조의2 제1항).

[10 · 13 · 19 법원직, 05 · 08 법무사, 12 변호사, 14 · 18 · 19 공인회계사]

② [X] 판례는 상법 제23조의 주체를 오인시킬 상호의 사용금지에서 말하는 '타인의 영업으로 오인할 수 있는 상호'를 그 타인의 영업과 동종영업에 사용되는 상호만으로 한정하고 있지 않다.

[13 · 15 법원직]

③ [O] 개인은 독립된 영업별로 다른 상호를 사용하는 것이 가능하다. 수 개의 영업에 하나의 상호를 사용하는 것은 허용된다.

[13 법원직, 05 법무사, 10 공인회계사]

④ [O] 상호는 영업을 폐지하거나 영업과 함께 하는 경우에 한하여 양도할 수 있다. 상호의 양도는 등기하지 아니하면 제3자(선의, 악의 불문)에게 대항하지 못한다(제25조 제1항 · 제2항).

[09 · 13 · 18 법원직, 05 · 07 · 17 법무사, 17 변호사, 20 공인회계사]

정답 ②

19 상법상 상호권에 관한 설명으로 가장 옳지 않은 것은? (다툼이 있는 경우 판례에 의함) 12 법원직

① 타인이 등기한 상호는 동일한 특별시·광역시·시·군에서 동종영업의 상호로 등기하지 못한다.

② 동일한 특별시·광역시·시 또는 군 내에서 동일한 영업을 위하여 타인이 등기한 상호 또는 확연히 구별할 수 없는 상호가 등기된 경우에는 선등기자가 후등기자를 상대로 그와 같은 등기의 말소를 소로써 청구할 수 있다.

③ 상법 제25조 제1항은 상호는 영업을 폐지하거나 영업과 함께 하는 경우에 한하여 이를 양도할 수 있다고 규정하고 있는데, 이 때 영업의 폐지라 함은 정식으로 영업폐지에 필요한 행정절차를 밟아 폐업하는 경우를 말한다.

④ 동일한 영업에는 단일상호를 사용하여야 한다.

해설

① [○] 타인이 등기한 상호는 동일한 특별시·광역시·시·군에서 동종영업의 상호로 등기하지 못한다(제22조).

[12 법원직, 06 · 08 · 11 법무사]

② [○] 상법 제22조의 규정은 동일한 특별시·광역시·시 또는 군 내에서는 동일한 영업을 위하여 타인이 등기한 상호 또는 확연히 구별할 수 없는 상호의 등기를 금지하는 효력과 함께 그와 같은 상호가 등기된 경우에는 선등기자가 후등기자를 상대로 그와 같은 등기의 말소를 소로써 청구할 수 있다(대판 2004.3.26, 2001다72081). [10 · 12 법원직]

③ [×] 상호는 영업을 폐지하거나 영업과 함께 하는 경우에 한하여 양도할 수 있는데, 영업을 폐지하는 경우 영업과 분리하여 상호만을 양도하는 것이 가능하다(제25조 제1항). 이 경우 영업의 폐지는 사실상의 영업 중단으로 충분하다.

[09 · 12 · 13 · 18 법원직, 05 · 07 · 17 법무사, 17 변호사]

④ [○] 동일한 영업에는 단일상호를 사용하여야 하고, 지점의 상호에는 본점과의 종속관계를 표시하여야 한다(제21조).

[12 · 16 법원직, 07 · 17 법무사, 18 · 20 공인회계사]

정답 ③

20 상호와 관련된 다음 설명 중 옳지 않은 것은? (다툼이 있는 경우 판례에 의함) 12 변호사

① 민법상의 조합은 상호에 회사임을 표시하는 문자를 사용하지 못한다.

② 주식회사가 각기 독립된 수 개의 영업을 하는 경우에 각 영업별로 다른 상호를 사용할 수 있다.

③ 주식회사와 유한회사는 회사의 설립 전에 상호의 가등기를 신청할 수 있다.

④ 부정한 목적으로 타인의 영업으로 오인될 수 있는 상호를 사용하는 자가 있는 경우, 그러한 상호의 사용으로 인하여 손해를 받을 염려가 있는 자는 그 상호의 폐지를 청구할 수 있으며, 이는 손해배상의 청구에 영향을 미치지 않는다.

⑤ 양도인의 상호를 계속 사용하는 영업양수인이 영업양도를 받은 후 지체없이 양도인의 채무에 대한 책임이 없음을 등기한 경우에는, 양수인은 양도인의 영업으로 인한 제3자의 채권에 대하여 변제할 책임이 없다.

해설

① [○] 회사가 아니면 상호에 회사임을 표시하는 문자를 사용하지 못한다(제20조 제1문). 회사의 영업을 양수한 경우에도 같다(제20조 제1문). 민법상 조합은 회사가 아니므로 상호에 회사임을 표시하는 문자를 사용하지 못한다.

[14 · 16 · 18 법원직, 05 · 16 · 17 · 20 법무사, 12 변호사, 10 공인회계사]

② [×] 동일한 영업에는 단일상호를 사용하여야 한다(제21조 제1항). 회사의 상호는 회사 자체를 표시하므로, 회사는 여러 영업을 하더라도 하나의 상호만 사용해야 한다. 회사와 달리 개인은 독립된 영업별로 다른 상호를 사용하는 것이 가능하다.

[13 법원직, 05 법무사, 12 · 17 변호사]

③ [○] 유한책임회사, 주식회사 또는 유한회사를 설립하고자 할 때에는 본점의 소재지를 관할하는 등기소에 상호의 가등기를 신청할 수 있다(제22조의2 제1항). [10·13·19 법원직, 05·08 법무사, 12 변호사, 14·18·19 공인회계사]

④ [○] 부정한 목적으로 타인의 영업으로 오인할 수 있는 상호를 사용하는 자가 있는 경우에 이로 인하여 손해를 받을 염려가 있는 자 또는 상호를 등기한 자는 그 폐지를 청구할 수 있고, 손해배상을 청구할 수 있다(제23조 제1항·제2항·제3항). [09·14·15·18 법원직, 11·15·16·19·20 법무사, 12 변호사, 12·15·19 공인회계사]

⑤ [○] 영업양수인이 양도인의 상호를 계속 사용하는 경우에는 양도인의 영업으로 인한 제3자의 채권에 대하여 양수인도 변제할 책임이 있다(제42조 제1항). 다만, 양수인이 영업양도를 받은 후 지체없이 양도인의 채무에 대한 책임이 없음을 등기하거나 양도인과 양수인이 지체없이 제3자에 대하여 책임이 없음을 통지한 경우에 그 통지를 받은 제3자에 대해서는 책임이 없다(제42조 제2항). 면책등기는 모든 채권자에게 효력이 미치나, 면책통지는 통지를 받은 채권자에게만 효력이 미친다. [18 법원직, 13·16 법무사, 12 변호사]

정답 ②

21 상법상 상호에 관한 설명으로 옳은 것은? 12 공인회계사

① 미등기상호를 사용하고 있는 자는 자신의 상호와 동일 또는 유사한 상호를 사용하는 타인에 대하여 그 사용에 부정한 목적이 없는 한 상호사용의 폐지를 청구할 수 없다.

② 상인은 다른 상인의 상호가 가등기 되어 있더라도 이와 동일 또는 유사한 상호를 동일한 특별시·광역시·시·군에서 동종영업의 상호로 등기할 수 있다.

③ 상호를 등기한 자가 정당한 사유 없이 2년간 상호를 사용하지 아니한 때에는 그 상호를 폐지한 것으로 추정한다.

④ 상호를 상속한 자는 상호상속의 사실을 등기하여야 상호이전의 효력을 제3자에게 주장할 수 있다.

⑤ 변호사 사무실의 명칭은 상법상의 상호로서 상호등기부에 등기할 수 있다.

해설

① [○] 누구든지 부정한 목적으로 타인의 영업으로 오인할 수 있는 상호를 사용하지 못한다(제23조 제1항). 타인의 영업으로 오인할 수 있는 상호를 사용하는 자가 있는 경우 이로 인하여 손해를 받을 염려가 있는 자 또는 상호를 등기한 자는 폐지를 청구할 수 있다(제23조 제2항). 따라서 미등기상호를 사용하고 있는 자는 자신의 상호와 동일 또는 유사한 상호를 사용하는 타인에 대하여 그 사용에 부정한 목적이 없는 한 상호사용의 폐지를 청구할 수 없다. [09·14·15·18 법원직, 11·15·16·19 법무사, 12·15·19 공인회계사]

② [×] 타인이 가등기한 상호는 동일한 특별시·광역시·시·군에서 동종영업의 상호로 등기하지 못한다(제22조의2 제4항, 제22조). [12·18 공인회계사]

③ [×] 상호를 등기한 자가 정당한 사유 없이 2년간 상호를 사용하지 않으면 폐지한 것으로 본다(제26조). [10·14·20 법원직, 06·07·15·16 법무사, 12·15·18·19 공인회계사]

④ [×] 상호의 양도는 등기하지 아니하면 제3자에게 대항하지 못한다는 상법 제25조 제2항은 상호의 양도에 적용되고, 상속과 같은 법률의 규정에 의한 포괄승계에는 적용되지 아니한다. [12 공인회계사]

⑤ [×] 상호의 주체는 상인이므로, 상인이 아닌 변호사 사무실의 명칭은 상호에 해당하지 않는다. [12 공인회계사]

정답 ①

22 다음 중 상호권에 관한 설명으로 가장 옳지 않은 것은? 11 법무사

① 적법하게 선정한 상호의 경우 등기 여부와 관계없이 타인의 방해를 받지 아니하고 사용할 수 있는 권리가 있다.

② 적법하게 선정한 상호의 경우 등기 여부와 관계없이 부정한 목적으로 타인의 영업으로 오인할 수 있는 상호를 사용하는 자에 대한 손해배상청구권이 있다.

③ 적법하게 선정한 상호의 경우 등기가 되어야 비로소 부정한 목적으로 타인의 영업으로 오인할 수 있는 상호를 사용하는 자에 대하여 사용폐지청구권이 있다.

④ 동일한 특별시 · 광역시 · 시 · 군에서 동종영업으로 타인이 등기한 상호를 사용하는 자는 부정한 목적으로 사용하는 것으로 추정한다.

⑤ 타인이 등기한 상호는 동일한 특별시 · 광역시 · 시 · 군에서 동종영업의 상호로 등기하지 못한다.

해설

① [O] 상호폐지청구권은 상호권자의 상호가 반드시 등기되어 있을 것을 요건으로 하지 아니한다. [11 법무사]

② [O] 부정한 목적으로 타인의 영업으로 오인할 수 있는 상호를 사용하는 자가 있는 경우 이로 인하여 손해를 받을 염려가 있는 자 또는 상호를 등기한 자는 폐지를 청구할 수 있으며 이는 손해배상의 청구에 영향을 미치지 아니한다(제23조 제3항). [09 · 14 · 18 법원직, 11 · 15 · 16 · 19 법무사, 12 변호사]

③ [×] 부정한 목적으로 상호를 사용하는 자가 있는 경우에 이로 인하여 손해를 받을 염려가 있는 자 또는 상호를 등기한 자는 그 폐지를 청구할 수 있다(제23조 제2항). [09 · 14 · 15 · 18 법원직, 11 · 15 · 16 · 19 · 20 법무사, 12 변호사, 12 · 15 · 19 공인회계사]

④ [O] 동일한 특별시 · 광역시 · 시 · 군에서 동종영업으로 타인이 등기한 상호를 사용하는 자는 부정한 목적으로 사용하는 것으로 추정한다(제23조 제4항). [16 법원직, 17 법무사, 15 공인회계사]

⑤ [O] 타인이 등기한 상호는 동일한 특별시 · 광역시 · 시 · 군에서 동종영업의 상호로 등기하지 못한다(제22조). [12 법원직, 06 · 08 · 11 법무사]

정답 ③

---

23 다음은 상호(商號)에 관한 설명이다. 잘못된 것은? (다툼이 있는 경우 판례에 의함) 10 법원직

① 합자회사를 설립하고자 할 때에는 본점의 소재지를 관할하는 등기소에 상호의 가등기를 신청할 수 있다.

② 동일한 특별시 · 광역시 · 시 또는 군 내에서 동일한 영업을 위하여 타인이 등기한 상호와 확연히 구별할 수 없는 상호가 등기된 경우 선등기자가 후등기자를 상대로 그와 같은 등기의 말소를 소로써 청구할 수 있다.

③ 상호의 양도가 있었으나 그에 관한 합의가 무효가 된 경우에도 상호를 속용하는 당해 영업양수인은 양도인의 영업으로 인한 제3자의 채권에 대하여 변제할 책임을 부담한다.

④ 상호를 등기한 자가 정당한 사유 없이 2년간 상호를 사용하지 아니하는 때에는 이를 폐지한 것으로 본다.

해설

① [×] 유한책임회사, 주식회사 또는 유한회사를 설립하고자 할 때에는 본점의 소재지를 관할하는 등기소에 상호의 가등기를 신청할 수 있다(제22조의2 제1항). [10 · 13 · 19 법원직, 05 · 08 법무사, 12 변호사, 14 · 18 · 19 공인회계사]

② [O] 상법 제22조의 규정은 동일한 특별시 · 광역시 · 시 또는 군 내에서는 동일한 영업을 위하여 타인이 등기한 상호 또는 확연히 구별할 수 없는 상호의 등기를 금지하는 효력과 함께 그와 같은 상호가 등기된 경우에는 선등기자가 후등기자를 상대로 그와 같은 등기의 말소를 소로써 청구할 수 있다(대판 2004.3.26, 2001다72081). [10 · 12 법원직]

③ [O] 상호의 양도 또는 사용허락이 있는 경우는 물론 그에 관한 합의가 무효 또는 취소된 경우라거나 상호를 무단 사용하는 경우도 상호속용에 포함된다(대판 2009.1.15, 2007다17123 · 17130). [10 법원직, 13 법무사]

④ [O] 상호를 등기한 자가 정당한 사유 없이 2년간 상호를 사용하지 않으면 폐지한 것으로 본다(제26조). [10 · 14 · 20 법원직, 06 · 07 · 15 · 16 법무사, 12 · 15 · 18 · 19 공인회계사]

정답 ①

24 상법상 상호에 관한 다음 설명 중 가장 옳은 것은? 09 법원직

① 합명회사는 조합과 유사하므로 상호자유주의에 따라 상호에 합명회사라는 명칭을 사용할 필요가 없다.

② 부정한 목적으로 타인의 영업으로 오인할 수 있는 상호를 사용한 경우 이로 인하여 손해를 받을 염려가 있는 자 또는 상호를 등기한 자는 그 폐지를 청구할 수 있으나, 손해배상은 청구하지 못한다.

③ 타인에게 자기의 성명 또는 상호를 사용하여 영업을 할 것을 허락한 자는 자기를 영업주로 인하여 거래한 제3자에 대하여 그 타인과 연대하여 변제할 책임이 있다.

④ 상호는 영업과 함께 하는 경우에 한하여 이를 양도할 수 있으므로 영업을 폐지하는 경우에는 상호만 따로 양도할 수 없다.

해설

① [×] 회사의 상호에는 그 종류에 따라 합명회사, 합자회사, 유한책임회사, 주식회사 또는 유한회사의 문자를 사용하여야 한다(제19조). [09 법원직, 07 · 17 법무사]

② [×] 부정한 목적으로 타인의 영업으로 오인할 수 있는 상호를 사용하는 자가 있는 경우 이로 인하여 손해를 받을 염려가 있는 자 또는 상호를 등기한 자는 폐지를 청구할 수 있으며, 이는 손해배상의 청구에 영향을 미치지 아니한다(제23조 제3항). [09 · 14 · 18 법원직, 11 · 15 · 16 · 19 법무사, 12 변호사]

③ [O] 타인에게 자기의 성명 또는 상호를 사용하여 영업을 할 것을 허락한 자는 자기를 영업주로 오인하여 거래한 제3자에 대하여 그 타인과 연대하여 변제할 책임이 있다(제24조). [07 · 09 · 16 · 18 법원직, 13 · 16 · 19 법무사]

④ [×] 상호는 영업을 폐지하거나 영업과 함께 하는 경우에 한하여 양도할 수 있는데, 영업을 폐지하는 경우 영업과 분리하여 상호만을 양도하는 것이 가능하다(제25조 제1항). [09 · 12 · 13 · 18 법원직, 05 · 07 · 17 법무사, 17 변호사]

정답 ③

25 상호에 관한 설명으로 가장 옳지 않은 것은?

① 회사의 상호는 정관의 절대적 기재사항이고 설립등기에 반드시 포함되어야 하므로, 회사의 경우에는 '미등기상호'의 문제가 생길 수 없다.

② 동일한 특별시·광역시·시·군에서는 부정한 목적으로 타인의 영업으로 오인할 수 있는 상호를 사용하지 못하므로, 행정구역이 동일하지 않은 경우에는 부정한 목적이 있다고 하더라도 그 사용을 배제할 수 없다.

③ 상호나 목적, 또는 상호와 목적을 변경하고자 할 때에는 회사의 종류를 불문하고 본점의 소재지를 관할하는 등기소에 상호의 가등기를 신청할 수 있다.

④ 상호를 변경 또는 폐지한 경우에 2주간 내에 그 상호를 등기한 자가 변경 또는 폐지의 등기를 하지 아니하는 때에는 이해관계인은 그 등기의 말소를 청구할 수 있다.

⑤ 주식회사나 유한회사를 설립하고자 할 때에는 본점소재지를 관할하는 등기소에 상호의 가등기를 신청할 수 있으나, 합명회사나 합자회사의 설립시에는 상호의 가등기를 신청할 수 없다.

해설

① [O] 모든 회사의 상호는 정관의 절대적 기재사항이고, 설립등기사항이다. 따라서 회사의 경우 미등기상호가 문제되지 않는다.

[08 법무사]

② [×] 상호폐지청구권은 ③ 등기상호가 아닌 경우에도 인정될 수 있고, ⓒ 지역 제한이 없으며, ⓒ 두 영업주체가 밀접하게 관련된 것으로 일반인들이 오인할 가능성이 있으면 되고 영업의 동일성까지 요구되지는 않고, ⓔ 상호의 유사성이 요구될 뿐 상호의 동일성까지 요구되지는 않는다.

[15 법원직, 08 법무사]

③ [O] 회사는 상호나 목적 또는 상호와 목적을 변경하고자 할 때에는 본점의 소재지를 관할하는 등기소에 상호의 가등기를 신청할 수 있다(제22조의2 제2항).

[19 법원직, 08·15·16 법무사, 15·18·19 공인회계사]

④ [O] 상호권자가 상호의 변경 또는 폐지 시점으로부터 2주간 내에 변경 또는 폐지의 등기를 하지 않으면 이해관계인은 그 등기의 말소를 청구할 수 있다(제27조).

[08 법무사, 14·20 공인회계사]

⑤ [O] 유한책임회사, 주식회사 또는 유한회사를 설립하고자 할 때에는 본점의 소재지를 관할하는 등기소에 상호의 가등기를 신청할 수 있다(제22조의2 제1항).

[10·13·19 법원직, 05·08 법무사, 12 변호사, 14·18·19 공인회계사]

정답 ②

26 상법상 상호에 관한 설명 중 가장 옳지 않은 것은?

① 상호를 속용하는 영업양수인이 상법 제42조 제1항에 따라 책임지는 제3자의 채권은 영업양도 당시 채무의 변제기가 도래할 필요까지는 없다고 하더라도 그 당시까지 발생한 것이거나 영업양도 당시로 보아 가까운 장래에 발생될 것이 확실한 채권이어야 한다.

② 회사가 아니면 회사의 영업을 양수한 경우에도 상호에 회사임을 표시하는 문자를 사용하지 못한다.

③ 적법하게 상호를 선정한 경우 상호를 등기하지 않았더라도 부정한 목적으로 타인의 영업으로 오인할 수 있는 상호를 사용하는 자에 대하여 그 폐지를 청구할 수 있다.

④ 타인에게 자기의 성명 또는 상호를 사용하여 영업을 할 것을 허락한 자는 자기를 영업주로 오인하여 거래한 제3자에 대하여 그 타인과 연대하여 변제할 책임이 있고, 이 때 명의대여자와 명의차용자의 책임은 부진정연대책임이다.

⑤ 명의차용자가 불법행위를 한 경우에는 설령 피해자가 명의대여자를 영업주로 오인하고 있었더라도 그와 같은 오인과 피해의 발생 사이에 인과관계가 없으므로, 이 경우 명의대여자는 신뢰관계를 전제로 하는 명의대여자의 책임을 부담하지 않는다.

해설

① [×] 영업양수인이 상법 제42조 제1항에 따라 책임지는 제3자의 채권은 영업양도 당시 채무의 변제기가 도래할 필요는 없다고 하더라도 그 당시까지 발생한 것이어야 하고, 영업양도 당시로 보아 가까운 장래에 발생될 것이 확실한 채권은 양수인이 책임져야 한다고 볼 수 없다(대판 2020.2.6, 2019다270217).　　　　[21 법원직, 19·20 법무사, 21 변호사]

② [○] 회사가 아니면 상호에 회사임을 표시하는 문자를 사용하지 못한다. 회사의 영업을 양수한 경우에도 같다(제20조).
　　　　[14·16·18 법원직, 05·16·17·20 법무사, 12 변호사, 10 공인회계사]

③ [○] 부정한 목적으로 타인의 영업으로 오인할 수 있는 상호를 사용하는 자가 있는 경우에 이로 인하여 손해를 받을 염려가 있는 자 또는 상호를 등기한 자는 그 폐지를 청구할 수 있다(제23조 제2항).
　　　　[09·14·15·18 법원직, 11·15·16·19·20 법무사, 12·15·19 공인회계사]

④ [○] 타인에게 자기의 성명 또는 상호를 사용하여 영업을 할 것을 허락한 자는 자기를 영업주로 오인하여 거래한 제3자에 대하여 그 타인과 연대하여 변제할 책임이 있다(제24조).　　　　[07·09·16·18 법원직, 13·16·19 법무사]

⑤ [○] 명의차용자가 불법행위를 한 경우에는 설령 피해자가 명의대여자를 영업주로 오인하고 있었더라도 그와 같은 오인과 피해의 발생 사이에 아무런 인과관계가 없으므로, 신뢰관계를 이유로 명의대여자에게 책임을 지워야 할 이유가 없다(대판 1998.3.24, 97다55621).　　　　[17 법원직, 09·16·17·20 법무사, 18 변호사]

정답 ①

27 상호에 관한 다음 설명 중 가장 옳지 않은 것은?

① 상법 제23조(주체를 오인시킬 상호의 사용금지)에 규정된 '부정한 목적'이란 어느 명칭을 자기의 상호로 사용함으로써 일반인으로 하여금 자기의 영업을 명칭에 의하여 표시된 타인의 영업으로 오인하게 하여 부당한 이익을 얻으려 하거나 타인에게 손해를 가하려고 하는 등의 부정한 의도를 말하고, 부정한 목적이 있는지는 상인의 명성이나 신용, 영업의 종류·규모·방법, 상호 사용의 경위 등 여러 가지 사정을 종합하여 판단하여야 한다.

② 상법 제24조의 규정에 의한 명의대여자의 책임을 주장하는 자, 즉 거래 상대방이 명의대여사실을 알았는지 또는 모른 데 중대한 과실이 있었는지 여부에 관하여 그 증명책임을 부담한다.

③ 상법 제24조에 의한 명의대여자와 명의차용자의 책임은 부진정연대의 관계에 있으므로, 채무자 1인에 대한 이행청구 또는 채무자 1인이 행한 채무의 승인 등 소멸시효의 중단사유나 시효이익의 포기는 다른 채무자에 대하여 효력이 미치지 아니한다.

④ 상호를 등기한 자가 정당한 사유 없이 2년간 상호를 사용하지 아니하는 때에는 이를 폐지한 것으로 본다.

해설

① [○] 부정한 목적이란 어느 명칭을 자기의 상호로 사용함으로써 일반인으로 하여금 자신의 영업을 상호권자의 영업으로 오인하게 하여 부당한 이익을 얻으려거나 타인에게 손해를 가하려고 하는 등의 부정한 의도를 말한다. 부정한 목적이 있는지는 상인의 명성이나 신용, 영업의 종류·규모·방법, 상호 사용의 경위 등 여러 가지 사정을 종합하여 판단하여야 한다(대판 2004.3.26, 2001다72081).
[15·20 법원직]

② [×] 명의대여자의 책임은 명의자를 영업주로 오인하여 거래한 제3자를 보호하기 위한 것이므로, 거래 상대방이 명의대여사실을 알았거나 모른 데 대하여 중대한 과실이 있는 때에는 책임을 지지 않는다. 상대방의 악의와 중과실은 면책을 주장하는 명의대여자들이 입증책임을 부담한다(대판 2001.4.13, 2000다10512).
[14·17·20 법원직, 09·13·16·17 법무사, 14·20 변호사, 19 공인회계사]

③ [○] 명의대여자와 명의차용자의 책임은 일방의 채무가 변제 등으로 소멸하면 타방의 채무도 소멸하는 부진정연대의 관계에 있다. 부진정연대채무에서 채무자 1인에 대한 이행청구 또는 채무자 1인의 채무승인 등 소멸시효 중단사유나 시효이익 포기는 다른 채무자에게 효력을 미치지 아니한다(대판 2011.4.14, 2010다91886).
[17·20 법원직, 13·16·17 법무사, 16·18·20 변호사]

④ [○] 상호를 등기한 자가 정당한 사유 없이 2년간 상호를 사용하지 않으면 폐지한 것으로 본다(제26조).
[10·14·20 법원직, 06·07·15·16 법무사, 12·15·18·19 공인회계사]

정답 ②

28 명의대여자 乙을 영업주로 오인하여 상인인 명의차용자 丙에게 1억원 상당의 물품을 공급한 甲이 乙과 丙을 공동피고로 삼아, 乙에 대하여는 상법 제24조에 의한 명의대여자의 책임을 묻기 위하여, 丙에 대하여는 물품대금의 지급을 구하기 위하여 1억원의 물품대금청구의 소를 제기하였다. 이에 관한 설명 중 옳지 않은 것은? (다툼이 있는 경우 판례에 의함)   20 변호사

① 위 소송에서 乙이 상인이 아닌 것으로 밝혀지더라도 乙의 책임을 인정할 수 있다.

② 위 소송에서 乙에 대한 청구와 관련하여 甲이 명의대여 사실을 알았거나 중대한 과실로 알지 못하였다는 점에 대한 증명책임은 乙에게 있다.

③ 위 소송에서 乙이 소멸시효 완성의 항변을 하고, 시효기간 경과 전에 丙이 물품대금채권을 변제하겠다고 약속한 사실을 甲이 주장·증명하였다면, 이로써 乙의 소멸시효 완성의 항변은 배척된다.

④ 위 소송에서 乙의 책임이 인정되었다. 丙이 물품대금 중 3,000만원 변제 사실을 주장·증명하였고 乙이 이를 원용하였다면, 법원은 乙에 대한 청구에 관하여 7,000만원의 지급을 명하여야 한다.

⑤ 위 소송에서 甲의 청구가 모두 인용되었고 위 판결에 대하여 乙만이 항소한 경우, 위 항소로 인한 확정차단의 효력은 乙과 甲 사이에서만 발생하고 丙에 대하여는 발생하지 아니한다.

해설

① [O] 명의차용자는 상인이어야 하나, 명의대여자는 상인일 것이 요구되지 않고, 공법인이어도 된다. 판례 또한 "명의대여자가 상인이 아니거나, 명의차용자의 영업이 상행위가 아니더라도 명의대여자 책임의 법리를 적용하는 데에 아무런 영향이 없다."고 판시하면서(대판 1987.3.24, 85다카2219), 인천광역시가 명의대여자가 될 수 있다고 보았다.

[09·16 법무사, 14·18·20 변호사, 17 공인회계사]

② [O] 명의대여자의 책임은 명의자를 영업주로 오인하여 거래한 제3자를 보호하기 위한 것이므로, 거래 상대방이 명의대여사실을 알았거나 모른 데 대하여 중대한 과실이 있는 때에는 책임을 지지 않는다. 상대방의 악의와 중과실은 면책을 주장하는 명의대여자들이 입증책임을 부담한다(대판 2001.4.13, 2000다10512).

[14·17·20 법원직, 09·13·16·17 법무사, 14·20 변호사, 10·14·17·19 공인회계사]

③ [×] 명의대여자는 자기를 영업주로 오인하여 거래한 제3자에 대하여 그 타인과 연대하여 변제할 책임이 있다(제24조). 이러한 명의대여자와 명의차용자의 연대책임의 법적 성질은 부진정연대책임이다. 부진정연대채무자 중 1인의 변제, 대물변제, 공탁, 상계는 다른 채무자에게 효력이 있다. 명의차용자에 대한 이행청구 등 소멸시효 중단이나 시효이익의 포기는 명의대여자에게 효력이 없다. 따라서 명의차용자인 丙의 변제약속과 같은 소멸시효 중단은 명의대여자인 乙에게 효력이 없으므로, 丙의 변제약속 사실이 주장, 증명된다 하더라도 이를 이유로 乙의 소멸시효항변이 배척되지 않는다.

[17·20 법원직, 13·16·17 법무사, 16·18·20 변호사]

④ [O] 부진정연대채무자 중 1인의 변제, 대물변제, 공탁, 상계는 다른 채무자에게 효력이 있다. 이처럼 丙의 3,000만원 변제사실은 乙에게도 효력이 있으므로, 乙에 대한 청구 또한 7,000만원만 인정될 수 있다.   [20 변호사]

⑤ [O] 공동소송인 가운데 한 사람의 소송행위 또는 이에 대한 상대방의 소송행위와 공동소송인 가운데 한 사람에 관한 사항은 다른 공동소송인에게 영향을 미치지 아니한다(민사소송법 제66조). 부진정연대채무자들을 상대로 제기된 공동소송은 소송목적이 공동소송인 모두에게 합일적으로 확정되어야 할 필요적 공동소송이 아니므로, 乙의 항소로 인한 확정차단의 효력은 丙에게는 발생하지 않는다.   [20 변호사]

정답 ③

29 상법상 명의대여자의 책임에 관한 설명 중 옳은 것을 모두 고른 것은? (다툼이 있는 경우 판례에 의함)

18 변호사

ㄱ. 명의대여자가 상인이 아니거나 명의차용자의 영업이 상행위가 아니라도 명의대여자의 책임이 성립할 수 있다.

ㄴ. 명의차용자의 불법행위에 대해서도 명의대여자의 책임이 성립한다.

ㄷ. 명의대여자의 책임은 명의차용자의 행위에만 한하고 명의차용자의 피용자의 행위에는 미치지 아니한다.

ㄹ. 명의차용자에 대한 이행청구 또는 명의차용자가 행한 채무의 승인 등 소멸시효의 중단사유나 시효이익의 포기는 명의대여자에게 효력을 미치지 아니한다.

① ㄴ
② ㄷ
③ ㄱ, ㄴ
④ ㄱ, ㄹ
⑤ ㄱ, ㄷ, ㄹ

해설

ㄱ. [O] 판례는 "명의대여자가 상인이 아니거나, 명의차용자의 영업이 상행위가 아니더라도 명의대여자 책임의 법리를 적용하는 데에 아무런 영향이 없다."고 판시하면서(대판 1987.3.24, 85다카2219), 인천광역시가 명의대여자가 될 수 있다고 보았다. 이러한 판례에 의하면 명의대여자가 상인이 아니거나 명의차용자의 영업이 상행위가 아니라도 명의대여자의 책임이 성립할 수 있다.
[09 · 16 법무사, 14 · 18 · 20 변호사, 17 공인회계사]

ㄴ. [×] 불법행위의 경우에는 설령 피해자가 명의대여자를 영업주로 오인하고 있었더라도 그와 같은 오인과 피해의 발생 사이에 아무런 인과관계가 없으므로, 신뢰관계를 이유로 명의대여자에게 책임을 지워야 할 이유가 없다(대판 1998.3.24, 97다55621).
[17 법원직, 09 · 16 · 17 법무사, 18 변호사, 10 · 17 공인회계사]

ㄷ. [O] 명의대여자의 책임규정은 거래상의 외관보호와 금반언의 원칙을 표현한 것으로서 명의대여자가 영업주로서 자기의 성명이나 상호를 사용하는 것을 허락했을 때에는 명의차용자가 그것을 사용하여 법률행위를 함으로써 지게 된 거래상의 채무에 대하여 변제의 책임이 있다는 것을 밝히고 있는 것에 그치는 것이므로, 명의대여자의 책임은 명의의 사용을 허락받은 자의 행위에 한하고 명의차용자의 피용자의 행위에 대해서까지 미칠 수는 없다(대판 1989.9.12, 88다카26390).
[09 · 16 법무사, 18 변호사, 17 공인회계사]

ㄹ. [O] 명의대여자는 자기를 영업주로 오인하여 거래한 제3자에 대하여 그 타인과 연대하여 변제할 책임이 있다(제24조). 이러한 명의대여자와 명의차용자의 연대책임의 법적 성질은 부진정연대책임이다. 부진정연대채무자 중 1인의 변제, 대물변제, 공탁, 상계는 다른 채무자에게 효력이 있으나, 명의차용자에 대한 이행청구 등 소멸시효 중단이나 시효이익의 포기는 명의대여자에게 효력이 없다.
[17 · 20 법원직, 13 · 16 · 17 법무사, 16 · 18 · 20 변호사]

> **관련쟁점** 명의대여자책임의 적용범위
>
> 명의대여자는 자신이 허락한 영업범위 내의 채무에 대해서 책임을 부담하고, 이러한 허락의 범위를 넘는 영업거래로 인한 채무에 대해서는 책임을 부담하지 않는다. 허락한 영업범위 내인지 여부는 명의대여자가 대여한 명의에서 객관적으로 추론되는 영업거래인지 여부를 기준으로 판단한다. 어음 · 수표상의 채무는 영업거래 채무로 인정될 수 있으므로 어음 · 수표행위에 명의대여자 책임을 인정하는 것이 통설과 판례의 입장이다.

정답 ⑤

30 명의대여자의 책임에 관한 다음 설명 중 가장 옳지 않은 것은? (다툼이 있는 경우 판례에 의함)

① 공법인이 타인에게 자기의 성명 또는 상호를 사용하여 영업을 할 것을 허락한 경우에도 상법상 명의대여자의 책임을 부담한다.

② 명의차용자의 불법행위의 경우에도 명의대여자를 영업주로 오인한 피해자의 신뢰는 보호되어야 하므로 명의대여자는 상법 제24조의 책임을 부담한다.

③ 거래의 상대방이 명의대여사실을 알았거나 모른 데 대한 중대한 과실이 있었는지 여부에 대하여는 면책을 주장하는 명의대여자가 입증책임을 부담한다.

④ 명의대여자와 명의차용자의 책임은 동일한 경제적 목적을 가진 채무로서 서로 중첩되는 부분에 관하여 일방의 채무가 변제 등으로 소멸하면 타방의 채무도 소멸하는 부진정연대의 관계에 있고, 이와 같은 부진정연대채무에서는 채무자 1인에 대한 이행청구 또는 채무자 1인이 행한 채무의 승인 등 소멸시효의 중단사유나 시효이익의 포기는 다른 채무자에게 효력을 미치지 아니한다.

해설

① [〇] 인천광역시가 사단법인 한국병원관리연구소에게 인천직할시립병원이라는 명칭을 사용하여 병원업을 하는 것을 승낙한 경우, 인천광역시는 상법상 명의대여자에 해당한다(대판 1987.3.24, 85다카2219). 공법인이 타인에게 자기의 성명 또는 상호를 사용하여 영업을 할 것을 허락한 경우에도 상법상 명의대여자의 책임을 부담한다. [14·17 법원직, 14 공인회계사]

② [✕] 불법행위의 경우에는 설령 피해자가 명의대여자를 영업주로 오인하고 있었더라도 그와 같은 오인과 피해의 발생 사이에 아무런 인과관계가 없으므로, 신뢰관계를 이유로 명의대여자에게 책임을 지워야 할 이유가 없다(대판 1998.3.24, 97다 55621). [17 법원직, 09·16·17 법무사, 18 변호사, 10·17 공인회계사]

③ [〇] 명의대여자의 책임은 명의자를 영업주로 오인하여 거래한 제3자를 보호하기 위한 것이므로 거래 상대방이 명의대여사실을 알았거나 모른 데 대하여 중대한 과실이 있는 때에는 책임을 지지 않는다. 상대방의 악의와 중과실은 면책을 주장하는 명의대여자들이 입증책임을 부담한다(대판 2001.4.13, 2000다10512).
[14·17·20 법원직, 09·13·16·17 법무사, 14·20 변호사, 10·14·17·19 공인회계사]

④ [〇] 명의대여자와 명의차용자의 책임은 일방의 채무가 변제 등으로 소멸하면 타방의 채무도 소멸하는 부진정연대의 관계에 있다. 부진정연대채무에서 채무자 1인에 대한 이행청구 또는 채무자 1인의 채무승인 등 소멸시효 중단사유나 시효이익 포기는 다른 채무자에게 효력을 미치지 아니한다(대판 2011.4.14, 2010다91886).
[17·20 법원직, 13·16·17 법무사, 16·18·20 변호사]

정답 ②

31 상법상 명의대여자의 책임에 관한 다음 설명 중 가장 옳지 않은 것은? (다툼이 있는 경우 판례에 의함)

17 법무사

① 명의대여자는 거래 상대방이 명의대여사실을 알았거나 모른 데 대하여 중대한 과실이 있는 때에는 명의대여자의 책임을 지지 아니한다.

② 명의대여자와 명의차용자의 책임은 동일한 경제적 목적을 가진 채무로서 서로 중첩되는 부분에 관하여 채무자 1인에 대한 이행청구 또는 채무자 1인이 행한 채무의 승인 등 소멸시효의 중단사유나 시효이익의 포기는 다른 채무자에 대하여 효력이 미친다.

③ 명의대여자 책임은 명의차용인과 그 상대방의 거래행위에 의하여 생긴 채무에 관하여 명의대여자를 진실한 상대방으로 오인하고 그 신용·명의 등을 신뢰한 제3자를 보호하기 위한 것이므로 불법행위의 경우에는 명의대여자 책임이 적용되지 않는다.

④ 제3자가 자기의 상호 아래 대리점이란 명칭을 붙여 사용하는 것을 허락하거나 묵인하였다는 것만으로는 곧바로 상법상 명의대여자로서 책임을 물을 수는 없다.

⑤ 건설업 면허를 대여한 자는 건설업 면허를 대여받은 자가 그 면허를 사용하여 하도급거래를 한 경우 면허를 대여한 자를 영업의 주체로 오인한 하수급인에 대하여 명의대여자 책임을 질 수 있다.

해설

① [O] 명의대여자의 책임은 명의자를 영업주로 오인하여 거래한 제3자를 보호하기 위한 것이므로 거래 상대방이 명의대여사실을 알았거나 모른 데 대하여 중대한 과실이 있는 때에는 책임을 지지 않는다. 상대방의 악의와 중과실은 면책을 주장하는 명의대여자들이 입증책임을 부담한다(대판 2001.4.13, 2000다10512).

[14·17·20 법원직, 09·13·16·17 법무사, 14·20 변호사, 10·14·17·19 공인회계사]

② [×] 명의대여자와 명의차용자의 책임은 일방의 채무가 변제 등으로 소멸하면 타방의 채무도 소멸하는 부진정연대의 관계에 있다. 부진정연대채무에서 채무자 1인에 대한 이행청구 또는 채무자 1인의 채무승인 등 소멸시효 중단사유나 시효이익 포기는 다른 채무자에게 효력을 미치지 아니한다(대판 2011.4.14, 2010다91886).

[17·20 법원직, 13·16·17 법무사, 16·18·20 변호사]

③ [O] 명의차용자의 불법행위의 경우에는 설령 피해자가 명의대여자를 영업주로 오인하고 있었더라도 그와 같은 오인과 피해의 발생 사이에 아무런 인과관계가 없으므로, 신뢰관계를 이유로 명의대여자에게 책임을 지워야 할 이유가 없다(대판 1998.3.24, 97다55621).

[17 법원직, 09·16·17 법무사, 18 변호사, 10·17 공인회계사]

④ [O] 타인의 상호 아래 대리점이란 명칭을 붙인 경우는 그 아래 지점, 영업소, 출장소 등을 붙인 경우와는 달리 타인의 영업을 종속적으로 표시하는 부가부분이라고 보기도 어렵기 때문에, 제3자가 자기의 상호 아래 대리점이란 명칭을 붙여 사용하는 것을 허락하거나 묵인하였더라도 상법상 명의대여자로서의 책임을 물을 수는 없다(대판 1989.10.10, 88다카8354).

[17 법무사]

⑤ [O] 농약판매업을 하고자 하는 자는 등록을 하도록 되어 있고 그 등록명의를 다른 사람에게 빌려 주는 것은 금지된다. 그러나 등록명의자가 등록명의를 대여하였다거나 그 명의로 등록할 것을 다른 사람에게 허락하였다면 농약판매업에 관하여 등록명의자 스스로 영업주라는 것을 나타낸 것이므로, 명의대여자로서 농약거래로 인하여 생긴 채무를 변제할 책임이 있다(대판 1988.2.9, 87다카1304).

[17 법무사]

정답 ②

32 A는 B로부터 영업용 대지와 사무실을 임차한 후 B의 허락을 얻어 B의 상호를 사용하여 영업을 하고 있다. 이에 대한 상법상 명의대여자의 책임에 관한 설명으로 옳은 것은?   17 공인회계사

① B가 상인이 아니라면 B는 책임을 부담하지 않는다.

② 만약 A가 C와의 거래를 위하여 B의 상호를 사용한 사실이 없었더라도 B는 그 거래에 대한 책임을 부담한다.

③ B는 영업과 관련없는 A의 불법행위로 인한 채무에 대하여 책임을 부담하지만 어음행위에 의한 채무에 대해서는 그 책임을 부담하지 않는다.

④ A의 상업사용인이 아닌 피용자가 B의 상호를 사용하여 D로부터 사업과 무관하게 금원을 차용한 경우 B는 D에 대한 대여금 반환채무에 대하여 책임을 부담한다.

⑤ B가 책임을 면하기 위하여는 A와 거래한 상대방의 악의 또는 중과실에 대한 입증책임을 부담한다.

해설

① [×] 명의대여자가 상인이 아니거나 명의차용자의 영업이 상행위가 아니라 하더라도 명의대여자 책임의 법리를 적용하는 데에 아무런 영향이 없다(대판 1987.3.24, 85다카2219).   [09 · 16 법무사, 14 · 18 · 20 변호사, 17 공인회계사]

② [×] 타인에게 자기의 성명 또는 상호를 사용하여 영업을 할 것을 허락한 자는 자기를 영업주로 오인하여 거래한 제3자에 대하여 그 타인과 연대하여 변제할 책임이 있다(제24조). 명의대여자의 책임이 인정되기 위해서는 명의차용자와 상대방과의 거래사이에 명의대여자의 성명 또는 상호가 사용되어야 한다. 지문의 경우 명의차용자와 상대방과의 거래를 위하여 명의대여자의 상호를 사용한 사실이 없기 때문에 명의대여자의 책임이 인정되지 않는다.   [17 공인회계사]

③ [×] 불법행위의 경우에는 설령 피해자가 명의대여자를 영업주로 오인하고 있었더라도 그와 같은 오인과 피해의 발생 사이에 아무런 인과관계가 없으므로, 신뢰관계를 이유로 명의대여자에게 책임을 지워야 할 이유가 없다(대판 1998.3.24, 97다55621).   [17 법원직, 09 · 16 · 17 법무사, 18 변호사, 10 · 17 공인회계사]

④ [×] 명의대여자의 책임규정은 거래상의 외관보호와 금반언의 원칙을 표현한 것으로서 명의대여자가 영업주로서 자기의 성명이나 상호를 사용하는 것을 허락했을 때에는 명의차용자가 그것을 사용하여 법률행위를 함으로써 지게 된 거래상의 채무에 대하여 변제의 책임이 있다는 것을 밝히고 있는 것에 그치는 것이므로, 명의대여자의 책임은 명의의 사용을 허락받은 자의 행위에 한하고 명의차용자의 피용자의 행위에 대해서까지 미칠 수는 없다(대판 1989.9.12, 88다카26390).   [09 · 16 법무사, 18 변호사, 17 공인회계사]

⑤ [O] 명의대여자의 책임은 명의자를 영업주로 오인하여 거래한 제3자를 보호하기 위한 것이므로 거래 상대방이 명의대여사실을 알았거나 모른 데 대하여 중대한 과실이 있는 때에는 책임을 지지 않는다. 상대방의 악의와 중과실은 면책을 주장하는 명의대여자들이 입증책임을 부담한다(대판 2001.4.13, 2000다10512).   [14 · 17 · 20 법원직, 09 · 13 · 16 · 17 법무사, 14 · 20 변호사, 10 · 14 · 17 · 19 공인회계사]

정답 ⑤

33 甲과 乙은 동업계약을 체결하고 공동의 명의로 사업자등록을 한 뒤, 2011.4.8. 丙 소유의 호텔(상호는 '반도호텔') 건물 내의 일부 시설을 3년간 임차하여 '반도나이트클럽'이라는 상호로 영업을 하였다. 위 '반도나이트클럽'은 丙의 명의로 영업허가가 난 것이고, 丙은 甲과 乙에게 그 영업허가 명의를 이용할 것을 허락하였다. 그 후 乙은 甲과의 동업계약을 해지하고, 2012.12.15. 공동사업자 탈퇴신고를 하여 甲 단독 명의로 사업자등록을 변경하였다. 甲은 단독으로 위 나이트클럽을 운영하던 중 개업 당시부터 거래관계에 있던 丁에게 2013.12.5. 외상으로 공급받은 주류대금을 지급하지 않은 상태에서 임대차기간이 종료된 2014.4.7. 영업을 정리하였다. 이후 2014.12.5. 戊가 丙으로부터 위 나이트클럽 시설을 임대받아 현재까지 같은 업종으로 운영하고 있다. 이에 관한 설명 중 옳은 것을 모두 고른 것은? (아래 각 지문은 독립적이며, 다툼이 있는 경우 판례에 의함)

16 변호사

> ㄱ. 명의대여자가 상인이 아니거나 명의차용자의 영업이 상행위가 아니라도 명의대여자의 책임이 성립할 수 있다. 동업관계가 종결된 이후에도 甲이 '반도나이트클럽'이라는 상호를 계속 사용하는 것에 대하여 乙이 아무런 이의를 제기하지 않았고, 乙이 동업관계로부터 탈퇴한 사실을 丁이 알지 못한 데에 중대한 과실이 없다면, 丁은 위 주류대금채권에 관하여 乙에게 명의대여자의 책임을 물을 수 있다.
>
> ㄴ. 甲과 丙이 '반도나이트클럽'을 운영하는 것으로 丁이 중대한 과실없이 믿은 경우, 丁의 甲에 대한 위 주류대금채무의 이행청구에 대하여 甲이 채무승인을 한 경우에도 그것만으로는 丙의 丁에 대한 명의대여자로서의 책임은 시효중단되지 않는다.
>
> ㄷ. 戊는 丁의 위 주류대금채권에 대하여 영업양수인으로서 변제할 책임을 진다.
>
> ㄹ. 甲이 2015.6.6. '반도나이트클럽' 인근에서 종전 영업과 동일한 내용으로 나이트클럽을 개업하여 운영하고 있는 경우라면, 戊는 甲을 상대로 상법상의 경업금지의무 위반을 이유로 영업금지를 구하거나 손해배상을 청구할 수 있는 권리를 갖는다.

① ㄱ
② ㄴ
③ ㄱ, ㄴ
④ ㄷ, ㄹ
⑤ ㄱ, ㄷ, ㄹ

해설

ㄱ. [○] 판례는 "명의자가 타인과 동업계약을 체결하고 공동 명의로 사업자등록을 한 후 타인으로 하여금 사업을 운영하도록 허락하였고, 거래상대방도 명의자를 공동사업주로 오인하여 거래를 하여온 경우에는 그 후 명의자가 동업관계에서 탈퇴하고 사업자등록을 타인 단독 명의로 변경하였다 하더라도 이를 거래 상대방에게 알리는 등의 조치를 취하지 아니하여 여전히 공동사업주인 것으로 오인하게 하였다면 명의자는 탈퇴 이후에 타인과 거래 상대방 사이에 이루어진 거래에 대하여도 상법 제24조에 의한 명의대여자로서의 책임을 부담한다. 그리고 상법 제24조에서 규정한 명의대여자의 책임은 명의자를 사업주로 오인하여 거래한 제3자를 보호하기 위한 것이므로 거래 상대방이 명의대여사실을 알았거나 모른 데 대하여 중대한 과실이 있는 때에는 책임을 지지 않는바, 이때 거래의 상대방이 명의대여사실을 알았거나 모른 데 대한 중대한 과실이 있었는지 여부에 대하여는 면책을 주장하는 명의대여자가 입증책임을 부담한다."고 판시하였다(대판 2008.1.24, 2006다21330). 이러한 판례에 의하면, 지문의 경우 동업관계가 종결된 이후에도 甲이 '반도나이트클럽'이라는 상호를 계속 사용하는 것에 대하여 乙이 아무런 이의를 제기하지 않았고, 乙이 동업관계로부터 탈퇴한 사실을 丁이 알지 못한 데에 중대한 과실이 없다면, 丁은 위 주류대금채권에 관하여 乙에게 명의대여자의 책임을 물을 수 있다. **[16 변호사]**

ㄴ. [○] 명의대여자가 영업을 하지 않고 명의만 대여한 경우에는 명의의 동일성 여부만 문제되나, 이와 달리 명의대여자가 영업을 하고 있는 경우 영업외관이 동일하여야 하는지 문제된다. 학설은 필요설과 불요설이 존재한다. 판례는 "임대인이 그 명의로 영업허가가 난 나이트클럽을 임대함에 있어 임차인에게 영업허가 명의를 사용하여 다른 사람에게 영업을 하도록 허락한 이상 위 임차인들이 위 영업과 관련하여 부담한 채무에 관하여 상법 제24조의 규정에 따라 그 임차인들과 연대하여 제3자에 대하여 변제할 책임이 있다."고 판시하였다(대판 1978.6.13, 78다236). 지문의 경우 丙은 '반도호텔'이라는 상호로 호텔을 소유하면서 자신의 호텔 건물 내에 소재한 '반도나이트클럽'의 영업허가를 자신의 명의로 얻은 후 甲과 乙에게 그 영업허가 명의를 이용할 것을 허락하였으므로, 丙에게 명의대여자책임이 인정될 수 있다. 명의대여자책임이 인정되는 경우 명의대여자

와 명의차용자는 연대책임을 부담하는데, 이러한 연대책임의 법적 성질은 부진정연대책임이다. 부진정연대채무자 중 1인의 변제, 대물변제, 공탁, 상계는 다른 채무자에게 효력이 있으나, 명의차용자에 대한 이행청구 등 소멸시효 중단이나 시효이익의 포기는 명의대여자에게 효력이 없다. 지문의 경우 甲에 대한 丁의 주류대금 이행청구에 대하여 甲이 채무승인을 했다는 사정만으로 丙의 丁에 대한 명의대여자로서의 책임은 시효중단되지 않는다. [17·20 법원직, 13·16·17 법무사, 16·18·20 변호사]

ㄷ. [×] 영업양도와 관련하여 상호속용 또는 채무인수 광고와 같은 외관이 존재하는 경우, 채무인수의 합의가 없었더라도 양수인이 양도인의 영업으로 인한 채무에 대한 책임을 부담한다(제42조 제1항, 제44조). 한편, 임차인이 임대인에게 대가를 지급하고 임대인의 영업재산과 영업조직을 포괄적으로 그대로 이용하여 영업을 하는 것을 영업의 임대차라 하는데, 이러한 영업의 임대차에 영업양수인의 책임이 유추적용되는지 문제된다. 학설은 긍정설과 부정설이 존재한다. 판례는 "영업임대차의 경우에는 상법 제42조 제1항과 같은 법률규정이 없을 뿐만 아니라, 영업상의 채권자가 제공하는 신용에 대하여 실질적인 담보의 기능을 하는 영업재산의 소유권이 재고상품 등 일부를 제외하고는 모두 임대인에게 유보되어 있고 임차인은 사용·수익권만을 가질 뿐이어서 임차인에게 임대인의 채무에 대한 변제책임을 부담시키면서까지 임대인의 채권자를 보호할 필요가 있다고 보기 어렵다. 여기에 상법 제42조 제1항에 의하여 양수인이 부담하는 책임은 양수한 영업재산에 한정되지 아니하고 그의 전 재산에 미친다는 점 등을 더하여 보면, 영업임대차의 경우에 상법 제42조 제1항을 그대로 유추적용할 것은 아니다."고 판시하여 영업 임대차에는 영업양수인 책임이 적용되지 않는다고 보았다(대판 2016.8.24, 2014다9212). 지문의 경우 戊는 丙으로부터 위 나이트클럽 시설을 임대받은 자이므로 丁의 주류대금채권에 대하여 상법상 영업양수인으로서 변제할 책임을 지지 않는다. [21 법원직, 19 법무사, 16·20 변호사]

ㄹ. [×] 학설은 영업 임대차의 경우 임대인의 임대차기간 중 경업금지(제41조), 영업상의 채권자와 채무자 보호에 관한 제43조와 제44조가 유추적용된다고 본다. 이러한 학설에 의하더라도 이는 유추적용에 의한 것일 뿐 상법상의 경업금지의무가 인정되는 것은 아니다. 따라서 戊는 甲을 상대로 상법상의 경업금지의무 위반에 따른 영업금지와 손해배상을 청구할 권리는 가지지 않는다. [16 변호사]

정답 ③

34 상법상 명의대여자의 책임에 관한 다음 설명 중 가장 옳지 않은 것은? (다툼이 있는 경우 판례에 의함)

16 법무사

① 상법 제24조의 명의대여자의 책임 규정은 명의대여자가 상인이 아니거나 명의차용자의 영업이 상행위가 아닌 경우에도 적용된다.

② 명의대여자의 책임은 명의자를 사업주로 오인하여 거래한 제3자를 보호하기 위한 것이므로 명의의 사용을 허락받은 자의 행위뿐만 아니라 명의차용자의 피용자의 행위에 대해서까지 미친다.

③ 명의대여자는 명의차용자의 거래 상대방이 명의대여사실을 알았거나 모른 데 대하여 중대한 과실이 있는 때에는 책임을 지지 않는다.

④ 명의차용자가 불법행위를 한 경우에는 설령 피해자가 명의대여자를 영업주로 오인하고 있었더라도 신뢰관계를 이유로 명의대여자에게 책임을 지워야 할 이유가 없다.

⑤ 명의대여자와 명의차용자의 책임은 동일한 경제적 목적을 가진 채무로서 서로 중첩되는 부분에 관하여 일방의 채무가 변제 등으로 소멸하면 타방의 채무도 소멸하는 이른바 부진정연대의 관계에 있다.

해설

① [○] 명의대여자가 상인이 아니거나 명의차용자의 영업이 상행위가 아니라 하더라도 명의대여자 책임의 법리를 적용하는 데에 아무런 영향이 없다(대판 1987.3.24, 85다카2219).   [09·16 법무사, 14·18·20 변호사, 17 공인회계사]

② [×] 명의대여자의 책임규정은 거래상의 외관보호와 금반언의 원칙을 표현한 것으로서 명의대여자가 영업주로서 자기의 성명이나 상호를 사용하는 것을 허락했을 때에는 명의차용자가 그것을 사용하여 법률행위를 함으로써 지게 된 거래상의 채무에 대하여 변제의 책임이 있다는 것을 밝히고 있는 것에 그치는 것이므로, 명의대여자의 책임은 명의의 사용을 허락받은 자의 행위에 한하고 명의차용자의 피용자의 행위에 대해서까지 미칠 수는 없다(대판 1989.9.12, 88다카26390).
[09·16 법무사, 18 변호사, 17 공인회계사]

③ [○] 명의대여자의 책임은 명의자를 영업주로 오인하여 거래한 제3자를 보호하기 위한 것이므로 거래 상대방이 명의대여사실을 알았거나 모른 데 대하여 중대한 과실이 있는 때에는 책임을 지지 않는다. 상대방의 악의와 중과실은 면책을 주장하는 명의대여자들이 입증책임을 부담한다(대판 2001.4.13, 2000다10512).
[14·17·20 법원직, 09·13·16·17 법무사, 14·20 변호사, 10·14·17·19 공인회계사]

④ [○] 명의차용자의 불법행위의 경우에는 설령 피해자가 명의대여자를 영업주로 오인하고 있었더라도 그와 같은 오인과 피해의 발생 사이에 아무런 인과관계가 없으므로, 신뢰관계를 이유로 명의대여자에게 책임을 지워야 할 이유가 없다(대판 1998.3.24, 97다55621).   [17 법원직, 09·16·17 법무사, 18 변호사, 10·17 공인회계사]

⑤ [○] 명의대여자와 명의차용자의 책임은 일방의 채무가 변제 등으로 소멸하면 타방의 채무도 소멸하는 부진정연대의 관계에 있다. 부진정연대채무에서 채무자 1인에 대한 이행청구 또는 채무자 1인의 채무승인 등 소멸시효 중단사유나 시효이익 포기는 다른 채무자에게 효력을 미치지 아니한다(대판 2011.4.14, 2010다91886).
[17·20 법원직, 13·16·17 법무사, 16·18·20 변호사]

정답 ②

35 상법상 명의대여자의 책임에 관한 설명 중 가장 옳지 않은 것은? (다툼이 있는 경우 통설·판례에 의함)

14 법원직

① 공법인이 타인에게 자기의 성명 또는 상호를 사용하여 영업할 것을 허락한 경우에는 상법상 명의대여자의 책임을 부담한다.

② 거래상대방의 악의 또는 중과실에 관한 증명책임은 명의대여자가 부담한다.

③ 명의대여자가 허락한 범위 내의 영업이 아니더라도 명의차용자의 거래로 인한 채무에 대해서는 명의대여자가 책임을 부담한다.

④ 타인에게 자기의 성명 또는 상호를 영업에 사용할 것을 묵시적으로 허락한 경우에도 명의대여자의 책임이 발생하나, 단순한 부작위만으로는 묵시적 허락이 있다고 보기 어렵다.

해설

① [O] 인천광역시가 사단법인 한국병원관리연구소에게 인천직할시립병원이라는 명칭을 사용하여 병원업을 하는 것을 승낙한 경우, 인천광역시는 상법상 명의대여자에 해당한다(대판 1987.3.24, 85다카2219). 공법인이 타인에게 자기의 성명 또는 상호를 사용하여 영업을 할 것을 허락한 경우에도 상법상 명의대여자의 책임을 부담한다. [14·17 법원직, 14 공인회계사]

② [O] 명의대여자의 책임은 명의자를 영업주로 오인하여 거래한 제3자를 보호하기 위한 것이므로 거래 상대방이 명의대여사실을 알았거나 모른 데 대하여 중대한 과실이 있는 때에는 책임을 지지 않는다. 상대방의 악의와 중과실은 면책을 주장하는 명의대여자들이 입증책임을 부담한다(대판 2001.4.13, 2000다10512).
[14·17·20 법원직, 09·13·16·17 법무사, 14·20 변호사, 10·14·17·19 공인회계사]

③ [×] 상법 제24조에 규정된 명의대여자의 책임은 제3자가 명의대여자를 영업주로 오인하고 그 영업의 범위 내에서 명의사용자와 거래한 제3자에 대한 책임이므로, 정미소의 임차인이 임대인의 상호를 계속 사용하는 경우에 있어서 임대인이 대여한 상호에 의하여 표상되는 영업은 정미소 영업이 분명하니, 임차인이 정미소 부지 내에 있는 창고 및 살림집을 제3자에게 임대한 행위는 설령 명의사용자가 임대행위의 목적이 정미소 창고 건축비용을 조달키 위함이라고 말하였다고 하더라도 위 정미소 영업범위 외의 거래이므로 그에 관하여 명의대여자에게 책임을 물을 수 없다(대판 1983.3.22, 82다카1852). 명의대여자는 자신이 허락한 영업범위 내의 채무에 대해서 책임을 부담하고, 이러한 허락의 범위를 넘는 영업거래로 인한 채무에 대해서는 책임을 부담하지 않는다. [14 법원직]

④ [O] 명의대여자에게 상호사용을 관리할 의무가 있다고 볼 수 있는 경우 묵시적 허락이 인정되나, 단순한 부작위만으로는 묵시적 허락이 있다고 보기 어렵다. [14 법원직]

정답 ③

36 상법 제24조가 정한 명의대여자의 책임에 관한 설명 중 옳지 않은 것은? (다툼이 있는 경우 판례에 의함)

14 변호사

① 명의차용자와 거래한 상대방이 명의대여 사실을 알았거나 알지 못한 데 대하여 중대한 과실이 있을 때에는 명의대여자가 책임을 지지 않는바, 이때 거래의 상대방이 명의대여사실을 알았거나 알지 못한 데 대한 중대한 과실이 있었는지 여부에 대하여는 면책을 주장하는 명의대여자가 증명책임을 부담한다.

② 영업을 임대함으로써 자신의 상호를 관리하여야 할 의무가 있는 자는 영업의 임차인이 자신의 상호를 그 영업에 사용하고 있는 것을 알면서 묵인한 경우 명의대여자로서 책임을 질 수 있다.

③ 명의대여가 위법인 경우에는 명의대여자의 책임을 물을 수 없다.

④ 명의대여자가 상인이 아닌 경우에도 명의대여자의 책임을 인정할 수 있다.

⑤ 명의차용자의 거래 상대방에 대한 명의대여자와 명의차용자의 책임은 부진정연대의 관계에 있다.

해설

① [O] 상법 제24조에서 규정한 명의대여자의 책임은 명의자를 사업주로 오인하여 거래한 제3자를 보호하기 위한 것이므로, 거래 상대방이 명의대여사실을 알았거나 모른 데 대하여 중대한 과실이 있는 때에는 책임을 지지 않는바, 이때 거래의 상대방이 명의대여사실을 알았거나 모른 데 대한 중대한 과실이 있었는지 여부에 대하여는 면책을 주장하는 명의대여자가 입증책임을 부담한다(대판 2008.1.24, 2006다21330). 이러한 판례에 의하면 거래의 상대방이 명의대여사실을 알았거나 알지 못한 데 대한 중대한 과실이 있었는지 여부에 대하여는 면책을 주장하는 명의대여자가 증명책임을 부담한다.

[14·17·20 법원직, 09·13·16·17 법무사, 14·20 변호사, 10·14·17·19 공인회계사]

② [O] 명의대여자책임의 요건 중 명의사용의 허락은 묵시적 허락의 경우에도 인정된다. 묵시적 허락은 명의대여자에게 상호사용을 관리할 적극적 의무가 있다고 볼 수 있는 경우 인정된다. 영업의 임대, 영업장소 사용허가, 공동사업관계에서 탈퇴 후 탈퇴 전 거래상대방에게 알리지 않은 경우 등에는 묵시적 허락이 인정된다. 판례 또한 "피고는 용당정미소라는 상호를 가지고 경영하던 정미소를 甲에게 임대하고 甲은 같은 상호를 그대로 사용하면서 그 정미소를 경영할 경우 甲이 그 정미소를 경영하는 동안에 원고로부터 백미를 보관하고 보관전표를 발행한 것이며 그 때에 원고가 피고를 용당정미소의 영업주로 오인하였다는 사실이 인정된다면 피고는 그 백미보관으로 인한 책임을 면할 수 없다."고 판시하였다(대판 1967.10.25, 66다2362).

[14 변호사]

③ [×] 농약판매등록명의자가 그 등록명의를 대여하였다거나 그 명의로 등록할 것을 다른 사람에게 허락하였다면 농약의 판매업에 관한 한 등록명의자 스스로 영업주라는 것을 나타낸 것이라 할 것이므로, 상법 제24조에 의한 명의대여자로서 농약거래로 인하여 생긴 채무를 변제할 책임이 있다(대판 1988.2.9, 87다카1304). 이러한 판례에 의하면 명의대여가 명의대여를 금지한 법률에 위반하여 무효라고 하더라도, 명의대여자는 선의의 제3자에 대하여 상법상 명의대여자의 책임을 진다.

[17 법무사, 14 변호사]

④ [O] 명의대여자가 상인이 아니거나 명의차용자의 영업이 상행위가 아니라 하더라도 명의대여자 책임의 법리를 적용하는 데에 아무런 영향이 없다(대판 1987.3.24, 85다카2219). [09·16 법무사, 14·18·20 변호사, 17 공인회계사]

⑤ [O] 명의대여자는 자기를 영업주로 오인하여 거래한 제3자에 대하여 명의차용자과 연대하여 변제할 책임이 있다(제24조). 이러한 연대책임의 법적 성질은 부진정연대채무에 해당한다.

[14 변호사, 14 공인회계사]

정답 ③

37 A는 B에게 자신의 명의를 사용하여 영업을 할 것을 허락하였다. 그 후 B는 A의 명의를 사용하여 C와 영업거래를 하였다. 이 경우에 관한 설명으로 틀린 것은?

14 공인회계사

① A가 지방자치단체라도 A는 C에 대하여 명의대여자의 책임을 질 수 있다.

② B가 C와의 영업거래에서 부담하는 어음상 채무에 대하여도 A가 명의대여자의 책임을 질 수 있다.

③ C가 A에게 명의대여자의 책임을 추궁하기 위해서는 자신이 선의였고 중과실이 없었음을 입증하여야 한다.

④ 상법상 명의대여자의 책임이 인정되는 경우 C는 A와 B 누구에 대하여도 순서에 상관없이 채무의 변제를 청구할 수 있다.

⑤ A가 호텔영업을 하고 있는 자이고 B가 A의 명의를 사용하여 한 영업이 같은 호텔 내 나이트클럽 영업이라면 A는 명의대여자의 책임을 질 수 있다.

해설

① [O] 인천광역시가 사단법인 한국병원관리연구소에게 인천직할시립병원이라는 명칭을 사용하여 병원업을 하는 것을 승낙한 경우, 인천광역시는 상법상 명의대여자에 해당한다(대판 1987.3.24, 85다카2219). 이 판례에 의하면 공법인이 타인에게 자기의 성명 또는 상호를 사용하여 영업을 할 것을 허락한 경우에도 상법상 명의대여자의 책임을 부담한다.

[14 · 17 법무사, 14 공인회계사]

② [O] 대한교육보험주식회사가 甲에게 부산지사라는 상호를 사용하여 보험계약 체결·알선을 허락하고, 甲은 부산지사 비품대금 조달을 위해 대한교육보험주식회사 부산지사장의 직인을 찍어 乙에게 약속어음을 발행한 경우, 乙이 甲의 어음발행행위의 주체를 대한교육보험주식회사로 오인한 데에 중과실이 있다고 보이지 않으므로 대한교육보험주식회사는 명의대여자로서 책임을 진다(대판 1969.3.31, 68다2270). 이와 같이 어음·수표상의 채무는 영업거래 채무로 인정될 수 있으므로 어음·수표행위에 명의대여자 책임을 인정하는 것이 통설과 판례의 입장이다.

[14 공인회계사]

③ [×] 명의대여자의 책임은 명의자를 영업주로 오인하여 거래한 제3자를 보호하기 위한 것이므로, 거래 상대방이 명의대여사실을 알았거나 모른 데 대하여 중대한 과실이 있는 때에는 책임을 지지 않는다. 상대방의 악의와 중과실은 면책을 주장하는 명의대여자들이 입증책임을 부담한다(대판 2001.4.13, 2000다10512).

[14 · 17 · 20 법원직, 09 · 13 · 16 · 17 법무사, 14 · 20 변호사, 10 · 14 · 17 · 19 공인회계사]

④ [O] 명의대여자는 명의차용자와 연대하여 책임을 부담한다. 명의대여자와 명의차용자의 연대책임의 법적 성질은 동일한 경제적 목적을 가진 채무로서, 서로 중첩되는 부분에 관하여 일방의 채무가 변제 등으로 소멸하면 타방의 채무도 소멸하는 부진정연대책임이다. 따라서 거래상대방은 명의대여자나 명의차용자 중 누구에 대하여도 순서에 상관없이 채무의 변제를 청구할 수 있다.

[14 변호사, 14 공인회계사]

⑤ [O] 호텔 운영자가 자신의 명의로 된 나이트클럽을 다른 사람에게 임대하여 준 경우 다른 사람에게 자신의 영업허가 명의를 사용하여 영업을 하도록 허락한 이상 상법 제24조의 규정에 따라 명의대여자 책임을 진다(대판 1978.6.13, 78다236).

[14 공인회계사]

정답 ③

38 상법 제24조 명의대여자의 책임에 관한 아래의 설명 중 가장 옳지 않은 것은? (다툼이 있는 경우 판례에 의함)

13 법무사

① 명의대여자의 책임은 명의자를 영업주로 오인하여 거래한 제3자를 보호하기 위한 규정이다.
② 거래 상대방인 제3자가 명의대여사실을 알았거나 모른 데 대하여 중대한 과실이 있는 때에는 책임을 지지 아니한다.
③ 거래의 상대방인 제3자가 명의대여사실을 알았거나 모른 데 중대한 과실이 있었는지 여부에 관하여는 면책을 주장하는 명의대여자가 그 증명책임을 부담한다.
④ 명의대여자는 자기를 영업주로 오인하여 거래한 제3자에 대하여 명의차용인과 연대하여 변제할 책임이 있다.
⑤ 명의대여자와 명의차용자의 책임은 부진정연대의 관계에 있으므로, 채무자 1인에 대한 이행청구 또는 채무자 1인이 행한 채무의 승인 등 소멸시효의 중단사유나 시효이익의 포기는 다른 채무자에게도 당연히 효력이 있다.

해설

① [O] 명의대여자의 책임은 금반언의 법리 및 외관주의의 법리에 따라 선의의 제3자를 보호하기 위한 것이다. [13 법무사]
② [O] ③ [O] 명의대여자의 책임은 명의자를 영업주로 오인하여 거래한 제3자를 보호하기 위한 것이므로, 거래 상대방이 명의대여사실을 알았거나 모른 데 대하여 중대한 과실이 있는 때에는 책임을 지지 않는다. 상대방의 악의와 중과실은 면책을 주장하는 명의대여자들이 입증책임을 부담한다(대판 2001.4.13, 2000다10512).
[14·17·20 법원직, 09·13·16·17 법무사, 14·20 변호사, 10·14·17·19 공인회계사]
④ [O] 타인에게 자기의 성명 또는 상호를 사용하여 영업을 할 것을 허락한 자는 자기를 영업주로 오인하여 거래한 제3자에 대하여 그 타인과 연대하여 변제할 책임이 있다(제24조). [07·09·16·18 법원직, 13·16·19 법무사]
⑤ [X] 명의대여자와 명의차용자의 책임은 일방의 채무가 변제 등으로 소멸하면 타방의 채무도 소멸하는 부진정연대의 관계에 있다. 부진정연대채무에서 채무자 1인에 대한 이행청구 또는 채무자 1인의 채무승인 등 소멸시효 중단사유나 시효이익 포기는 다른 채무자에게 효력을 미치지 아니한다(대판 2011.4.14, 2010다91886).
[17·20 법원직, 13·16·17 법무사, 16·18·20 변호사]

정답 ⑤

39 상법 명의대여자의 책임에 관한 설명으로 옳은 것은?

10 공인회계사

① 명의대여자가 책임을 면하기 위하여는 명의차용자의 거래상대방에게 악의 또는 중과실이 있음을 입증해야 한다.
② 명의자가 자기명의의 사용을 명시적·묵시적으로 허락하지 않은 경우 그 명의가 사용되면 명의대여자의 책임이 인정된다.
③ 다수설에 의하면, 교통사고와 같은 순수한 불법행위에 대하여도 명의대여자의 책임이 인정된다.
④ 명의대여 관계에 있을 때 민법상의 사용자책임이 적용될 경우는 존재하지 않는다.
⑤ 명의대여자의 책임이 인정되면 명의차용자는 그 책임을 면한다.

해설

① [○] 명의대여자의 책임은 명의자를 영업주로 오인하여 거래한 제3자를 보호하기 위한 것이므로, 거래 상대방이 명의대여사실을 알았거나 모른 데 대하여 중대한 과실이 있는 때에는 책임을 지지 않는다. 상대방의 악의와 중과실은 면책을 주장하는 명의대여자들이 입증책임을 부담한다(대판 2001.4.13, 2000다10512).

[14 · 17 · 20 법원직, 09 · 13 · 16 · 17 법무사, 14 · 20 변호사, 10 · 14 · 17 · 19 공인회계사]

② [×] 명의사용의 허락은 명시적 허락과 묵시적 허락을 포함한다. 지문의 경우 명의자가 자기명의의 사용을 명시적 · 묵시적으로 허락하지 않았으므로, 그 명의가 사용되면 명의대여자의 책임이 인정되지 않는다.　　　　　　　　　[14 법원직, 10 공인회계사]

③ [×] 명의차용자의 불법행위의 경우에는 설령 피해자가 명의대여자를 영업주로 오인하고 있었더라도 그와 같은 오인과 피해의 발생 사이에 아무런 인과관계가 없으므로, 신뢰관계를 이유로 명의대여자에게 책임을 지워야 할 이유가 없다(대판 1998. 3.24, 97다55621).

[17 법원직, 09 · 16 · 17 법무사, 18 변호사, 10 공인회계사]

④ [×] 명의대여자책임은 외관법리에 따른 거래안전을 위한 것으로서, 사용자책임과는 그 성격을 달리하므로 명의대여자책임이 성립되고, 동시에 사용자책임이 성립되는 경우에는 명의대여자책임과 사용자책임이 함께 적용될 수 있다.　　　[10 공인회계사]

⑤ [×] 명의대여자는 명의차용자와 연대하여 책임을 부담한다. 따라서 명의대여자의 책임이 인정되는 경우 명의차용자의 책임이 소멸되는 것은 아니다.　　　　　　　　　　　　　　　[10 공인회계사]

정답 ①

40 상법 제24조의 명의대여자의 책임에 관한 설명으로서 가장 옳지 않은 것은?　　　　09 법무사

① 타인에게 자기의 성명 또는 상호를 사용하여 영업할 것을 허락함으로써 명의대여자의 책임을 지는 자는 상인에 한정되지 않는다.

② 명의차용자의 영업은 상행위가 아니어도 된다.

③ 명의차용자의 불법행위의 경우에도 명의대여자를 영업주로 오인한 피해자의 신뢰는 보호되어야 하므로 명의대여자에게 책임을 물을 수 있다.

④ 거래상대방이 명의대여사실을 알았거나 모른 데에 대하여 중대한 과실이 있는 때에는 명의대여자는 책임을 지지 않는다.

⑤ 명의대여자의 책임은 명의차용자의 행위에 한하고 명의차용자의 피용자의 행위에 대해서까지 미치지 않는다.

해설

① [○] ② [○] 명의대여자가 상인이 아니거나 명의차용자의 영업이 상행위가 아니라 하더라도 명의대여자 책임의 법리를 적용하는 데에 아무런 영향이 없다(대판 1987.3.24, 85다카2219).　　　[09 · 16 법무사, 14 · 18 · 20 변호사, 17 공인회계사]

③ [×] 명의차용자의 불법행위의 경우에는 설령 피해자가 명의대여자를 영업주로 오인하고 있었더라도 그와 같은 오인과 피해의 발생 사이에 아무런 인과관계가 없으므로, 신뢰관계를 이유로 명의대여자에게 책임을 지워야 할 이유가 없다(대판 1998. 3.24, 97다55621).　　　　　　　　　　[17 법원직, 09 · 16 · 17 법무사, 18 변호사, 10 공인회계사]

④ [○] 명의대여자의 책임은 명의자를 영업주로 오인하여 거래한 제3자를 보호하기 위한 것이므로, 거래 상대방이 명의대여사실을 알았거나 모른 데 대하여 중대한 과실이 있는 때에는 책임을 지지 않는다. 상대방의 악의와 중과실은 면책을 주장하는 명의대여자들이 입증책임을 부담한다(대판 2001.4.13, 2000다10512).

[14 · 17 · 20 법원직, 09 · 13 · 16 · 17 법무사, 14 · 20 변호사, 10 · 14 · 17 · 19 공인회계사]

⑤ [○] 명의대여자의 책임규정은 거래상의 외관보호와 금반언의 원칙을 표현한 것으로서 명의대여자가 영업주로서 자기의 성명이나 상호를 사용하는 것을 허락했을 때에는 명의차용자가 그것을 사용하여 법률행위를 함으로써 지게 된 거래상의 채무에 대하여 변제의 책임이 있다는 것을 밝히고 있는 것에 그치는 것이므로, 명의대여자의 책임은 명의의 사용을 허락받은 자의 행위에 한하고 명의차용자의 피용자의 행위에 대해서까지 미칠 수는 없다(대판 1989.9.12, 88다카26390).

[09 · 16 법무사, 18 변호사, 17 공인회계사]

정답 ③

41 상법상 상인의 물적 설비에 관한 설명으로 틀린 것은? 13 공인회계사

① 개인 상인은 수 개의 영업을 영위하는 경우, 단일상호를 사용할 수도 있고 각 영업마다 별개의 상호를 사용하여도 무방하다.

② 인접한 특별시·광역시·시·군에서 동종영업으로 타인이 등기한 상호를 사용하는 자는 부정목적으로 사용하는 것으로 추정되지 않는다.

③ 개인 상인은 소상인이 아닌 한 회계장부와 대차대조표를 상법상의 의무로서 작성하여야 한다.

④ 상인은 상업장부와 영업에 관한 중요서류를 그 작성일로부터 10년간 보존하여야 하며, 전표 또는 이와 유사한 서류는 5년간 이를 보존하여야 한다.

⑤ 채권자의 지점에서의 거래로 인한 채무이행의 장소가 그 행위의 성질 또는 당사자의 의사표시에 의하여 특정되지 아니한 경우 특정물 인도 외의 채무이행은 그 지점을 이행장소로 본다.

해설

① [O] 동일한 영업에는 단일상호를 사용하여야 한다(제21조 제1항). 회사의 상호는 회사 자체를 표시하므로, 회사는 여러 영업을 하더라도 하나의 상호만 사용해야 한다. 그러나 개인은 독립된 영업별로 다른 상호를 사용하는 것이 가능하다.

[13 법원직, 05 법무사, 10·13 공인회계사]

② [O] 동일한 특별시·광역시·시·군에서 동종영업으로 타인이 등기한 상호를 사용하는 자는 부정한 목적으로 사용하는 것으로 추정한다(제23조 제4항). 상법에서는 동일한 특별시·광역시·시·군에서의 사용에 대하여만 규정하고 있을 뿐 인접한 특별시·광역시·시·군에서의 사용에 대하여 규정하고 있지 않다. [11·16 법원직, 05·17 법무사, 13·15 공인회계사]

③ [O] 지배인, 상호, 상업장부와 상업등기에 관한 규정은 소상인에게 적용하지 않는다(제9조). 따라서 소상인이 아닌 경우 개인 상인이라 하더라도 회계장부와 대차대조표를 작성하여야 한다.

[08·12 법원직, 06·09·13·16·17·18 법무사, 12·19 변호사, 13·19·21 공인회계사]

④ [×] 상인은 10년간 상업장부와 영업에 관한 중요서류를 보존하여야 한다. 다만, 전표 또는 이와 유사한 서류는 5년간 이를 보존하여야 한다(제33조 제1항). 그 기간은 상업장부에 있어서는 그 폐쇄한 날로부터 기산한다(제33조 제2항).

[13 공인회계사]

⑤ [O] 채권자의 지점에서의 거래로 인한 채무이행의 장소가 그 행위의 성질 또는 당사자의 의사표시에 의하여 특정되지 아니한 경우 특정물 인도 외의 채무이행은 그 지점을 이행장소로 본다(제56조). [16 법원직, 10·15 법무사, 13 공인회계사]

정답 ④

제5장/ 상업장부

01 다음의 각 설명 중 잘못된 것은?

10 법원직

① 상인은 10년간 상업장부와 영업에 관한 중요서류를 보존하여야 한다. 다만, 전표 또는 이와 유사한 서류는 5년간 이를 보존하여야 한다.

② 상인은 영업상의 재산 및 손익의 상황을 명백히 하기 위하여 회계장부 및 대차대조표를 작성하여야 한다.

③ 상인은 영업을 개시한 때와 매년 1회 이상 일정시기에, 회사는 성립한 때와 매 결산기에 회계장부에 의하여 대차대조표를 작성하고, 작성자가 이에 기명날인 또는 서명하여야 한다.

④ 유동자산은 취득가액 또는 제작가액으로부터 상당한 감가액을 공제한 가액에 의하되, 예측하지 못한 감손이 생긴 때에도 상당한 감액을 하여야 한다.

해설

① [O] 상인은 10년간 상업장부와 영업에 관한 중요서류를 보존하여야 한다. 다만, 전표 또는 이와 유사한 서류는 5년간 이를 보존하여야 한다(제33조). [07 · 09 · 10 · 12 법원직]

② [O] 상인은 영업상의 재산 및 손익의 상황을 명백히 하기 위하여 회계장부 및 대차대조표를 작성하여야 한다(제29조 제1항). [10 법원직]

③ [O] 상인은 영업을 개시한 때와 매년 1회 이상 일정시기에, 회사는 성립한 때와 매 결산기에 회계장부에 의하여 대차대조표를 작성하고, 작성자가 이에 기명날인 또는 서명하여야 한다(제30조 제2항). [10 법원직]

④ [×] "유동자산은 취득가액 · 제작가액 또는 시가에 의한다. 그러나 시가가 취득가액 또는 제작가액보다 현저하게 낮은 때에는 시가에 의한다."는 종전 상법 제31조의 규정은 2010년 상법 개정으로 삭제되었다. [10 법원직]

정답 ④

제6장 / 상업등기

01 상업등기에 관한 다음 설명 중 가장 옳지 않은 것은?

① 등기 해태에 따른 과태료도 본점소재지와 지점소재지의 등기 해태에 따라 각각 부과되는 것이다.

② 상법에 의하여 등기할 사항은 이를 등기하지 아니하면 선의의 제3자에게 대항하지 못하나, 이를 등기한 경우에는 제3자가 등기된 사실을 알지 못한 데에 정당한 사유가 없는 한 선의의 제3자에게도 대항할 수 있다.

③ 대표이사의 퇴임등기가 된 경우에도 민법 제129조가 정하는 '대리권 소멸 후의 표현대리'의 적용이 배제되지 아니한다.

④ 회사등기에는 공신력이 인정되지 아니하므로, 합자회사의 사원 지분등기가 불실등기인 경우 그 불실등기를 믿고 합자회사 사원의 지분을 양수하였다 하여 그 지분을 양수한 것으로는 될 수 없다.

해설

① [○] 회사의 등기사항에 변경이 있는 때에는 본점소재지에서는 2주간 내, 지점소재지에서는 3주간 내에 변경등기를 하여야 하는바, 본점소재지와 지점소재지의 관할 등기소가 동일하지 아니한 때에는 그 등기도 각각 신청하여야 하는 것이므로, 그 등기해태에 따른 과태료도 본점소재지와 지점소재지의 등기해태에 따라 각각 부과되는 것이다(대결 2009.4.23, 2009마 120).
[10·19 법원직, 14 법무사]

② [○] 상법에 의하여 등기할 사항은 이를 등기하지 아니하면 선의의 제3자에게 대항하지 못하나, 이를 등기한 경우에는 제3자가 등기된 사실을 알지 못한 데에 정당한 사유가 없는 한 선의의 제3자에게도 대항할 수 있다(제37조 제1항·제2항).
[07·11·19 법원직, 06·07·08·13·16·18 법무사]

③ [×] 주식회사의 이사가 퇴임하여 퇴임등기 및 공고를 한 경우에는 상법 37조의 해석상 제3자는 악의로 의제되므로, 민법 제129조의 표현대리가 성립될 수 없다(서울고등법원 1977.3.23, 76나2843).
[19 법원직]

④ [○] 회사등기에는 공신력이 인정되지 아니하므로, 합자회사의 사원 지분등기가 불실등기인 경우 그 불실등기를 믿고 사원의 지분을 양수하였다 하여 그 지분을 양수한 것으로는 될 수 없다(대판 1996.10.29, 96다19321).
[07·10·19 법원직, 15 법무사]

정답 ③

02 상업등기에 관한 다음 설명 중 가장 옳지 않은 것은? (다툼이 있는 경우 판례에 따르고, 전원합의체 판결의 경우 다수의견에 의함)

18 법무사

① 본점의 소재지에서 등기할 사항은 다른 규정이 없으면 지점의 소재지에서도 등기하여야 한다.

② 등기신청권자가 스스로 등기를 하지 아니하였다 하더라도 그의 책임 있는 사유로 그 등기가 이루어지는 데에 관여하거나 그 부실등기의 존재를 알고 있음에도 이를 시정하지 않고 방치하는 등 등기신청권자의 고의·과실로 부실등기를 한 것과 동일시할 수 있는 특별한 사정이 있는 경우에는 그 등기신청권자에 대하여 상법 제39조에 의한 부실등기책임을 물을 수 있다.

③ 등기의무자가 등기할 사항을 등기한 경우에는 정당한 사유로 인하여 이를 알지 못한 경우를 제외하고는 선의의 제3자에게도 대항할 수 있다.

④ 법인등기부에 이사 또는 감사로 등재되어 있는 경우에는 특단의 사정이 없는 한 정당한 절차에 의하여 선임된 적법한 이사 또는 감사로 추정된다.

⑤ 등기할 사항을 등기하지 아니하면 선의의 제3자에게 대항하지 못하는데, 여기서 선의의 제3자라 함은 대등한 지위에서 하는 보통의 거래관계의 상대방은 물론 조세권에 기하여 조세의 부과처분을 하는 경우의 국가를 포함한다.

해설

① [O] 본점의 소재지에서 등기할 사항은 다른 규정이 없으면 지점의 소재지에서도 등기하여야 한다(제35조).

[08·11 법원직, 06·07·13·14·18 법무사]

② [O] 회사의 적법한 대표이사가 부실등기에 협조·묵인하는 등의 방법으로 관여했거나 회사가 부실등기의 존재를 알고 있음에도 시정하지 않고 방치하는 등 회사의 고의 또는 과실로 부실등기를 한 것과 동일시할 수 있는 특별한 사정이 없는 한, 회사에게 상법 제39조에 의한 부실등기책임을 물을 수 없고, 이 경우 허위 주주총회결의 등의 외관을 만들어 부실등기를 마친 사람이 회사의 상당한 지분을 가진 주주이더라도 회사의 고의 또는 과실로 부실등기를 한 것과 동일시할 수는 없다(대판 2008.7.24, 2006다24100). [18 법무사, 15·18 변호사]

③ [O] 상법에 의하여 등기할 사항은 이를 등기하지 아니하면 선의의 제3자에게 대항하지 못하나, 이를 등기한 경우에는 제3자가 등기된 사실을 알지 못한 데에 정당한 사유가 없는 한 선의의 제3자에게도 대항할 수 있다(제37조).

[07·11·19 법원직, 06·07·08·13·16·18 법무사]

④ [O] 법인등기부에 이사 또는 감사로 등재되어 있는 경우에는 특단의 사정이 없는 한 정당한 절차에 의하여 선임된 적법한 이사 또는 감사로 추정된다(대판 1991.12.27, 91다4409·91다4416).

[07 법원직, 03·05·15·18 법무사, 15 변호사, 14 공인회계사]

⑤ [X] 등기의 일반적 효력과 관련된 선의의 제3자란 대등한 지위에서 하는 보통의 거래관계의 상대방을 말하므로, 조세권에 기하여 조세의 부과처분을 하는 경우의 국가는 동조 소정의 제3자라 할 수 없다(대판 1978.12.26, 78누167).

[17 법원직, 03·11·18 법무사]

정답 ⑤

03 A와 B가 발행주식총수의 각 50%를 보유하고 있는 비상장회사 甲주식회사는 B, D를 이사로, C를 대표이
사로 선임하는 등기를 마쳤다. 그런데 A는 주주총회 및 이사회 의사록 등 관련서류를 허위로 작성한 후
이에 터잡아 C 대신 E를 새로운 이사 및 대표이사로, D 대신 F를 새로운 이사로 선임하는 등기를 마쳤다.
E와 F는 기존의 이사인 B, C, D를 배제한 채 주주총회 소집을 결의한 후, B에 대한 주주총회 소집통지
없이 주주총회를 개최하여 기존 이사들을 전부 해임하고 다시 새로운 이사들을 선임하였다. 새로 선임된
이사들로 구성된 이사회에서 G는 甲회사의 대표이사로 선임되어 등기까지 마쳤고, 이 과정에서 C는 이러
한 사실을 모두 알고도 아무런 조치를 취하지 않았다. 대표이사로 선임등기된 이후 G는 회사의 대출금을
갚기 위해 H에게 회사사옥을 처분하였다. 이러한 경우 회사의 부실등기책임에 관한 설명 중 옳지 않은
것은? (다툼이 있는 경우 판례에 의함)   18 변호사

① H가 선의·무과실인 경우 회사는 사실과 상위한 사항이 등기되었다는 이유로 H에 대하여 G의 사옥처분행
  위의 무효를 주장할 수 없다.
② 회사에 대해 부실등기책임을 묻기 위해서는 원칙적으로 등기가 등기신청권자인 회사에 의하여 고의·과실
  로 마쳐진 것임을 요한다.
③ 회사의 부실등기책임을 묻기 위해 필요한 등기신청권자의 고의·과실의 유무는 대표이사를 기준으로 판단
  한다.
④ 대표이사의 선임등기에 있어 회사가 고의·과실로 부실등기를 한 것과 동일시할 수 있는 사정이 없는 경우
  결의의 외관이 존재하는 것만으로 회사에 대해 부실등기책임을 물을 수 없다.
⑤ 甲회사의 상당한 지분을 가진 주주인 A가 허위의 주주총회의 결의 등의 외관을 만들어 부실등기를 마친
  것은 그 자체로 회사의 고의·과실로 볼 수 있다.

해설

① [O] 고의 또는 과실로 사실과 상위한 사항을 등기한 자는 등기가 사실과 다름을 주장하여 선의의 제3자에게 대항하지 못한다
(제39조). 따라서 H가 선의·무과실인 경우 회사는 사실과 상위한 사항이 등기되었다는 이유로 H에 대하여 G의 사옥처분행
위의 무효를 주장할 수 없다.   [10·12·17 법원직, 03·06·07·13·14·15·16 법무사, 18 변호사, 16 공인회계사]
② [O] 등기신청권자가 아닌 제3자가 문서를 위조하는 등의 방법으로 부실등기가 된 경우 원칙적으로 제39조가 적용되지 않는
다. 다만, 제3자에 의하여 이루어진 부실등기가 방치된 경우 회사에게 제39조의 책임을 묻기 위한 요건이 문제된다. 판례는
부실등기에 대하여 회사의 책임을 인정하기 위해서는 회사가 부실등기를 알면서 방치하였을 것이 요구된다고 보고 있다. 따라
서 회사에 대해 부실등기책임을 묻기 위해서는 원칙적으로 등기가 등기신청권자인 회사에 의하여 고의·과실로 마쳐진 것임
을 요한다.

> **관련판례**
>
> "등기신청권자 아닌 제3자가 문서위조 등의 방법으로 등기신청권자의 명의를 도용하여 부실등기를 경료한 것과 같
> 은 경우에는 비록 그 제3자가 명의를 도용하여 등기신청을 함에 있어 등기신청권자에게 과실이 있다 하여도 이로
> 써 곧 등기신청권자 자신이 고의나 과실로 사실과 상위한 등기를 신청한 것과 동일시할 수는 없는 것이고, 또 이미
> 경료되어 있는 부실등기를 등기신청권자가 알면서 이를 방치한 것이 아니고 이를 알지 못하여 부실등기 상태가 존
> 속된 경우에는 비록 등기신청권자에게 부실등기 상태를 발견하여 이를 시정하지 못한 점에 있어서 과실이 있다 하
> 여도 역시 이로서 곧 스스로 사실과 상위한 등기를 신청한 것과 동일시 할 수 없는 법리라 할 것이므로, 등기신청
> 권자 아닌 제3자의 문서위조 등의 방법으로 이루어진 부실등기에 있어서는 등기신청권자에게 그 부실등기의 경료
> 및 존속에 있어서 그 정도가 어떠하건 과실이 있다는 사유만 가지고는 상법 제39조를 적용하여 선의의 제3자에게
> 대항할 수 없다고 볼 수는 없다"(대판 1975.5.27, 74다1366).   [05·15 법무사, 18 변호사]

③ [O] 부실등기와 관련된 등기신청인의 고의 또는 과실은 법인의 경우 대표자를 기준으로 판단한다. 등기공무원의 잘못으로 사실과 다른 등기가 된 경우에는 적용되지 않는다. 판례는 "합명회사에 있어서 부실등기에 대한 고의·과실 유무는 대표사원을 기준으로 판정하여야 하고, 대표사원의 유고로 회사 정관에 따라 업무를 집행하는 사원이 있다고 하더라도 그 사원을 기준으로 판정하여서는 아니 된다."고 판시하였다(대판 1981.1.27, 79다1618·1619). [05·15 법무사, 15·18 변호사]

④ [O] 판례는 "회사의 적법한 대표이사가 그 불실등기가 이루어지는 것에 협조·묵인하는 등의 방법으로 관여하였다거나 회사가 그 불실등기의 존재를 알고 있음에도 시정하지 않고 방치하는 등 이를 회사의 고의 또는 과실로 불실등기를 한 것과 동일시할 수 있는 특별한 사정이 없는 한, 회사에 대하여 상법 제39조에 의한 불실등기책임을 물을 수 없고, 이 경우 위와 같이 허위의 주주총회결의 등의 외관을 만들어 불실등기를 마친 사람이 회사의 상당한 지분을 가진 주주라고 하더라도 그러한 사정만으로는 회사의 고의 또는 과실로 불실등기를 한 것과 동일시할 수는 없다."고 판시하였다(대판 2008.7.24, 2006다24100). 이러한 판례에 의하는 경우 대표이사의 선임등기에 있어 회사가 고의·과실로 부실등기를 한 것과 동일시할 수 있는 사정이 없는 경우 결의의 외관이 존재하는 것만으로 회사에 대해 부실등기책임을 물을 수 없다. [15·18 변호사]

⑤ [×] 위 ④와 관련하여 검토한 판례에 의하는 경우, 甲회사의 상당한 지분을 가진 주주인 A가 허위의 주주총회의 결의 등의 외관을 만들어 부실등기를 마쳤다는 사정만으로는 회사의 고의·과실로 부실등기를 한 것으로 볼 수 없다. [18 변호사]

정답 ⑤

04 상법상 상업등기에 관한 다음 설명 중 가장 옳지 않은 것은? (다툼이 있는 경우 판례에 의함)

17 법원직

① 등기한 사항은 이를 등기하지 아니하면 선의의 제3자에게 대항하지 못할 뿐만 아니라 등기한 후라도 제3자가 정당한 사유로 인하여 이를 알지 못한 때에는 그 제3자에게 대항할 수 없다.

② 위 ①의 '제3자'라 함은 대등한 지위에서 하는 보통의 거래관계의 상대방을 말한다 할 것이고, 조세권에 기하여 조세의 부과처분을 하는 경우의 국가는 여기서의 제3자라 할 수 없다.

③ 본점의 소재지에서 등기할 사항은 다른 규정이 없으면 지점의 소재지에서도 등기하여야 한다. 또한, 지점의 소재지에서 등기할 사항을 등기하지 아니한 때에는 본점의 거래와 관련하여서도 선의의 제3자에게 대항하지 못한다.

④ 고의 또는 과실로 인하여 사실과 상위한 사항을 등기한 자는 그 상위를 선의의 제3자에게 대항하지 못한다.

해설

① [O] 상법에 의하여 등기할 사항은 이를 등기하지 아니하면 선의의 제3자에게 대항하지 못하나, 이를 등기한 경우에는 제3자가 등기된 사실을 알지 못한 데에 정당한 사유가 없는 한 선의의 제3자에게도 대항할 수 있다(제37조 제1항·제2항). [07·11·19 법원직, 06·07·08·13·16·18 법무사]

② [O] 등기의 일반적 효력과 관련된 선의의 제3자란 대등한 지위에서 하는 보통의 거래관계의 상대방을 말하므로, 조세권에 기하여 조세의 부과처분을 하는 경우의 국가는 동조 소정의 제3자라 할 수 없다(대판 1978.12.26, 78누167). [17 법원직, 03·11·18 법무사]

③ [×] 본점의 소재지에서 등기할 사항은 다른 규정이 없으면 지점의 소재지에서도 등기하여야 한다(제35조). [08·11·17 법원직, 06·07·13·14·18 법무사]
지점의 소재지에서 등기할 사항을 등기하지 아니한 때에는 그 등기할 사항은 그 지점의 거래에 관하여 선의의 제3자에게 대항하지 못한다(제38조). [17 법원직]

④ [O] 고의 또는 과실로 사실과 다른 사항을 등기한 자는 등기가 사실과 다르다는 것을 선의의 제3자에게 대항하지 못한다(제39조). [10·12·17 법원직, 03·06·07·13·14·15·16 법무사, 18 변호사, 16 공인회계사]

정답 ③

05 상법상 상업등기에 관한 다음 설명 중 가장 옳지 않은 것은?

① 상법에 따라 등기할 사항은 당사자의 신청에 의하여 영업소의 소재지를 관할하는 법원의 상업등기부에 등기한다.

② 등기할 사항은 이를 등기하지 아니하면 선의의 제3자에게 대항하지 못한다.

③ 등기할 사항을 등기한 경우에는 제3자가 정당한 사유로 인하여 이를 알지 못한 경우에도 그에게 대항할 수 있다.

④ 고의 또는 과실로 인하여 사실과 상위(相違)한 사항을 등기한 자는 그 상위를 선의의 제3자에게 대항하지 못한다.

⑤ 등기한 사항에 변경이 있거나 그 사항이 소멸한 때에는 당사자는 지체없이 변경 또는 소멸의 등기를 하여야 한다.

해설

① [O] 상법에 따라 등기할 사항은 당사자의 신청에 의하여 영업소 소재지 관할법원의 상업등기부에 등기한다(제34조).

[14·16 법무사]

② [O] ③ [×] 상법에 의하여 등기할 사항은 이를 등기하지 아니하면 선의의 제3자에게 대항하지 못하나, 이를 등기한 경우에는 제3자가 등기된 사실을 알지 못한 데에 정당한 사유가 없는 한 선의의 제3자에게도 대항할 수 있다(제37조).

[07·11·19 법원직, 06·07·08·13·16·18 법무사]

④ [O] 고의 또는 과실로 사실과 다른 사항을 등기한 자는 등기가 사실과 다르다는 것을 선의의 제3자에게 대항하지 못한다(제39조).

[10·12·17 법원직, 03·06·07·13·14·15·16 법무사, 18 변호사, 16 공인회계사]

⑤ [O] 등기한 사항에 변경이 있거나 그 사항이 소멸한 때에는 당사자는 지체없이 변경 또는 소멸의 등기를 하여야 한다(제40조).

[07·13·14 법무사]

정답 ③

06 상법상 상업등기에 관한 설명으로 옳은 것은? 16 공인회계사

① 개인 상인의 상호가 일단 등기된 후에 이루어진 상호의 변경 또는 소멸은 지체없이 등기를 해야 하는 절대적 등기사항이다.

② 판례에 의하면 법원의 등기관은 등기신청요건에 관한 형식적 심사권은 물론 그 신청사항의 진위 여부까지 심사할 실질적 심사권을 가진다.

③ 상인이 등기된 상호를 A, B순으로 이중양도한 경우 선의의 B가 먼저 등기하더라도 A에게 이를 대항할 수 없다.

④ 자본금액 2,000만원으로 미성년자가 법정대리인의 허락을 얻어 영업을 하는 때에는 등기를 하여야 하나, 그 법정대리인이 미성년자를 위하여 영업을 하는 때에는 등기할 사항이 아니다.

⑤ 상인이 A를 지배인으로 선임하였으나 과실로 B를 지배인으로 선임등기한 경우 B가 지배인이 아니라는 사실을 선의의 제3자에게 대항할 수 있다.

해설

① [O] '절대적 등기사항'이란 등기의무가 부여되어 등기가 요구되는 등기사항을 말한다. '상호'는 절대적 등기사항이 아니다. '상대적 등기사항'이란 당사자가 자유롭게 등기 여부를 선택할 수 있는 등기사항을 말한다. 상대적 등기사항도 일단 등기를 하면 그 변경 또는 소멸은 반드시 등기를 하여야 하므로 절대적 등기사항이 된다(제40조). 따라서 개인 상인의 상호가 일단 등기된 후에 이루어진 상호의 변경 또는 소멸은 절대적 등기사항이 된다. [03 법무사, 16 공인회계사]

② [×] 등기공무원은 등기신청에 대하여 실체법상의 권리관계와 일치하는 여부를 심사할 실질적 심사권한은 없고 오직 신청서 및 그 첨부서류와 등기부에 의하여 등기요건에 합당하는지 여부를 심사할 형식적 심사권한 밖에는 없다(대결 1995.1.20, 94마535). [16 공인회계사]

③ [×] 상호의 양도는 등기하지 아니하면 제3자에게 대항하지 못한다(제25조 제2항). 따라서 상호 양도의 경우 제3자의 선의 여부와 무관하게 등기하지 아니하면 제3자에게 대항할 수 없다. [16 공인회계사]

④ [×] 상업등기에 관한 규정은 소상인에게는 적용하지 않으나, 소상인은 자본금액 1천만원 미만의 상인으로서 회사가 아닌 자를 말하므로, 자본금액이 2천만원인 경우에는 소상인에 해당하지 아니한다. 미성년자가 법정대리인의 허락을 얻어 영업을 하는 때에는 등기를 하여야 한다(제6조). 법정대리인이 미성년자, 피한정후견인 또는 피성년후견인을 위하여 영업을 하는 때에는 등기를 하여야 한다(제8조 제1항). [10 · 16 · 17 공인회계사]

⑤ [×] 고의 또는 과실로 사실과 다른 사항을 등기한 자는 등기가 사실과 다르다는 것을 선의의 제3자에게 대항하지 못한다(제39조). 따라서 상인이 A를 지배인으로 선임하였으나 과실로 B를 지배인으로 선임등기한 경우, B가 지배인이 아니라는 사실을 선의의 제3자에게 대항할 수 없다. [10 · 12 · 17 법원직, 03 · 06 · 07 · 13 · 14 · 15 · 16 법무사, 18 변호사, 16 공인회계사]

정답 ①

07 부실등기에 관한 다음 설명 중 가장 옳지 않은 것은? (다툼이 있는 경우에는 판례에 의함) 15 법무사

① 부실등기를 믿고 회사의 지분을 양수하였다고 하더라도 지분양수의 효력이 발생하지 않는다.

② 등기부에 이사 또는 감사로 등재되어 있는 경우에는 특단의 사정이 없는 한 정당한 절차에 의하여 선임된 적법한 이사 또는 감사로 추정된다.

③ 고의 또는 과실로 부실등기를 한 자는 선의의 제3자에게 대항할 수 없다.

④ 등기신청인이 법인인 경우 그 대표자를 기준으로 고의를 판단하여야 하는 바, 합명회사인 경우 대표사원을 기준으로 판단해야 하지만, 만일 대표사원이 유고로 따로 업무를 집행하는 사원이 있다면 그 사원을 기준으로 판단해야 한다.

⑤ 부실등기의 효력을 규정한 상법 제39조는 등기신청권자 아닌 제3자의 문서위조 등의 방법으로 이루어진 부실등기에 있어서는 등기신청권자에게 그 부실등기의 경료 및 존속에 있어서 그 정도가 어떠하건 과실이 있다는 사유만 가지고는 회사가 선의의 제3자에게 대항할 수 없음을 규정한 취지가 아니다.

해설

① [○] 회사등기에는 공신력이 인정되지 아니하므로, 합자회사의 사원 지분등기가 부실등기인 경우 그 부실등기를 믿고 사원의 지분을 양수하였다 하여 그 지분을 양수한 것으로는 될 수 없다(대판 1996.10.29, 96다19321).
[07 · 10 · 19 법원직, 15 법무사]

② [○] 법인등기부에 이사 또는 감사로 등재되어 있는 경우에는 특단의 사정이 없는 한 정당한 절차에 의하여 선임된 적법한 이사 또는 감사로 추정된다(대판 1991.12.27, 91다4409 · 91다4416).
[07 법원직, 03 · 05 · 15 · 18 법무사, 15 변호사, 14 공인회계사]

③ [○] 고의 또는 과실로 사실과 다른 사항을 등기한 자는 등기가 사실과 다르다는 것을 선의의 제3자에게 대항하지 못한다(제39조).
[10 · 12 · 17 법원직, 03 · 06 · 07 · 13 · 14 · 15 · 16 법무사, 18 변호사, 16 공인회계사]

④ [×] 합명회사에 있어서 부실등기에 대한 고의 · 과실의 유무는 대표사원을 기준으로 판정하여야 하고, 대표사원의 유고로 회사정관에 따라 업무를 집행하는 사원이 있다고 하더라도 그 사원을 기준으로 판정하여서는 아니 된다(대판 1981.1.27, 79다1618 · 1619).
[05 · 15 법무사, 15 · 18 변호사]

⑤ [○] 상법 39조는 제3자의 문서위조 등의 방법으로 이루어진 부실등기에 있어서 등기신청권자에게 그 부실등기의 경료 및 존속에 있어서 그 정도가 어떠하건 과실이 있다는 사유만으로 회사가 선의의 제3자에게 대항할 수 없음을 규정한 취지가 아니다(대판 1975.5.27, 74다1366).
[05 · 15 법무사, 18 변호사]

정답 ④

08 상업등기에 관한 설명 중 옳은 것을 모두 고른 것은? (다툼이 있는 경우 판례에 의함) 15 변호사

> ㄱ. 법인 등기부에 이사 또는 감사로 등재되어 있는 경우에는 특단의 사정이 없는 한 정당한 절차에 의하여 선임된 적법한 이사 또는 감사로 추정된다.
>
> ㄴ. 등기신청권자가 스스로 등기를 하지 아니하였다 하더라도 그의 책임 있는 사유로 등기가 이루어지는 데에 관여하거나 부실등기의 존재를 알고 있음에도 이를 시정하지 않고 방치하는 등 등기신청권자의 고의·과실로 부실등기를 한 것과 동일시할 수 있는 특별한 사정이 있는 경우에는 등기신청권자에 대하여 상법 제39조에 의한 부실등기책임을 물을 수 있다.
>
> ㄷ. 주식회사의 법인 등기의 경우 회사는 대표자를 통하여 등기를 신청하지만, 등기신청권자는 회사 자체이므로 취소되는 주주총회 결의에 의하여 이사로 선임된 대표이사가 마친 이사 선임 등기는 상법 제39조의 부실등기에 해당되지 않는다.
>
> ㄹ. 합명회사의 경우 부실등기를 한 사실이나 이를 방치한 사실에 대한 고의 또는 과실의 유무는 대표사원을 기준으로 결정하여야 한다.

① ㄱ, ㄴ   ② ㄱ, ㄷ
③ ㄴ, ㄹ   ④ ㄱ, ㄴ, ㄹ
⑤ ㄱ, ㄴ, ㄷ, ㄹ

해설

ㄱ. [O] 판례는 "법인등기부에 이사 또는 감사로 등재되어 있는 경우에는 특단의 사정이 없는 한 정당한 절차에 의하여 선임된 적법한 이사 또는 감사로 추정된다."라고 판시하였다(대판 1991.12.27, 91다4409·91다4416).

[07 법원직, 03·05·15·18 법무사, 15 변호사, 14 공인회계사]

ㄴ. [O] 등기신청권자가 스스로 등기를 하지 아니하였다 하더라도 그의 책임 있는 사유로 그 등기가 이루어지는 데에 관여하거나 그 부실등기의 존재를 알고 있음에도 이를 시정하지 않고 방치하는 등 등기신청권자의 고의·과실로 부실등기를 한 것과 동일시할 수 있는 특별한 사정이 있는 경우에는 그 등기신청권자에 대하여 상법 제39조에 의한 부실등기책임을 물을 수 있다(대판 2011.7.28, 2010다70018). [15 변호사]

ㄷ. [×] 판례는 "이사 선임의 주주총회결의에 대한 취소판결이 확정되어 그 결의가 소급하여 무효가 된다고 하더라도 그 선임결의가 취소되는 대표이사와 거래한 상대방은 상법 제39조의 적용 내지 유추적용에 의하여 보호될 수 있으며, 주식회사의 법인등기의 경우 회사는 대표자를 통하여 등기를 신청하지만 등기신청권자는 회사 자체이므로 취소되는 주주총회결의에 의하여 이사로 선임된 대표이사가 마친 이사 선임 등기는 상법 제39조의 부실등기에 해당한다."고 판시하였다(대판 2004.2.27, 2002다19797). 해당 판결에서 대법원은 이사 선임의 주주총회결의에 대한 취소판결이 확정된 경우 그 결의에 의하여 이사로 선임된 이사들에 의하여 구성된 이사회에서 선정된 대표이사는 소급하여 그 자격을 상실하고, 그 대표이사가 이사 선임의 주주총회결의에 대한 취소판결이 확정되기 전에 한 행위는 대표권이 없는 자가 한 행위로서 무효가 된다고 판시하면서, 그러한 대표이사와 거래한 제3자의 보호와 관련하여 상법 제39조 적용을 통하여 보호될 수 있다고 보았다. [15·20 변호사]

ㄹ. [O] 합명회사에 있어서 부실등기에 대한 고의·과실 유무는 대표사원을 기준으로 판정하여야 하고, 대표사원의 유고로 회사 정관에 따라 업무를 집행하는 사원이 있다고 하더라도 그 사원을 기준으로 판정하여서는 아니 된다(대판 1981.1.27, 79다1618·1619). [05·15 법무사, 15·18 변호사]

정답 ④

09 상업등기에 관한 설명 중 옳은 것은?

① 상법에 따라 등기할 사항은 당사자의 신청에 의하여 영업소의 소재지를 관할하는 법원의 상업등기부에 등기한다.

② 경과실로 인하여 사실과 다르게 등기를 한 자는 그 다른 것을 가지고 선의의 제3자에게 대항할 수 있다.

③ 등기한 사항에 변경이 있거나 그 사항이 소멸한 때에는 당사자는 2월 내에 변경 또는 소멸의 등기를 하여야 한다.

④ 본점의 소재지에서 등기할 사항은 다른 규정이 없으면 지점의 소재지에서도 등기할 필요는 없다.

⑤ 등기한 사항은 법원이 지체없이 공고하여야 한다.

해설

① [O] 상법에 따라 등기할 사항은 당사자의 신청에 의하여 영업소 소재지 관할법원의 상업등기부에 등기한다(제34조).

[14·16 법무사]

② [×] 고의 또는 과실로 사실과 다른 사항을 등기한 자는 등기가 사실과 다르다는 것을 선의의 제3자에 대항하지 못한다(제39조). [10·12·17 법원직, 03·06·07·13·14·15·16 법무사, 18 변호사, 16 공인회계사]

③ [×] 등기한 사항에 변경이 있거나 그 사항이 소멸한 때에는 당사자는 지체없이 변경 또는 소멸의 등기를 하여야 한다(제40조).

[07·13·14 법무사]

④ [×] 본점의 소재지에서 등기할 사항은 다른 규정이 없으면 지점의 소재지에서도 등기하여야 한다(제35조).

[08·11 법원직, 06·07·13·14·18 법무사]

⑤ [×] 등기한 사항은 법원이 지체없이 공고하여야 한다는 종전 상법 제36조 제1항은 1995.12.29. 상법 개정으로 삭제되었다.

[14 법무사]

정답 ①

10 상법상 상업등기에 관한 설명으로 옳은 것은?

① 타인이 등기한 상호는 동일한 특별시·광역시·시·군에서 다른 종류의 영업의 상호로 등기하지 못한다.

② 판례에 의하면 주식회사 등기부에 대표이사로 등기되어 있는 자는 반증이 없는 한 정당한 절차에 의해 선임된 적법한 대표이사로 추정된다.

③ 법정대리인이 미성년자를 대신하여 영업을 하는 경우 상법상 등기의무가 없다.

④ 상호를 등기한 자가 상호를 폐지한 경우 2년 이내에 폐지등기를 하지 않으면 이해관계인은 그 등기의 말소청구를 할 수 있다.

⑤ 유한책임회사를 설립하고자 할 때에는 본점의 소재지를 관할하는 등기소에 상호의 가등기를 할 수 있다.

해설

① [×] 타인이 등기한 상호는 동일한 특별시·광역시·시·군에서 동종영업의 상호로 등기하지 못한다(제22조).

[12 법원직, 06·08·11 법무사, 14 공인회계사]

② [O] 법인등기부에 이사 또는 감사로 등재되어 있는 경우에는 특단의 사정이 없는 한 정당한 절차에 의하여 선임된 적법한 이사 또는 감사로 추정된다(대판 1991.12.27, 91다4409·91다4416).

[07 법원직, 03·05·15·18 법무사, 15 변호사, 14 공인회계사]

③ [×] 법정대리인이 미성년자, 피한정후견인 또는 피성년후견인을 위하여 영업을 하는 때에는 등기를 하여야 한다(제8조 제1항).

[10·14·17 공인회계사]

④ [×] 상호권자가 상호의 변경 또는 폐지 시점으로부터 2주간 내에 변경 또는 폐지의 등기를 하지 않으면, 이해관계인은 그 등기의 말소를 청구할 수 있다(제27조). [08 법무사, 14·20 공인회계사]

⑤ [O] 유한책임회사, 주식회사 또는 유한회사를 설립하고자 할 때에는 본점의 소재지를 관할하는 등기소에 상호의 가등기를 신청할 수 있다(제22조의2 제1항). 출제 당시에는 틀린 지문이었으나, 2020년 상법 개정으로 현재는 옳은 지문이다.

[10·13·19 법원직, 05·08 법무사, 12 변호사, 14·18·19 공인회계사]

정답 ②, ⑤

---

11 상업등기에 관한 아래의 설명 중 가장 옳지 않은 것은? (다툼이 있는 경우 판례에 의함) 13 법무사

① 등기할 사항을 등기하지 아니하면 선의의 제3자에게 대항하지 못한다.

② 등기한 후라도 제3자가 정당한 사유로 인하여 이를 알지 못한 때에는 위 ①과 같다.

③ 상업등기에는 일반적 공신력이 인정되지 않으므로 고의 또는 과실로 인하여 사실과 상위한 사항을 등기한 자라도 그 상위를 선의의 제3자에게 대항할 수 있다.

④ 본점의 소재지에서 등기할 사항은 다른 규정이 없으면 지점의 소재지에서도 등기하여야 한다.

⑤ 등기한 사항에 변경이 있거나 그 사항이 소멸한 때에는 당사자는 지체없이 변경 또는 소멸의 등기를 하여야 한다.

해설

① [O] ② [O] 상법에 의하여 등기할 사항은 이를 등기하지 아니하면 선의의 제3자에게 대항하지 못하나, 이를 등기한 경우에는 제3자가 등기된 사실을 알지 못한 데에 정당한 사유가 없는 한 선의의 제3자에게도 대항할 수 있다(제37조).

[07·11·19 법원직, 06·07·08·13·16·18 법무사]

③ [×] 고의 또는 과실로 사실과 다른 사항을 등기한 자는 등기가 사실과 다르다는 것을 선의의 제3자에게 대항하지 못한다(제39조). [10·12·17 법원직, 03·06·07·13·14·15·16 법무사, 18 변호사, 16 공인회계사]

④ [O] 본점의 소재지에서 등기할 사항은 다른 규정이 없으면 지점의 소재지에서도 등기하여야 한다(제35조).

[08·11 법원직, 06·07·13·14·18 법무사]

⑤ [O] 등기한 사항에 변경이 있거나 그 사항이 소멸한 때에는 당사자는 지체없이 변경 또는 소멸의 등기를 하여야 한다(제40조).

[07·13·14 법무사]

정답 ③

12 상업장부와 상업등기에 관한 다음 설명 중 가장 옳지 않은 것은? (다툼이 있는 경우 통설에 의함)

12 법원직

① 등기할 사항은 이를 등기하지 아니하면 선의의 제3자에게 대항하지 못하고, 등기한 후라도 제3자가 정당한 사유로 인하여 이를 알지 못한 때에는 제3자에게 대항하지 못한다.

② 사실과 상위한 사항을 등기한 자는 고의 또는 중대한 과실인 경우에 한하여 그 상위를 선의의 제3자에게 대항하지 못한다.

③ 상인은 상업장부와 영업에 관한 중요서류를 10년간, 전표 또는 이와 유사한 서류를 5년간 보존하여야 한다.

④ 상업장부에 관한 규정은 소상인에게 적용되지 아니한다.

해설

① [○] 상법에 의하여 등기할 사항은 이를 등기하지 아니하면 선의의 제3자에게 대항하지 못하나, 이를 등기한 경우에는 제3자가 등기된 사실을 알지 못한 데에 정당한 사유가 없는 한 선의의 제3자에게도 대항할 수 있다(제37조 제1항·제2항).

[07·11·12·19 법원직, 06·07·08·13·16·18 법무사]

② [×] 고의 또는 과실로 사실과 다른 사항을 등기한 자는 등기가 사실과 다르다는 것을 선의의 제3자에게 대항하지 못한다(제39조). [10·12·17 법원직, 03·06·07·13·14·15·16 법무사, 18 변호사, 16 공인회계사]

③ [○] 상인은 10년간 상업장부와 영업에 관한 중요서류를 보존하여야 한다. 다만, 전표 또는 이와 유사한 서류는 5년간 이를 보존하여야 한다(제33조). [07·09·10·12 법원직]

④ [○] 지배인, 상호, 상업장부와 상업등기에 관한 규정은 소상인에게 적용하지 않는다(제9조).

[08·12 법원직, 06·09·13·16·17·18 법무사, 12·19 변호사, 19·21 공인회계사]

정답 ②

---

13 상법상 개인상인의 상업등기에 관한 설명 중 가장 옳지 않은 것은? (다툼이 있는 경우 통설·판례에 의함)

11 법원직

① 본점의 소재지에서 등기할 사항은 상법상 다른 규정이 없으면 지점의 소재지에서도 등기하여야 한다.

② 등기할 사항을 등기하지 않은 경우에는 선의의 제3자에게 대항하지 못하고, 등기한 경우에는 이를 알지 못한 데에 정당한 사유가 있는지를 불문하고 선의의 제3자에게 대항할 수 있다.

③ 타인이 등기한 상호는 동일한 특별시·광역시·시·군에서 동종영업의 상호로 등기하지 못하고, 위 등기된 상호를 동일한 특별시·광역시·시·군에서 동종영업에 사용하는 경우에는 부정한 목적으로 사용하는 것으로 추정된다.

④ 지배인의 선임과 그 대리권 소멸에 관한 사항은 그 지배인을 둔 본점 또는 지점소재지에서 등기하여야 한다.

해설

① [○] 본점의 소재지에서 등기할 사항은 다른 규정이 없으면 지점의 소재지에서도 등기하여야 한다(제35조).

[08·11·17 법원직, 06·07·13·14·18 법무사]

② [×] 상법에 의하여 등기할 사항은 이를 등기하지 아니하면 선의의 제3자에게 대항하지 못하나, 이를 등기한 경우에는 제3자가 등기된 사실을 알지 못한 데에 정당한 사유가 없는 한 선의의 제3자에게도 대항할 수 있다(제37조 제1항·제2항).

[07·11·12·19 법원직, 06·07·08·13·16·18 법무사]

③ [O] 타인이 등기한 상호는 동일한 특별시·광역시·시·군에서 동종영업의 상호로 등기하지 못한다(제22조).

[11·12 법원직, 06·08·11 법무사, 14 공인회계사]

동일한 특별시·광역시·시·군에서 동종영업으로 타인이 등기한 상호를 사용하는 자는 부정한 목적으로 사용하는 것으로 추정한다(제23조 제4항).

[11·16 법원직, 05·17 법무사, 15 공인회계사]

④ [O] 상인은 지배인의 선임과 그 대리권의 소멸에 관하여 그 지배인을 둔 본점 또는 지점소재지에서 등기하여야 한다(제13조).

[11·18 법원직]

정답 ②

---

14 상업등기의 효력에 관한 설명으로 가장 옳지 않은 것은? (다툼이 있는 경우 판례에 의함) 11 법무사

① 회사는 제3자의 선의·악의를 불문하고 설립등기에 의하여 법인격을 취득한다.
② 회사는 제3자의 선의·악의를 불문하고 합병등기에 의하여 합병의 효력이 발생한다.
③ 등기사항은 등기 전에는 이로써 선의의 제3자에게 대항하지 못하는데, 그 제3자에는 조세의 부과처분을 하는 국가도 포함된다.
④ 상업등기에는 원칙적으로 공신력이 인정되지 아니한다.
⑤ 상호의 양도는 등기하지 아니하면 제3자에게 대항하지 못한다.

해설

① [O] ② [O] 창설적 등기사항은 등기가 없으면 그 법률관계 자체가 효력을 발생하지 않으므로, 상업등기의 창설적 효력은 제3자의 선의·악의를 묻지 아니하고 발생한다. [07 법원직, 03·08·11 법무사]

③ [×] 등기의 일반적 효력과 관련된 선의의 제3자란 대등한 지위에서 하는 보통의 거래관계의 상대방을 말하므로, 조세권에 기하여 조세의 부과처분을 하는 경우의 국가는 동조 소정의 제3자라 할 수 없다(대판 1978.12.26, 78누167).

[17 법원직, 03·11·18 법무사]

④ [O] 판례는 상업등기에는 공신력이 인정되지 않는다고 본다(대판 1996.10.29, 96다19321).

[07·10·19 법원직, 11·15 법무사]

⑤ [O] 상호의 양도는 등기하지 아니하면 제3자(선의·악의 불문)에게 대항하지 못한다(제25조 제2항).

[09·13·18 법원직, 05·07·11·17 법무사, 17 변호사]

정답 ③

15 상업등기에 대한 다음의 설명 중 가장 옳지 않은 것은? (다툼이 있는 경우 판례에 의함) 10 법원직

① 고의 또는 과실로 인하여 사실과 상위한 사항을 등기한 자는 그 상위를 선의의 제3자에게 대항하지 못한다.

② 합자회사의 사원지분등기가 불실등기인 경우라도 공신력이 인정되므로 그 불실등기를 믿고 합자회사 사원의 지분을 양수한 이상 그 지분의 양수는 유효하다.

③ 회사의 등기사항에 변경이 있는 때에는 본점소재지에서는 2주간 내, 지점소재지에서는 3주간 내에 변경등기를 하여야 하는바, 본점소재지와 지점소재지의 관할 등기소가 동일하지 아니한 때에는 그 등기도 각각 신청하여야 하는 것이므로, 그 등기해태에 따른 과태료도 본점소재지와 지점소재지의 등기해태에 따라 각각 부과되는 것이다.

④ 회사의 등기는 법령에 다른 규정이 있는 경우를 제외하고는 그 대표자가 신청의무를 부담하므로, 회사의 등기를 해태한 때에는 등기해태 당시 회사의 대표자가 과태료 부과대상자가 되고, 등기해태 기간이 지속되는 중에 대표자의 지위를 상실한 경우에는 대표자의 지위에 있으면서 등기를 해태한 기간에 대하여만 과태료 책임을 부담한다.

해설

① [○] 고의 또는 과실로 사실과 다른 사항을 등기한 자는 등기가 사실과 다르다는 것을 선의의 제3자에게 대항하지 못한다(제39조).
[10 · 12 · 17 법원직, 03 · 06 · 07 · 13 · 14 · 15 · 16 법무사, 18 변호사, 16 공인회계사]

② [×] 회사등기에는 공신력이 인정되지 아니하므로, 합자회사의 사원 지분등기가 불실등기인 경우 그 불실등기를 믿고 사원의 지분을 양수하였다 하여 그 지분을 양수한 것으로는 될 수 없다(대판 1996.10.29, 96다19321).
[07 · 10 · 19 법원직, 15 법무사]

③ [○] 회사의 등기사항에 변경이 있는 때에는 본점소재지에서는 2주간 내, 지점소재지에서는 3주간 내에 변경등기를 하여야 하는바, 본점소재지와 지점소재지의 관할 등기소가 동일하지 아니한 때에는 그 등기도 각각 신청하여야 하는 것이므로, 그 등기해태에 따른 과태료도 본점소재지와 지점소재지의 등기해태에 따라 각각 부과되는 것이다(대결 2009.4.23, 2009마120).
[10 · 19 법원직, 14 법무사]

④ [○] 회사의 등기는 법령에 다른 규정이 있는 경우를 제외하고는 그 대표자가 신청의무를 부담하므로, 회사의 등기를 해태한 때에는 등기해태 당시 회사의 대표자가 과태료 부과대상자가 되고, 등기해태 기간이 지속되는 중에 대표자의 지위를 상실한 경우에는 대표자의 지위에 있으면서 등기를 해태한 기간에 대하여만 과태료 책임을 부담한다(대결 2009.4.23, 2009마120).
[10 법원직]

정답 ②

16 상법상 상호 및 상업등기에 관한 설명으로 옳은 것은?

> ㄱ. 법정대리인에 의한 영업은 등기사항이 아니다.
> ㄴ. 개인상인은 수 개의 영업을 영위하는 경우 별개의 상호를 사용할 수 있다.
> ㄷ. 회사가 아닌 자도 상호 중에 회사임을 나타내는 문자를 사용할 수 있다.
> ㄹ. 상호는 등기하지 아니하면 법적 보호를 받지 못한다.
> ㅁ. 다수설에 의하면 등기소의 잘못으로 등기되지 않은 경우에도 상업등기의 소극적 공시의 원칙이 적용된다.

① ㄱ, ㄴ   ② ㄴ, ㄷ

③ ㄴ, ㅁ   ④ ㄷ, ㄹ

⑤ ㄹ, ㅁ

해설

㉠ [×] 법정대리인이 미성년자, 피한정후견인 또는 피성년후견인을 위하여 영업을 하는 때에는 등기를 하여야 한다(제8조 제1항).
[10 · 14 · 17 공인회계사]

㉡ [○] 동일한 영업에는 단일상호를 사용하여야 한다(제21조 제1항). 개인은 독립된 영업별로 다른 상호를 사용하는 것이 가능하다.
[13 법원직, 05 법무사, 10 공인회계사]

㉢ [×] 회사가 아니면 상호에 회사임을 표시하는 문자를 사용하지 못한다. 회사의 영업을 양수한 경우에도 같다(제20조).
[14 · 16 · 18 법원직, 05 · 07 · 16 · 17 · 20 법무사, 12 변호사, 10 공인회계사]

㉣ [×] 상호폐지청구권의 경우 상호의 등기를 요하지 아니하는 등 상호가 반드기 등기되어야 법적 보호를 받는 것은 아니다.
[10 공인회계사]

㉤ [○] 상업등기의 소극적 효력은 등기의무자이 귀책사유로 등기되지 않았을 것을 요건으로 하지 않는 관계로 다수설은 등기공무원의 과실로 등기가 되지 않은 경우에도 소극적 효력이 적용된다고 본다.
[10 공인회계사]

정답 ③

17 다음 상업등기에 관한 설명 중 가장 옳지 않은 것은?　　　　　　　　　　　　　　08 법원직

① 상업등기부에 등기한 사항은 법원이 지체없이 공고하여야 하고, 등기가 공고와 상위한 때에는 거래의 안전을 위하여 등기가 없는 것으로 본다.

② 선박등기는 상업등기가 아니다.

③ 상인의 영업소에 본점과 지점이 있는 경우에 본점 소재지에서 등기할 사항은 지점 소재지에서도 등기하는 것이 원칙이다.

④ 등기관의 착오로 인하여 사실과 상위한 사항이 등기된 경우에는 그 상위를 선의의 제3자에게 대항할 수 있다.

해설

① [×] 등기한 사항은 법원이 지체없이 공고하여야 한다[구 상법(1995.12.29. 개정 이전 상법) 제36조 제1항]. 공고가 등기와 상위한 때에는 공고 없는 것으로 본다(동조 제2항).　　　　　　　　　[08 법원직]

② [○] 선박등기는 상업등기가 아니다. 선박등기는 선박등기법이 적용된다.　　　　　　　[08 법원직]

③ [○] 본점의 소재지에서 등기할 사항은 다른 규정이 없으면 지점의 소재지에서도 등기하여야 한다(제35조).
　　　　　　　　　　　　　　　　　　　　　　　　　　　　　[08 · 11 · 17 법원직, 06 · 07 · 13 · 14 · 18 법무사]

④ [○] 부실등기는 고의 또는 과실로 인하여 사실과 상위한 사항을 등기한 경우를 요건으로 하므로 등기공무원의 잘못으로 사실과 다른 등기가 된 경우에는 부실등기에 관한 상법 제39조가 적용되지 않고, 제3자가 선의이더라도 그 상위를 대항할 수 있다.　　　　　　　　　　　　　　　　　　　　　　　　　　[08 법원직]

정답 ①

18 상업등기에 관한 다음 설명 중 옳은 것으로만 짝지어진 것은?　　　　　　　　　　　　07 법원직

> ㄱ. 지배인을 해임하였으나 해임등기를 하지 않은 경우 영업주는 해임된 지배인이 선의의 제3자와 맺은 계약의 효력을 부정할 수 없다.
>
> ㄴ. 등기한 후에라도 정당한 사유 있는 선의의 제3자에게는 대항하지 못하므로 상호양도를 등기하더라도 위와 같은 제3자에게는 상호권의 득상(得喪)을 대항하지 못한다.
>
> ㄷ. 상업등기의 창설적 효력은 제3자의 선의 · 악의를 묻지 아니하고 발생한다.
>
> ㄹ. 회사등기에는 공신력이 인정되지 아니하므로, 합자회사의 사원지분등기가 불실등기인 경우 그 불실등기를 믿고 합자회사 사원의 지분을 양수하였다 하여 그 지분을 양수한 것으로는 될 수 없다는 것이 판례이다.
>
> ㅁ. 법인등기부에 이사 또는 감사로 등재되어 있다는 이유로 정당한 절차에 의하여 선임된 적법한 이사 또는 감사로 추정된다고는 할 수 없다는 것이 판례이다.

① ㄱ, ㄷ, ㄹ　　　　　　　　　　　　② ㄱ, ㄹ, ㅁ

③ ㄴ, ㄷ, ㄹ　　　　　　　　　　　　④ ㄷ, ㄹ, ㅁ

해설

ㄱ. [O] 상인은 지배인의 선임과 그 대리권의 소멸에 관하여 그 지배인을 둔 본점 또는 지점소재지에서 등기하여야 한다(제13조). 등기할 사항은 이를 등기하지 아니하면 선의의 제3자에게 대항하지 못한다(제37조 제1항). 따라서 지배인의 해임은 등기사항이므로 해임등기를 하지 않은 경우 해임된 지배인의 행위는 선의의 제3자에게 대항할 수 없다.

[07 · 11 · 12 · 19 법원직, 06 · 07 · 08 · 13 · 16 · 18 법무사]

ㄴ. [X] 상호의 양도는 등기하지 아니하면 제3자에게 대항하지 못한다(제25조 제2항).

[07 · 11 · 12 · 19 법원직, 06 · 07 · 08 · 13 · 16 · 18 법무사]

ㄷ. [O] '창설적 등기사항'이란 등기를 함으로써 효과가 생기는 등기사항을 말한다. 회사설립등기, 합병등기 등이 이에 해당한다. 창설적 등기사항은 등기가 없으면 그 법률관계 자체가 효력을 발생하지 않으므로 상업등기의 창설적 효력은 제3자의 선의 · 악의를 묻지 아니하고 발생한다. [07 법원직, 03 · 08 · 11 법무사]

ㄹ. [O] 회사등기에는 공신력이 인정되지 아니하므로, 합자회사의 사원 지분등기가 부실등기인 경우 그 부실등기를 믿고 사원의 지분을 양수하였다 하여 그 지분을 양수한 것으로는 될 수 없다(대판 1996.10.29, 96다19321).

[07 · 10 · 19 법원직, 15 법무사]

ㅁ. [X] 법인등기부에 이사 또는 감사로 등재되어 있는 경우에는 특단의 사정이 없는 한 정당한 절차에 의하여 선임된 적법한 이사 또는 감사로 추정된다(대판 1991.12.27, 91다4409 · 91다4416).

[07 법원직, 03 · 05 · 15 · 18 법무사, 15 변호사, 14 공인회계사]

정답 ①

19 다음 중 상업등기에 관한 설명으로서 틀린 것은? 07 법무사

① 등기한 사항에 변경이 있거나 그 사항이 소멸한 때에는 당사자는 지체없이 변경 또는 소멸의 등기를 하여야 한다.

② 회사는 사단이므로 고의 또는 과실로 인하여 사실과 상위한 사항을 등기한 자는 그 상위를 선의의 제3자에게 대항하지 못한다.

③ 등기할 사항은 이를 등기하지 아니하면 선의의 제3자에게 대항하지 못한다.

④ 본점의 소재지에서 등기할 사항은 다른 규정이 없으면 지점의 소재지에서 등기할 필요가 없다.

⑤ 등기할 사항에 관하여 등기를 한 후라도 제3자가 정당한 사유로 인하여 이를 알지 못한 때에는 그에게 대항하지 못한다.

해설

① [O] 등기한 사항에 변경이 있거나 그 사항이 소멸한 때에는 당사자는 지체없이 변경 또는 소멸의 등기를 하여야 한다(제40조).

[07 · 13 · 14 법무사]

② [O] 고의 또는 과실로 사실과 다른 사항을 등기한 자는 등기가 사실과 다르다는 것을 선의의 제3자에게 대항하지 못한다(제39조). [10 · 12 · 17 법원직, 03 · 06 · 07 · 13 · 14 · 15 · 16 법무사, 18 변호사, 16 공인회계사]

③ [O] ⑤ [O] 상법에 의하여 등기할 사항은 이를 등기하지 아니하면 선의의 제3자에게 대항하지 못하나, 이를 등기한 경우에는 제3자가 등기된 사실을 알지 못한 데에 정당한 사유가 없는 한 선의의 제3자에게도 대항할 수 있다(제37조).

[07 · 11 · 12 · 19 법원직, 06 · 07 · 08 · 13 · 16 · 18 법무사]

④ [X] 본점의 소재지에서 등기할 사항은 다른 규정이 없으면 지점의 소재지에서도 등기하여야 한다(제35조).

[08 · 11 법원직, 06 · 07 · 13 · 14 · 18 법무사]

정답 ④

20 상업등기에 관한 다음 설명 중 가장 적당하지 않은 것은?

06 법무사

① 상대적 등기사항은 기업의 의사에 따라 등기할 것인지 여부를 결정할 수 있는 사항으로, 개인 기업의 상호등기 같은 것이 이에 해당한다. 그러나 상대적 등기사항이라도 일단 등기한 이상 그 사항의 변경·소멸은 절대적 등기사항이다.

② 본점의 소재지에서 등기할 사항은 법률에 다른 규정이 없으면, 지점의 소재지에서도 등기하여야 한다.

③ 등기할 사항을 등기하기 전에는 악의의 제3자에게는 대항할 수 있으나, 선의의 제3자에게는 대항할 수 없다.

④ 등기할 사항을 등기한 후에는 선의의 제3자에게도 대항할 수 있고, 이 경우 제3자가 정당한 사유로 인하여 이를 알지 못한 때에도 마찬가지이다.

⑤ 고의로 사실과 상위한 사항을 등기한 자도 그 상위를 악의의 제3자에 대하여는 대항할 수 있다.

해설

① [O] '상대적 등기사항'이란 당사자가 자유롭게 등기 여부를 선택할 수 있는 등기사항을 말한다. 상대적 등기사항도 일단 등기를 하면 그 변경 또는 소멸은 반드시 등기를 하여야 하므로 절대적 등기사항이 된다(제40조). [03·06 법무사]

② [O] 본점의 소재지에서 등기할 사항은 다른 규정이 없으면 지점의 소재지에서도 등기하여야 한다(제35조).
[08·11 법원직, 06·07·13·14·18 법무사]

③ [O] ④ [×] 상법에 의하여 등기할 사항은 이를 등기하지 아니하면 선의의 제3자에게 대항하지 못하나, 이를 등기한 경우에는 제3자가 등기된 사실을 알지 못한 데에 정당한 사유가 없는 한 선의의 제3자에게도 대항할 수 있다(제37조).
[07·11·12·19 법원직, 06·07·08·13·16·18 법무사]

⑤ [O] 고의 또는 과실로 사실과 다른 사항을 등기한 자는 등기가 사실과 다르다는 것을 선의의 제3자에게 대항하지 못한다.
[10·12·17 법원직, 03·06·07·13·14·15·16 법무사, 18 변호사]

정답 ④

---

21 다음 부실의 등기(상법 제39조)에 관한 설명 중 가장 틀린 것은? (다툼이 있는 경우 판례에 의함)

05 법무사

① 이사 선임의 주주총회결의에 대한 취소판결이 확정되어 그 결의가 소급하여 무효가 된다고 하더라도, 그 선임 결의가 취소되는 대표이사와 거래한 상대방은 상법 제39조의 적용 내지 유추적용에 의하여 보호될 수 있다.

② 합명회사에 있어서 상법 제39조 소정의 부실등기에 대한 고의·과실의 유무는 그 대표사원을 기준으로 판정하여야 한다.

③ 부실등기가 등기신청권자 아닌 제3자에 의하여 문서위조 등의 방법으로 이루어진 경우에도 등기신청권자에게 그 부실등기의 경료 및 존속에 과실이 있는 경우에는 상법 제39조에 의하여 선의의 제3자에게 대항할 수 없다.

④ 법인등기부에 이사 또는 감사로 등재되어 있는 경우에는 특단의 사정이 없는 한 정당한 절차에 의하여 선임된 적법한 이사 또는 감사로 추정된다.

⑤ 부실의 등기를 한 자도 악의의 제3자에 대하여는 그 등기의 내용이 사실과 상위함을 주장할 수 있다.

해설

① [O] 이사 선임의 주주총회결의에 대한 취소판결이 확정되어 그 결의가 소급하여 무효가 된다고 하더라도 그 선임 결의가 취소되는 대표이사와 거래한 상대방은 상법 제39조의 적용 내지 유추적용에 의하여 보호될 수 있다(대판 2004.2.27, 2002다19797). [05 법무사, 15 · 20 변호사]

② [O] 합명회사에 있어서 부실등기에 대한 고의 · 과실의 유무는 대표사원을 기준으로 판정하여야 하고, 대표사원의 유고로 회사정관에 따라 업무를 집행하는 사원이 있다고 하더라도 그 사원을 기준으로 판정하여서는 아니 된다(대판 1981.1.27, 79다1618,1619). [05 · 15 법무사, 15 · 18 변호사]

③ [×] 상법 39조는 제3자의 문서위조 등의 방법으로 이루어진 부실등기에 있어서 등기신청권자에게 그 부실등기의 경료 및 존속에 있어서 그 정도가 어떠하건 과실이 있다는 사유만으로 회사가 선의의 제3자에게 대항할 수 없음을 규정한 취지가 아니다(대판 1975.5.27, 74다1366). [05 · 15 법무사]

④ [O] 법인등기부에 이사 또는 감사로 등재되어 있는 경우에는 특단의 사정이 없는 한 정당한 절차에 의하여 선임된 적법한 이사 또는 감사로 추정된다(대판 1991.12.27, 91다4409 · 91다4416). [07 법원직, 03 · 05 · 15 · 18 법무사, 15 변호사, 14 공인회계사]

⑤ [O] 고의 또는 과실로 사실과 다른 사항을 등기한 자는 등기가 사실과 다르다는 것을 선의의 제3자에게 대항하지 못한다. [10 · 12 · 17 법원직, 03 · 06 · 07 · 13 · 14 · 15 · 16 법무사, 18 변호사]

정답 ③

---

22 다음 중 상업등기에 대한 설명으로서 가장 틀린 것은? (다툼이 있는 경우 판례에 의함) 03 법무사

① 절대적 등기사항 뿐만 아니라 상대적 등기사항도 등기한 후가 아니면 선의의 제3자에게 대항하지 못한다.

② 등기할 사항은 이를 등기하지 아니하면 선의의 제3자에게 대항할 수 없고, 조세권자로서의 국가도 여기에 규정된 제3자에 포함된다.

③ 법인등기부에 이사 또는 감사로 등재되어 있는 경우에는 특단의 사정이 없는 한 정당한 절차에 의하여 선임된 것으로 추정된다.

④ 회사 설립의 경우에는 설립등기를 함으로써 회사의 법인격이 창설되고, 합병의 경우에는 합병등기를 함으로써 합병의 효력이 발생한다.

⑤ 고의 또는 과실로 인하여 사실과 상위한 사항을 등기한 자는 그 상위를 선의의 제3자에게 대항할 수 없다.

해설

① [O] 등기할 사항은 이를 등기하지 아니하면 선의의 제3자에게 대항하지 못한다. 여기서 '등기할 사항'에는 절대적 등기사항 뿐만 아니라 상대적 등기사항도 포함한다. [03 법무사]

② [×] 등기의 일반적 효력과 관련된 선의의 제3자란 대등한 지위에서 하는 보통의 거래관계의 상대방을 말하므로, 조세권에 기하여 조세의 부과처분을 하는 경우의 국가는 동조 소정의 제3자라 할 수 없다(대판 1978.12.26, 78누167). [17 법원직, 03 · 11 · 18 법무사]

③ [O] 법인등기부에 이사 또는 감사로 등재되어 있는 경우에는 특단의 사정이 없는 한 정당한 절차에 의하여 선임된 적법한 이사 또는 감사로 추정된다(대판 1991.12.27, 91다4409 · 91다4416). [07 법원직, 03 · 05 · 15 · 18 법무사, 15 변호사, 14 공인회계사]

④ [O] 창설적 등기사항은 등기가 없으면 그 법률관계 자체가 효력을 발생하지 않으므로, 상업등기의 창설적 효력은 제3자의 선의 · 악의를 묻지 아니하고 발생한다. [07 법원직, 03 · 08 · 11 법무사]

⑤ [O] 고의 또는 과실로 사실과 다른 사항을 등기한 자는 등기가 사실과 다르다는 것을 선의의 제3자에게 대항하지 못한다. [10 · 12 · 17 법원직, 03 · 06 · 07 · 13 · 14 · 15 · 16 법무사, 18 변호사]

정답 ②

제7장 / 영업양도

01 상법상 영업양도에 관한 다음 설명 중 옳지 않은 것은? 18 법무사

① 영업을 양도한 경우에 다른 약정이 없으면 양도인은 10년간 동일한 특별시·광역시·시·군과 인접 특별시·광역시·시·군에서 동종영업을 하지 못한다.

② 영업양도에 의하여 승계되는 근로관계는 계약체결일 현재 실제로 그 영업부문에서 근무하고 있는 근로자와의 근로관계뿐만이 아니라, 계약체결일 이전에 해당 영업부문에서 근무하다가 해고된 근로자로서 해고의 효력을 다투는 근로자와의 근로관계도 포함한다.

③ 유한회사가 그 영업의 중요한 일부를 양도하고자 할 경우에는 사원총회의 결의가 필요하고, 그 결의는 총사원의 반수 이상이며 총사원의 의결권의 4분의 3 이상을 가지는 자의 동의로 한다.

④ 영업양수인이 양도인의 상호를 계속 사용하지 아니하는 경우라도 양도인의 영업으로 인한 채무를 인수할 것을 광고한 때에는 양수인도 변제할 책임이 있다.

⑤ 상법 제7장의 영업양도가 있다고 볼 수 있는지 여부는 양수인이 유기적으로 조직화된 수익의 원천으로서의 기능적 재산을 이전받아 양도인이 하던 것과 같은 영업적 활동을 계속하고 있다고 볼 수 있는지에 따라 판단되어야 한다.

해설

① [○] 영업을 양도한 경우에 다른 약정이 없으면 양도인은 10년간 동일한 특별시·광역시·시·군과 인접 특별시·광역시·시·군에서 동종영업을 하지 못한다(제41조 제1항).

[12·15·16 법원직, 04·06·08·10·13·16·18 법무사, 12·13·20 변호사, 12·21 공인회계사]

② [×] 영업양도에 의해 승계되는 근로관계는 계약체결일 현재 실제로 그 영업부문에서 근무하고 있는 근로자와의 근로관계만을 의미하고, 계약체결일 이전에 해당 영업부문에서 근무하다 해고된 근로자로서 해고의 효력을 다투는 근로자와의 근로관계까지 승계되는 것은 아니다(대판 1996.5.31, 95다33238). [18·20 법무사, 21 변호사]

③ [○] 유한회사가 제374조 제1항 제1호부터 제3호까지의 규정에 해당되는 행위를 하려면 제585조에 따른 총회의 결의가 있어야 한다(제576조 제1항). 유한회사의 정관변경의 결의는 총사원의 반수 이상이며, 총사원의 의결권의 4분의 3 이상을 가지는 자의 동의로 한다(제585조). [18 법무사]

④ [○] 영업양수인이 양도인의 상호를 계속 사용하지 아니하더라도 양도인의 영업으로 인한 채무를 인수할 것을 광고한 때에는 양수인도 변제할 책임이 있으며(제44조), 이 경우 양수인의 제3자에 대한 채무는 광고 후 2년이 경과하면 소멸한다(제45조).

[12·16·21 법원직, 04·08·10·12·13·16·18·20 법무사, 18·21 공인회계사]

⑤ [○] 영업양도는 양수인이 유기적으로 조직화된 수익의 원천으로서의 기능적 재산을 이전받아 양도인과 같은 영업적 활동을 계속하고 있는지에 따라 판단되어야 한다(대판 2005.7.22, 2005다602). [18 법무사]

정답 ②

02 상법상 영업양도에 관한 설명으로 틀린 것은? 18 공인회계사

① 영업양도계약에 있어 양수인은 반드시 상인일 필요가 없다.

② 영업양도계약 당사자간에 별도의 합의가 없는 한 양도인의 영업상 채무가 당연히 양수인에게 이전되는 것은 아니다.

③ 채무인수를 광고한 양수인이 양도인의 영업상 채무에 대하여 변제책임을 부담하는 경우 채권자에 대한 양도인의 채무는 영업양도 후 2년이 경과하면 소멸한다.

④ 양도인의 영업으로 인한 채권의 채무자가 양도인의 상호를 계속 사용하는 양수인에게 선의이며 중대한 과실없이 변제한 경우에는 변제의 효력이 인정된다.

⑤ 판례에 의하면 영업이 양도되면 반대의 특약이 없는 한 양도인과 근로자간의 근로관계도 원칙적으로 양수인에게 승계된다.

해설

① [○] 양도인은 상인이어야 하고, 처분권한이 있어야 한다. 양수인은 반드시 상인이어야 하는 것은 아니나, 영업양수로 인하여 상인자격을 취득하게 된다. 따라서 영업양도계약에 있어 양수인은 반드시 상인일 필요가 없다. [18 공인회계사]

② [○] 상법상 영업양도란 일정한 영업목적에 의하여 조직화된 총체, 즉 물적·인적 조직을 그 동일성을 유지하면서 일체로서 이전하는 것으로서, 영업양도 당사자 사이의 명시적 또는 묵시적 계약이 있어야 한다(대판 1997.6.24, 96다2644). 이 판례에 의하면 양도인의 영업상 채무가 양수인에게 이전되기 위해서는 영업양도계약 당사자간에 명시적 또는 묵시적 합의가 있어야 한다. [12·18 공인회계사]

③ [×] 영업양수인이 제42조제1항 또는 전조의 규정에 의하여 변제의 책임이 있는 경우에는 양도인의 제3자에 대한 채무는 영업양도 또는 광고 후 2년이 경과하면 소멸한다(제45조). 따라서 채무인수의 광고로 인한 경우에는 '광고' 후 2년이 경과하면 양도인의 채무가 소멸한다. [12·16·21 법원직, 04·08·10·12·13·16·18·20 법무사, 18·21 공인회계사]

④ [○] 영업양수인이 양도인의 상호를 계속 사용하는 경우에는 양도인의 영업으로 인한 채권에 대하여 채무자가 선의이며 중대한 과실없이 양수인에게 변제한 때에는 그 효력이 있다(제43조). [06·08·12·19 법무사, 21 변호사, 15·18 공인회계사]

⑤ [○] 영업양도의 경우 재산의 개별적인 이전과 달리 근로관계 등 인적 조직은 반대의 특약이 없는 한 동일성을 유지하며, 포괄적으로 승계된다. [10·17 법원직, 06·10 법무사, 18 공인회계사]

정답 ③

03 영업양도에 관한 다음 설명 중 가장 옳지 않은 것은? (다툼이 있는 경우 판례에 의함) 17 법원직

① 영업양도가 이루어진 경우에는 원칙적으로 해당 근로자들의 근로관계가 양수하는 기업에 포괄적으로 승계된다.

② 양도인이 동종영업을 하지 아니할 것을 약정한 때에는 동일한 특별시·광역시·시·군과 인접 특별시·광역시·시·군에 한하여 20년을 초과하지 아니한 범위 내에서 그 효력이 있다.

③ 상법 제41조 제1항에서 정한 경업금지지역으로서의 동일지역 또는 인접지역은 영업양도인의 통상적인 영업활동이 이루어지던 지역을 기준으로 정하여야 한다.

④ 상인이 영업을 출자하여 주식회사를 설립하고, 그 주식회사가 출자한 상인의 상호를 계속 사용하더라도 이는 영업양도에 해당하지 않으므로 그 주식회사는 출자한 상인의 영업으로 인한 제3자의 채권에 대하여 변제할 책임이 없다.

해설

① [○] 영업양도의 경우 재산의 개별적인 이전과 달리 근로관계 등 인적 조직은 반대의 특약이 없는 한 동일성을 유지하며 포괄적으로 승계된다. [10·17 법원직, 06·10 법무사, 18 공인회계사]

② [○] 양도인이 동종영업을 하지 아니할 것을 약정한 때에는 동일한 특별시·광역시·시·군과 인접 특별시·광역시·시·군에 한하여 20년을 초과하지 아니한 범위 내에서 그 효력이 있다(제41조 제2항). [10·12·17 법원직, 08·16 법무사, 15 공인회계사]

③ [○] 경업금지지역으로서의 동일지역 또는 인접지역인지 여부는 양도된 물적 설비가 있던 지역이 아니라 영업양도인의 통상적인 영업활동이 이루어지던 지역을 기준으로 정하여야 한다(대판 2015.9.10, 2014다80440). [16·17 법원직, 19 법무사]

④ [×] 영업의 전부를 출자하여 주식회사를 설립하고 그 상호를 계속 사용하는 경우에는 영업양도는 아니지만, 출자의 목적이 된 영업의 개념이 동일하고 법률행위에 의한 영업의 이전이란 점에서 영업의 양도와 유사하며, 채권자의 입장에서 볼 때는 외형상 양도와 출자를 구분하기 어려우므로 제42조 제1항의 유추적용에 의하여 새로 설립된 법인은 출자한 자의 영업상 채무를 변제할 책임이 있다(대판 1995.8.22, 95다12231). [15·17 법원직, 10·12·15·20 법무사, 12 공인회계사]

정답 ④

04 영업양도·양수에 관한 설명 중 옳지 않은 것은? (다툼이 있는 경우 판례에 의함) 21 변호사

① 다른 기업의 사업 부문의 일부를 양수하는 계약을 체결하면서 그 물적 시설과 인적 조직을 함께 포괄승계 받기로 약정한 경우 원칙적으로 양도인과 근로자 사이의 근로관계는 양수인에게 포괄적으로 승계되지만, 계약체결일 이전에 해당 영업 부문에서 근무하다가 해고되어 해고의 효력을 다투는 근로자와의 근로관계 까지 승계되는 것은 아니다.

② 양수인이 양도인의 상호를 계속 사용하는 경우 양도인의 영업으로 인한 제3자의 채권에 대하여 양수인도 변제할 책임이 있으며, 이 채권은 영업양도 당시까지 발생한 것임을 요하지 아니하므로 영업양도 당시로 보아 가까운 장래에 발생될 것이 확실한 채권도 이에 포함된다.

③ 양수인이 양도인의 상호를 계속 사용하지 아니하는 경우에 양도인의 영업으로 인한 채무를 인수할 것을 광고한 때에는 양수인도 변제할 책임이 있다.

④ 영업을 출자하여 주식회사를 설립하고 그 상호를 계속 사용함으로써 상법 제42조(상호를 속용하는 양수인의 책임) 제1항의 규정이 유추적용되는 경우에는 상법 제45조(영업양도인의 책임의 존속기간)의 규정도 당연히 유추적용된다.

⑤ 양수인이 양도인의 상호를 계속 사용하는 경우 양도인의 영업으로 인한 채권에 대하여 채무자가 선의이며 중대한 과실없이 양수인에게 변제한 때에는 그 효력이 있다.

해설

① [○] 영업양도에 의해 승계되는 근로관계는 계약체결일 현재 실제로 그 영업부문에서 근무하고 있는 근로자와의 근로관계만을 의미하고, 계약체결일 이전에 해당 영업부문에서 근무하다 해고된 근로자로서 해고의 효력을 다투는 근로자와의 근로관계까지 승계되는 것은 아니다(대판 1996.5.31, 95다33238). [18·20 법무사, 21 변호사]

② [×] 영업양수인이 상법 제42조 제1항에 따라 책임지는 제3자의 채권은 영업양도 당시 채무의 변제기가 도래할 필요는 없다고 하더라도 그 당시까지 발생한 것이어야 하고, 영업양도 당시로 보아 가까운 장래에 발생될 것이 확실한 채권은 양수인이 책임져야 한다고 볼 수 없다(대판 2020.2.6, 2019다270217). [21 법원직, 19 법무사, 21 변호사]

③ [○] 영업양수인이 양도인의 상호를 계속 사용하지 아니하더라도 양도인의 영업으로 인한 채무를 인수할 것을 광고한 때에는 양수인도 변제할 책임이 있으며(제44조), 이 경우 양수인의 제3자에 대한 채무는 광고 후 2년이 경과하면 소멸한다(제45조). [12·16·21 법원직, 04·08·10·12·13·16·18·20 법무사, 13·21 변호사, 18·21 공인회계사]

④ [○] 상법 제42조 제1항은 영업양수인이 양도인의 상호를 계속 사용하는 경우에는 양도인의 영업으로 인한 제3자의 채권에 대하여 양수인도 변제할 책임이 있다고 규정하고, 상법 제45조는 영업양수인이 상법 제42조 제1항의 규정에 의하여 변제의 책임이 있는 경우에는 양도인의 제3자에 대한 채무는 영업양도 후 2년이 경과하면 소멸한다고 규정하고 있는바, 영업을 출자하여 주식회사를 설립하고 그 상호를 계속 사용함으로써 상법 제42조 제1항의 규정이 유추적용되는 경우에는 상법 제45조의 규정도 당연히 유추적용된다(대판 2009.9.10, 2009다38827). [21 변호사]

⑤ [○] 영업양수인이 양도인의 상호를 계속 사용하는 경우에는 양도인의 영업으로 인한 채권에 대하여 채무자가 선의이며 중대한 과실없이 양수인에게 변제한 때에는 그 효력이 있다(제43조). [06·08·12·19 법무사, 21 변호사, 15·18 공인회계사]

정답 ②

05　상법상 영업양도에 관한 설명으로 옳은 것은?

① 양수인이 양도인의 상호를 속용하는 경우에는 채권의 양도가 없더라도 채권양도가 있는 것으로 간주되어 양도인의 채무자는 반드시 양수인에게 변제해야 한다.

② 영업양도에서의 영업은 영리적 목적을 수행하기 위해 결합시킨 조직적 재산으로, 개개의 영업용 재산 또는 단순한 영업용 재산만을 가리키는 것이다.

③ 양수인이 양도인의 상호를 속용하지 않는 경우, 양도인의 영업으로 인한 채무를 인수할 것을 광고한 때에는 양수인도 변제할 책임을 진다.

④ 상호를 속용하는 양수인의 책임에 있어서, 영업으로 인하여 발생한 양도인의 채무에는 영업상의 활동과 관련하여 발생한 불법행위로 인한 채무는 포함되지 않는다.

⑤ 당사자간에 다른 약정이 없으면 양도인은 20년간 동일한 특별시 · 광역시 · 시 · 군에서 동종영업을 하지 못한다.

해설

① [×] 양수인이 양도인의 상호를 속용하는 경우 양도인의 채무자가 선의이며 중대한 과실없이 양수인에게 변제한 때에는 그 효력이 있다(제43조). 이는 양도인의 채무자를 보호하기 위한 것으로서 양도인의 채무자가 양수인에게 반드시 변제하여야 하는 것은 아니며, 양도인의 채무자는 여전히 양도인에게 변제할 수 있다.
[21 공인회계사]

② [×] 영업양도는 물건, 권리, 사실관계를 포함하는 조직적 · 기능적 재산으로서의 영업재산 일체를 영업의 동일성을 유지하면서 이전하기로 하는 채권계약을 의미한다. 영업이란 유기적으로 결합되고 조직화되어 있는 상인의 영업재산 전체를 의미한다.
[09 법원직, 21 공인회계사]

③ [○] 영업양수인이 양도인의 상호를 계속 사용하지 아니하더라도 양도인의 영업으로 인한 채무를 인수할 것을 광고한 때에는 양수인도 변제할 책임이 있으며(제44조), 이 경우 양수인의 제3자에 대한 채무는 광고 후 2년이 경과하면 소멸한다(제45조).
[12 · 16 · 21 법원직, 04 · 08 · 10 · 12 · 13 · 16 · 18 · 20 법무사, 13 · 21 변호사, 18 · 21 공인회계사]

④ [×] 상호를 속용하는 양수인의 책임에 있어서, 영업활동과 관련성이 인정되면 채무불이행, 불법행위, 부당이득으로 인한 채권과 어음 · 수표와 같은 증권채권도 적용대상이 된다.
[18 법원직, 15 · 20 법무사, 17 · 21 공인회계사]

⑤ [×] 영업을 양도한 경우에 다른 약정이 없으면 양도인은 10년간 동일한 특별시 · 광역시 · 시 · 군과 인접 특별시 · 광역시 · 시 · 군에서 동종영업을 하지 못한다(제41조 제1항).
[12 · 15 · 16 법원직, 04 · 06 · 08 · 10 · 13 · 16 · 18 법무사, 12 · 13 · 20 변호사, 12 · 21 공인회계사]

정답 ③

06 영업양도에 관한 다음 설명 중 가장 옳지 않은 것은? 20 법무사

① 상법 제42조 제1항에는 영업양수인이 양도인의 상호를 계속 사용하는 경우에는 양도인의 영업으로 인한 제3자의 채권에 대하여 양수인도 변제할 책임이 있다고 규정되어 있는바, 이때의 영업으로 인하여 발생한 채무란 영업상의 활동에 관하여 발생하는 채무를 의미하므로, 불법행위로 인한 손해배상채무는 이에 포함되지 않는다고 보아야 한다.

② 영업을 출자하여 주식회사를 설립하고 그 상호를 계속 사용하는 경우 새로 설립된 주식회사는 상법 제42조 제1항의 규정의 유추적용에 의하여 출자자의 채무를 변제할 책임이 있다.

③ 영업양도에 의하여 승계되는 근로관계는 계약체결일 현재 실제로 그 영업부문에서 근무하고 있는 근로자와의 근로관계만을 의미하고, 계약체결일 이전에 해당 영업부문에서 근무하다가 해고된 근로자로서 해고의 효력을 다투는 근로자와의 근로관계까지 승계되는 것은 아니다.

④ 상법상의 영업양도는 종래의 영업조직이 유지되어 그 조직이 전부 또는 중요한 일부로서 기능할 수 있는가에 의하여 결정되어야 한다. 따라서 영업재산의 일부를 유보한 채 영업시설을 양도하였더라도 그 양도한 부분만으로도 종래의 조직이 유지되어 있다고 인정된다면 영업의 양도라고 보아야 한다.

⑤ 영업양도는 반드시 영업양도 당사자 사이의 명시적 계약에 의하여야 하는 것은 아니며 묵시적 계약에 의하여도 가능하다. 영업양도의 경우 별도의 등기가 필요하지 않을뿐더러, 그 계약서의 작성이나 기재사항도 법정화되어 있지 않다.

해설

① [×] 상법 제42조 제1항에 규정된 양도인의 영업으로 인한 채무란, 영업상의 활동에 관하여 발생한 채무를 말하는 것이다(대판 2002.6.28, 2000다5862). 영업활동과 관련성이 인정되면 채무불이행, 불법행위, 부당이득으로 인한 채권과 어음·수표와 같은 증권채권도 적용대상이 된다. [18 법원직, 15·20 법무사, 17·21 공인회계사]

② [O] 영업의 전부를 출자하여 주식회사를 설립하고 그 상호를 계속 사용하는 경우에는 영업양도는 아니지만, 출자의 목적이 된 영업의 개념이 동일하고 법률행위에 의한 영업의 이전이란 점에서 영업의 양도와 유사하며, 채권자의 입장에서 볼 때는 외형상 양도와 출자를 구분하기 어려우므로 제42조 제1항의 유추적용에 의하여 새로 설립된 법인은 출자한 자의 영업상 채무를 변제할 책임이 있다(대판 1995.8.22, 95다12231). [15·17 법원직, 10·12·15·20 법무사, 12 공인회계사]

③ [O] 영업양도에 의해 승계되는 근로관계는 계약체결일 현재 실제로 그 영업부문에서 근무하고 있는 근로자와의 근로관계만을 의미하고, 계약체결일 이전에 해당 영업부문에서 근무하다 해고된 근로자로서 해고의 효력을 다투는 근로자와의 근로관계까지 승계되는 것은 아니다(대판 1996.5.31, 95다33238). [18·20 법무사, 21 변호사]

④ [O] 상법상의 영업양도는 종래의 영업조직이 유지되어 그 조직이 전부 또는 중요한 일부로서 기능할 수 있는가에 의하여 결정되어야 한다. 영업재산의 일부를 유보한 채 영업시설을 양도했어도 그 양도한 부분만으로도 종래의 조직이 유지되어 있다고 사회관념상 인정되면 영업의 양도에 해당한다. [18·19·20 법무사]

⑤ [O] 영업양도는 반드시 영업양도 당사자 사이의 명시적 계약에 의하여야 하는 것은 아니며 묵시적 계약에 의하여도 가능하다. 영업양도의 경우 별도의 등기가 필요하지 않을뿐더러, 그 계약서의 작성이나 기재사항도 상법에 규정되어 있지 않다. [20 법무사]

정답 ①

07 상법상 영업양도와 영업임대차에 관한 설명 중 옳지 않은 것은? (다툼이 있는 경우 판례에 의함)

20 변호사

① 영업을 양도한 경우에 다른 약정이 없으면 양도인은 10년간 동일한 특별시·광역시·시·군과 인접 특별시·광역시·시·군에서 동종영업을 하지 못한다.

② 주식회사가 영업의 중요한 일부를 양도한 후 주주총회의 특별결의가 없었다는 이유를 들어 스스로 그 약정의 무효를 주장하는 경우, 주주 전원이 그와 같은 약정에 동의한 것으로 볼 수 있다면, 그 영업양도에 대한 무효의 주장은 신의성실의 원칙에 반할 수 있다.

③ 영업양수인에 의하여 속용되는 명칭이 상호 자체가 아니라 영업표지인 때에도 그것이 영업주체를 나타내는 것으로 사용되는 경우에는 영업양수인은 특별한 사정이 없는 한 상호를 속용하는 영업양수인의 책임을 정한 상법 제42조 제1항의 유추적용에 의하여 영업양도인의 영업으로 인한 제3자에 대한 채무를 부담한다.

④ 상호를 속용하는 영업임차인의 책임에 대해서는 상호를 속용하는 영업양수인의 책임을 정한 상법 제42조 제1항이 유추적용된다.

⑤ 상호를 속용하는 영업양수인이 영업양도를 받은 후 지체없이 영업양도인의 영업으로 인한 제3자에 대한 채무에 대한 책임이 없음을 등기한 때에는 영업양수인은 그 제3자에 대한 채무를 변제할 책임이 없다.

해설

① [O] 영업을 양도한 경우에 다른 약정이 없으면 양도인은 10년간 동일한 특별시·광역시·시·군과 인접 특별시·광역시·시·군에서 동종영업을 하지 못한다(제41조 제1항).
[12·15·16 법원직, 04·06·08·10·13·16·18 법무사, 12·13·20 변호사, 12·21 공인회계사]

> **관련쟁점** 영업양도
> 영업양도는 물건, 권리, 사실관계를 포함하는 조직적·기능적 재산으로서의 영업재산 일체를 영업의 동일성을 유지하면서 이전하기로 하는 채권계약을 의미한다. 판례에 의하면, 영업전부가 매각되었더라도 조직을 해체하여 양도하였다면 영업양도가 아니다(대판 2007.6.1, 2005다5812·5829·5836). 양도인은 상인이어야 하고 처분권한이 있어야 한다. 영업의 임차인, 경영위임을 받은 자는 처분권이 없으므로 영업양도인이 될 수 없다. 영업양도는 채권계약이므로 각 영업재산이 이전되기 위해서는 각 영업재산에 대한 개별적인 권리이전 요건을 갖추어야 한다.

② [O] 주식회사가 영업의 전부 또는 중요한 일부를 양도한 후 주주총회의 특별결의가 없었다는 이유를 들어 스스로 그 약정의 무효를 주장하더라도 주주 전원이 그와 같은 약정에 동의한 것으로 볼 수 있는 등 특별한 사정이 인정되지 않는다면 위와 같은 무효 주장이 신의성실 원칙에 반한다고 할 수는 없다(대판 2018.4.26, 2017다288757). 지문은 이 판례 본문의 내용으로 출제되었는바, 판례의 취지에 비추어 보면 주주 전원이 영업 전부 등의 양도에 관한 약정에 동의한 것으로 볼 수 있다면, 주식회사가 그 영업양도에 대한 무효를 주장하는 것은 신의성실의 원칙에 반할 수 있다.
[20 법무사, 20 변호사]

③ [O] 양수인에 의하여 속용되는 명칭이 상호 자체가 아닌 옥호 또는 영업표지인 때에도 그것이 영업주체를 나타내는 것으로 사용되는 경우에는 영업상의 채권자가 영업주체의 교체나 채무승계 여부 등을 용이하게 알 수 없다는 점에서 일반적인 상호속용의 경우와 다를 바 없으므로, 양수인은 특별한 사정이 없는 한 상법 제42조 제1항의 유추적용에 의하여 그 채무를 부담한다(대판 2010.9.30, 2010다35138).
[15 법원직, 12·19 법무사, 20 변호사]

④ [X] 영업임대차의 경우에는 상법 제42조 제1항과 같은 법률규정이 없을 뿐만 아니라, 영업상의 채권자가 제공하는 신용에 대하여 실질적인 담보의 기능을 하는 영업재산의 소유권이 재고상품 등 일부를 제외하고는 모두 임대인에게 유보되어 있고 임차인은 사용·수익권만을 가질 뿐이어서 임차인에게 임대인의 채무에 대한 변제책임을 부담시키면서까지 임대인의 채권자를 보호할 필요가 있다고 보기 어렵다. 여기에 상법 제42조 제1항에 의하여 양수인이 부담하는 책임은 양수한 영업재산에 한정되지 아니하고 그의 전 재산에 미친다는 점 등을 더하여 보면, 영업임대차의 경우에 상법 제42조 제1항을 그대로 유추적용할 것은 아니다(대판 2016.8.24, 2014다9212).
[21 법원직, 19 법무사, 16·20 변호사]

⑤ [O] 양수인이 영업양도를 받은 후 지체없이 양도인의 채무에 대한 책임이 없음을 등기한 때에는 양수인은 책임을 부담하지 않는다(제42조 제2항). 면책등기는 모든 채권자에게 효력이 미친다. [18 법원직, 13·16 법무사, 12·20 변호사, 12·17 공인회계사]

정답 ④

08 영업양도에 관한 다음 설명 중 가장 옳지 않은 것은? 19 법무사

① 경업금지지역으로서의 동일지역 또는 인접지역은 양도된 물적 설비가 있던 지역을 기준으로 정할 것이 아니라 영업양도인의 통상적인 영업활동이 이루어지던 지역을 기준으로 정하여야 한다.

② 영업재산의 일부를 유보한 채 영업시설을 양도했어도 그 양도한 부분만으로도 종래의 조직이 유지되어 있다고 사회관념상 인정되면 그것을 영업의 양도로 볼 수 있다.

③ 양수인에 의하여 속용되는 명칭이 상호 자체가 아닌 옥호 또는 영업표지인 때에는, 양수인은 특별한 사정이 없는 한 양도인의 영업으로 인한 제3자의 채권에 대하여 변제할 책임이 없다.

④ 영업임대차의 경우에는 상법 제42조 제1항을 유추적용할 수 없으므로, 임차인은 임대인의 영업으로 인한 제3자의 채권에 대하여 변제할 책임이 없다.

⑤ 양도인의 영업으로 인한 채권에 대하여 채무자가 선의이며 중대한 과실없이 양도인의 상호를 계속하여 사용하는 양수인에게 변제한 때에는 그 효력이 있다.

해설

① [○] 경업금지지역으로서의 동일지역 또는 인접지역인지 여부는 양도된 물적 설비가 있던 지역이 아니라 영업양도인의 통상적인 영업활동이 이루어지던 지역을 기준으로 정하여야 한다(대판 2015.9.10, 2014다80440). [16 · 17 법원직, 19 법무사]

② [○] 상법상의 영업양도는 종래의 영업조직이 유지되어 그 조직이 전부 또는 중요한 일부로서 기능할 수 있는가에 의하여 결정되어야 한다. 영업재산의 일부를 유보한 채 영업시설을 양도했어도 그 양도한 부분만으로도 종래의 조직이 유지되어 있다고 사회관념상 인정되면 영업의 양도에 해당한다. [18 · 19 · 20 법무사]

③ [×] 양수인에 의하여 속용되는 명칭이 상호 자체가 아닌 옥호 또는 영업표지인 때에도 그것이 영업주체를 나타내는 것으로 사용되는 경우에는 영업상의 채권자가 영업주체의 교체나 채무승계 여부 등을 용이하게 알 수 없다는 점에서 일반적인 상호속용의 경우와 다를 바 없으므로, 양수인은 특별한 사정이 없는 한 상법 제42조 제1항의 유추적용에 의하여 그 채무를 부담한다(대판 2010.9.30, 2010다35138). [15 법원직, 12 · 19 법무사, 20 변호사]

④ [○] 영업임대차의 경우에 제42조 제1항을 그대로 유추적용할 것은 아니다(대판 2016.8.24, 2014다9212). [21 법원직, 19 법무사, 16 · 20 변호사]

⑤ [○] 양도인의 영업으로 인한 채권에 대하여 채무자가 선의이며 중대한 과실없이 양도인의 상호를 계속하여 사용하는 양수인에게 변제한 때에는 그 효력이 있다(제43조). [06 · 08 · 12 · 19 법무사, 21 변호사, 15 · 18 공인회계사]

정답 ③

09 상호속용양수인의 책임에 관한 다음 설명 중 가장 옳은 것은? (다툼이 있는 경우 판례에 의함)

18 법원직

① 양수인이 영업양도를 받은 후 지체없이 양도인의 채무에 대한 책임이 없음을 등기한 때에도 상호속용양수인은 양도인의 영업으로 인한 제3자의 채권에 대하여 변제할 책임을 진다.

② 상호속용양수인이 변제책임을 지는 양도인의 제3자에 대한 채무는 양도인의 영업으로 인한 채무로서 영업양도 전에 발생한 것으로 영업양도 당시의 상호를 사용하는 동안 발생한 채무에 한한다.

③ 상호속용양수인이 변제할 책임을 부담하는 채무는 거래상 채무에 제한되므로 거래와 관련된 불법행위로 인한 손해배상채무는 포함되지 아니한다.

④ 상호속용양수인은 양도인의 영업상 채무를 인수하지 않았음을 증명하더라도 변제책임을 면하지 못한다.

해설

① [×] 양도인의 상호를 계속 사용하는 영업양수인이 영업양도를 받은 후 지체없이 양도인의 채무에 대한 책임이 없음을 등기한 경우에는, 양수인은 양도인의 영업으로 인한 제3자의 채권에 대하여 변제할 책임이 없다(제42조 제2항).

[18 법원직, 13 · 16 법무사, 12 · 20 변호사, 12 · 17 공인회계사]

② [×] 상호를 속용하는 영업양수인이 변제책임을 지는 양도인의 제3자에 대한 채무는 양도인의 영업으로 인한 채무로서 영업양도 전에 발생한 것이면 족하고, 반드시 영업양도 당시의 상호를 사용하는 동안 발생한 채무에 한하는 것은 아니다(대판 2010.9.30, 2010다35138).

[18 법원직, 12 · 15 법무사]

③ [×] 상법 제42조 제1항에 규정된 양도인의 영업으로 인한 채무란, 영업상의 활동에 관하여 발생한 채무를 말하는 것이다(대판 2002.6.28, 2000다5862). 영업활동과 관련성이 인정되면 채무불이행, 불법행위, 부당이득으로 인한 채권과 어음 · 수표와 같은 증권채권도 적용대상이 된다.

[18 법원직, 15 · 20 법무사, 17 · 21 공인회계사]

④ [○] 상호속용양수인은 양도인의 영업상 채무를 인수하지 않았음을 증명하더라도 변제책임을 면하지 못한다. [18 법원직]

정답 ④

---

10 A는 B로부터 영업을 양수하여 B의 상호를 사용하면서 영업을 하고 있고, B는 C에 대하여 영업양도 전에 발생한 영업상 채무를 가지고 있다. 이에 대한 상법상 설명으로 틀린 것은?

17 공인회계사

① A는 B의 C에 대한 채무를 변제할 책임이 있다.

② A와 B가 지체없이 B의 C에 대한 채무에 대하여 A의 책임이 없음을 C에게 통지한 경우 A는 그 채무를 변제할 책임이 없다.

③ A가 지체없이 B의 C에 대한 채무에 대하여 책임이 없음을 등기한 경우 A는 그 채무를 변제할 책임이 없다.

④ 판례에 의하면 A는 B가 영업활동과 관련한 불법행위로 인하여 D에게 입힌 손해를 배상할 책임이 있다.

⑤ A는 영업양수 후 2년이 경과하면 B의 C에 대한 채무를 변제할 책임이 없다.

해설

① [○] 영업양수인이 양도인의 상호를 계속 사용하는 경우에는 양도인의 영업으로 인한 제3자의 채권에 대하여 양수인도 변제할 책임이 있다(제42조 제1항).

[07 · 16 · 21 법원직, 04 · 06 · 08 · 13 · 16 법무사, 17 공인회계사]

② [○] 양도인과 양수인이 지체없이 제3자에 대하여 책임이 없음을 통지한 경우 통지받은 제3자에게는 양수인이 책임을 부담하지 않는다(제42조 제2항).

[14 법원직, 13 · 15 · 16 법무사, 13 변호사, 15 · 17 공인회계사]

③ [O] 양도인의 상호를 계속 사용하는 영업양수인이 영업양도를 받은 후 지체없이 양도인의 채무에 대한 책임이 없음을 등기한 경우에는 양수인은 양도인의 영업으로 인한 제3자의 채권에 대하여 변제할 책임이 없다(제42조 제2항).

[18 법원직, 13 · 16 법무사, 12 · 20 변호사, 12 · 17 공인회계사]

④ [O] 영업활동과 관련성이 인정되면 채무불이행, 불법행위, 부당이득으로 인한 채권과 어음 · 수표와 같은 증권채권도 적용대상이 된다.

[18 법원직, 15 · 20 법무사, 17 · 21 공인회계사]

⑤ [×] 영업양수인이 제42조 제1항 또는 전 조의 규정에 의하여 변제의 책임이 있는 경우에는 양도인의 제3자에 대한 채무는 영업양도 또는 광고 후 2년이 경과하면 소멸한다(제45조).

[13 변호사, 15 · 17 공인회계사]

정답 ⑤

11 상법총칙에 규정된 영업양도에 관한 다음 설명 중 가장 옳지 않은 것은? (다툼이 있는 경우 판례에 의함)

16 법원직

① 영업을 양도한 경우에 다른 약정이 없으면 영업양도인은 10년간 동일한 특별시 · 광역시 · 시 · 군과 인접 특별시 · 광역시 · 시 · 군에서 양도한 영업과 동종인 영업을 하지 못한다.

② 영업양수인이 양도인의 상호를 계속 사용하는 경우에는 원칙적으로 양도인의 영업으로 인한 제3자의 채권에 대하여 양수인도 변제할 책임이 있다.

③ 경업금지지역으로서의 동일지역 또는 인접지역은 양도된 물적 설비가 있던 지역을 기준으로 정하여야 한다.

④ 영업양수인이 양도인의 상호를 계속 사용하지 아니하는 경우에 양도인의 영업으로 인한 채무를 인수할 것을 광고한 때에는 양수인도 변제할 책임이 있다.

해설

① [O] 영업을 양도한 경우에 다른 약정이 없으면 양도인은 10년간 동일한 특별시 · 광역시 · 시 · 군과 인접 특별시 · 광역시 · 시 · 군에서 동종영업을 하지 못한다(제41조 제1항).

[12 · 15 · 16 법원직, 04 · 06 · 08 · 10 · 13 · 16 · 18 법무사, 12 · 13 · 20 변호사, 12 · 21 공인회계사]

② [O] 영업양수인이 양도인의 상호를 계속 사용하는 경우에는 양도인의 영업으로 인한 제3자의 채권에 대하여 양수인도 변제할 책임이 있다(제42조 제1항). 상법 제42조 제1항은 영업양수인이 양도인의 상호를 계속 사용하는 경우 양도인의 영업으로 인한 제3자의 채권에 대하여 양수인도 변제할 책임이 있다고 규정함으로써 양도인이 여전히 주채무자로서 채무를 부담하면서 양수인도 함께 변제책임을 지도록 하고 있다.

[07 · 16 · 21 법원직, 04 · 06 · 08 · 13 · 16 법무사, 17 공인회계사]

③ [×] 경업금지지역으로서의 동일지역 또는 인접지역인지 여부는 양도된 물적 설비가 있던 지역이 아니라 영업양도인의 통상적인 영업활동이 이루어지던 지역을 기준으로 정하여야 한다(대판 2015.9.10, 2014다80440). [16 · 17 법원직, 19 법무사]

④ [O] 영업양수인이 양도인의 상호를 계속 사용하지 아니하더라도 양도인의 영업으로 인한 채무를 인수할 것을 광고한 때에는 양수인도 변제할 책임이 있으며(제44조), 이 경우 양수인의 제3자에 대한 채무는 광고 후 2년이 경과하면 소멸한다(제45조).

[12 · 16 · 21 법원직, 04 · 08 · 10 · 12 · 13 · 16 · 18 · 20 법무사, 13 · 21 변호사, 18 · 21 공인회계사]

정답 ③

12 상법상 영업양도에 관한 다음 설명 중 가장 옳지 않은 것은?

① 영업을 양도한 경우에 다른 약정이 없으면 양도인은 5년간 동일한 특별시·광역시·시·군과 인접 특별시·광역시·시·군에서 동종영업을 하지 못한다.

② 양도인이 동종영업을 하지 아니할 것을 약정한 때에는 동일한 특별시·광역시·시·군과 인접 특별시·광역시·시·군에 한하여 20년을 초과하지 아니한 범위 내에서 그 효력이 있다.

③ 영업양수인이 양도인의 상호를 계속 사용하는 경우에는 양도인의 영업으로 인한 제3자의 채권에 대하여 양수인도 변제할 책임이 있다.

④ 위 ③의 규정은 양수인이 영업양도를 받은 후 지체없이 양도인의 채무에 대한 책임이 없음을 등기한 때에는 적용하지 아니한다. 양도인과 양수인이 지체없이 제3자에 대하여 그 뜻을 통지한 경우에 그 통지를 받은 제3자에 대하여도 같다.

⑤ 영업양수인이 양도인의 상호를 계속 사용하지 아니하는 경우에 양도인의 영업으로 인한 채무를 인수할 것을 광고한 때에는 양수인도 변제할 책임이 있다.

해설

① [×] 영업을 양도한 경우에 다른 약정이 없으면 양도인은 10년간 동일한 특별시·광역시·시·군과 인접 특별시·광역시·시·군에서 동종영업을 하지 못한다(제41조 제1항).

[12·15·16 법원직, 04·06·08·10·13·16·18 법무사, 12·13·20 변호사, 12·21 공인회계사]

② [○] 양도인이 동종영업을 하지 아니할 것을 약정한 때에는 동일한 특별시·광역시·시·군과 인접 특별시·광역시·시·군에 한하여 20년을 초과하지 아니한 범위 내에서 그 효력이 있다(제41조 제2항).

[10·12·17 법원직, 08·16 법무사, 15 공인회계사]

③ [○] 상법 제42조 제1항은 영업양수인이 양도인의 상호를 계속 사용하는 경우 양도인의 영업으로 인한 제3자의 채권에 대하여 양수인도 변제할 책임이 있다고 규정함으로써 양도인이 여전히 주채무자로서 채무를 부담하면서 양수인도 함께 변제책임을 지도록 하고 있다.

[07·16·21 법원직, 04·06·08·13·16 법무사, 17 공인회계사]

④ [○] 양도인의 상호를 계속 사용하는 영업양수인이 영업양도를 받은 후 지체없이 양도인의 채무에 대한 책임이 없음을 등기한 경우에는, 양수인은 양도인의 영업으로 인한 제3자의 채권에 대하여 변제할 책임이 없다(제42조 제2항).

[18 법원직, 13·16 법무사, 12·20 변호사, 12·17 공인회계사]

양도인과 양수인이 지체없이 제3자에 대하여 책임이 없음을 통지한 경우 통지받은 제3자에게는 양수인이 책임을 부담하지 않는다(제42조 제2항).

[14 법원직, 13·15·16 법무사, 13 변호사, 15·17 공인회계사]

⑤ [○] 영업양수인이 양도인의 상호를 계속 사용하지 아니하더라도 양도인의 영업으로 인한 채무를 인수할 것을 광고한 때에는 양수인도 변제할 책임이 있으며(제44조), 이 경우 양수인의 제3자에 대한 채무는 광고 후 2년이 경과하면 소멸한다(제45조).

[12·16·21 법원직, 04·08·10·12·13·16·18·20 법무사, 18·21 공인회계사]

정답 ①

13 상법상 영업양도에 관한 다음 설명 중 가장 옳지 않은 것은? (다툼이 있는 경우 판례에 의함)

15 법원직

① 영업양수인이 영업양도인의 상호 자체가 아닌 그 영업표지를 속용하는 때에도 그것이 영업주체를 나타내는 것으로 사용되는 경우 영업양수인은 특별한 사정이 없는 한 영업양도인의 영업상 채무를 변제할 책임이 있다.

② 영업을 출자하여 주식회사를 설립하고 설립된 주식회사가 그 상호를 계속 사용하는 경우 현물출자와 영업양도는 구분되므로 상법 제42조 제1항이 유추적용될 수 없다. 따라서 새로 설립된 법인은 출자자의 채무를 변제할 책임이 없다.

③ 영업양도인의 상호를 속용하지 아니하는 영업양수인이 양도인의 채무를 인수한다는 취지를 광고에 의하여 표시하지는 않았으나 양도인의 채권자에게 개별적으로 통지를 하는 방식으로 채무인수의 취지를 표시한 경우, 그 채권자에게 위 채무를 변제할 책임이 발생한다.

④ 영업을 양도한 경우 다른 약정이 없으면 양도인은 10년간 동일한 특별시·광역시·시·군과 인접 특별시·광역시·시·군에서 동종영업을 하지 못한다.

해설

① [○] 양수인에 의하여 속용되는 명칭이 상호 자체가 아닌 옥호 또는 영업표지인 때에도 그것이 영업주체를 나타내는 것으로 사용되는 경우에는 영업상의 채권자가 영업주체의 교체나 채무승계 여부 등을 용이하게 알 수 없다는 점에서 일반적인 상호속용의 경우와 다를 바 없으므로, 양수인은 특별한 사정이 없는 한 상법 제42조 제1항의 유추적용에 의하여 그 채무를 부담한다 (대판 2010.9.30, 2010다35138).　　　　　　　　　　　　　　　　　　[15 법원직, 12·19 법무사, 20 변호사]

② [×] 영업의 전부를 출자하여 주식회사를 설립하고 그 상호를 계속 사용하는 경우에는 영업양도는 아니지만, 출자의 목적이 된 영업의 개념이 동일하고 법률행위에 의한 영업의 이전이란 점에서 영업의 양도와 유사하며, 채권자의 입장에서 볼 때는 외형상 양도와 출자를 구분하기 어려우므로 제42조 제1항의 유추적용에 의하여 새로 설립된 법인은 출자한 자의 영업상 채무를 변제할 책임이 있다(대판 1995.8.22, 95다12231).　　　　　　[15·17 법원직, 10·12·15·20 법무사, 12 공인회계사]

③ [○] 양도인의 상호를 계속 사용하지 아니하는 영업양수인에 대해서도 양도인의 영업으로 인한 채무를 인수할 것을 광고한 때에는 그 변제책임을 인정하는 상법 제44조의 법리는, 영업양수인이 양도인의 채무를 받아들이는 취지를 광고에 의하여 표시한 경우에 한하지 않고, 양도인의 채권자에 대하여 개별적으로 통지를 하는 방식으로 그 취지를 표시한 경우에도 적용되어, 그 채권자와의 관계에서는 위 채무변제의 책임이 발생한다(대판 2008.4.11, 2007다89722).　　　　　　　[15 법원직]

④ [○] 영업을 양도한 경우에 다른 약정이 없으면 양도인은 10년간 동일한 특별시·광역시·시·군과 인접 특별시·광역시·시·군에서 동종영업을 하지 못한다(제41조 제1항).

[12·15·16 법원직, 04·06·08·10·13·16·18 법무사, 12·13·20 변호사, 12·21 공인회계사]

정답 ②

14 영업양도에 관한 다음 설명 중 가장 옳지 않은 것은? (다툼이 있는 경우 판례에 의함)

① 영업양도에서 양수인이 변제할 책임이 있는 채무는 영업양도 전에 발생한 것으로 반드시 영업양도 당시의 상호를 사용하는 동안 발생한 채무여야 한다.

② A회사의 대표이사 甲이 개인적인 목적으로 A회사명의의 어음을 발행하고 A회사가 B회사에 영업양도를 한 경우, 이 어음채무가 양도인 A회사의 영업활동과 전혀 무관하다면 어음의 소지인은 양수인 B회사에 책임을 물을 수 없다.

③ 영업활동과의 관련성만 인정된다면 불법행위로 인한 손해배상채무나 부당이득으로 인한 상환채무도 상법 제42조의 보호범위에 포함된다.

④ 영업의 현물출자는 영업양도는 아니지만 그 외관이 거의 비슷하고 이해관계자에게 미치는 영향도 동일하기 때문에 상법 제42조, 제44조가 유추적용된다.

⑤ 영업양도에서 양도인과 양수인은 채권자에 대하여 부진정연대채무 관계에 선다.

해설

① [×] 상호를 속용하는 영업양수인이 변제책임을 지는 양도인의 제3자에 대한 채무는 양도인의 영업으로 인한 채무로서 영업양도 전에 발생한 것이면 족하고, 반드시 영업양도 당시의 상호를 사용하는 동안 발생한 채무에 한하는 것은 아니다(대판 2010.9.30, 2010다35138). [18 법원직, 12·15 법무사]

② [○] ③ [○] 상법 제42조 제1항에 규정된 양도인의 영업으로 인한 채무란, 영업상의 활동에 관하여 발생한 채무를 말하는 것이다(대판 2002.6.28, 2000다5862). 영업활동과 관련성이 인정되면 채무불이행, 불법행위, 부당이득으로 인한 채권과 어음·수표와 같은 증권채권도 적용대상이 된다. [18 법원직, 15·20 법무사, 17·21 공인회계사]

④ [○] 영업의 전부를 출자하여 주식회사를 설립하고 그 상호를 계속 사용하는 경우에는 영업양도는 아니지만, 출자의 목적이 된 영업의 개념이 동일하고 법률행위에 의한 영업의 이전이란 점에서 영업의 양도와 유사하며, 채권자의 입장에서 볼 때는 외형상 양도와 출자를 구분하기 어려우므로 제42조 제1항의 유추적용에 의하여 새로 설립된 법인은 출자한 자의 영업상 채무를 변제할 책임이 있다(대판 1995.8.22, 95다12231). [15·17 법원직, 10·12·15·20 법무사, 12 공인회계사]

⑤ [○] 양수인은 양도인과 함께 부진정연대채무를 부담한다. [15 법무사]

정답 ①

15 상법상 영업양도에 관한 설명으로 틀린 것은? 15 공인회계사

① 양도인이 영업재산의 이전의무를 이행함에 있어서는 특정승계의 방법에 의하여 재산의 종류에 따라 개별적으로 이전행위를 하여야 한다.

② 양도인이 동종영업을 하지 않을 것을 약정한 때에는 동일한 특별시·광역시·시·군과 인접 특별시·광역시·시·군에 한하여 20년을 초과하지 않는 범위 내에서 그 효력이 있다.

③ 양수인이 양도인의 상호를 계속 사용하는 경우에 양도인의 영업으로 인한 채권에 대하여 채무자가 선의이며 중대한 과실없이 양수인에게 변제할 때에는 그 효력이 있다.

④ 상호의 속용으로 인하여 양수인이 양도인의 영업상 채무에 대하여 변제책임을 지는 경우 양수인은 지체없이 채권자에게 영업상 채무에 대한 책임이 없음을 통지하면 통지를 받은 채권자에 대하여는 변제책임을 면한다.

⑤ 채무인수의 광고로 인하여 양수인이 양도인의 영업상의 채무에 대하여 변제책임을 지는 경우 채권자에 대한 양도인의 책임은 광고 후 2년이 경과하면 소멸한다.

해설

① [O] 영업양도는 채권계약이므로 양도인이 재산이전의무를 이행함에 있어서는 상속이나 회사의 합병과 같이 포괄적 승계가 인정되지 않고 특정 승계에 의하여 재산의 종류에 따라 개별적으로 이전행위를 하여야 하는바, 양도인의 제3자에 대한 매매계약 해제에 따른 원상회복청구권은 지명채권이므로 그 양도에는 양도인의 채무자에 대한 통지나 채무자의 승낙이 있어야 채무자에게 대항할 수 있다(대판 1991.10.8, 91다22018·22025). [09 법원직, 05 법무사, 15 공인회계사]

② [O] 양도인이 동종영업을 하지 아니할 것을 약정한 때에는 동일한 특별시·광역시·시·군과 인접 특별시·광역시·시·군에 한하여 20년을 초과하지 아니한 범위 내에서 그 효력이 있다(제41조 제2항). [10·12·17 법원직, 08·16 법무사, 15 공인회계사]

③ [O] 영업양수인이 양도인의 상호를 계속 사용하는 경우에는 양도인의 영업으로 인한 채권에 대하여 채무자가 선의이며, 중대한 과실없이 양수인에게 변제한 때에는 그 효력이 있다(제43조). [06·08·12·19 법무사, 21 변호사, 15·18 공인회계사]

④ [×] 양도인과 양수인이 지체없이 제3자에 대하여 책임이 없음을 통지한 경우 통지받은 제3자에게는 양수인이 책임을 부담하지 않는다(제42조 제2항). [14 법원직, 13·15·16 법무사, 13 변호사, 15·17 공인회계사]

⑤ [O] 영업양수인이 양도인의 상호를 계속 사용하지 아니하더라도 양도인의 영업으로 인한 채무를 인수할 것을 광고한 때에는 양수인도 변제할 책임이 있으며(제44조), 이 경우 양수인의 제3자에 대한 채무는 광고 후 2년이 경과하면 소멸한다(제45조). [12·16·21 법원직, 04·08·10·12·13·16·18·20 법무사, 13·21 변호사, 18·21 공인회계사]

정답 ④

16 영업양도에 관한 아래의 설명 중 가장 옳지 않은 것은? (다툼이 있는 경우 판례에 의함) 13 법무사

① 영업을 양도한 경우에 다른 약정이 없으면 양도인은 10년간 동일한 특별시·광역시·시·군과 인접 특별시·광역시·시·군에서 동종영업을 하지 못한다.

② 영업양수인이 양도인의 상호를 계속 사용하는 경우에는 양도인의 영업으로 인한 제3자의 채권에 대하여 양수인도 변제할 책임이 있다.

③ 위 ②의 규정은 양수인이 영업양도를 받은 후 지체없이 양도인의 채무에 대한 책임이 없음을 등기한 때에는 적용하지 아니한다. 양도인과 양수인이 지체없이 제3자에 대하여 그 뜻을 통지한 경우에 그 통지를 받은 제3자에 대하여도 같다.

④ 상호를 계속 사용하는 영업양수인에게 책임을 묻기 위해서는 상호의 양도 또는 사용허락이 있는 경우이어야 하고, 그에 관한 합의가 무효 또는 취소된 경우라거나 상호를 무단 사용하는 경우에는 적용되지 아니한다.

⑤ 영업양수인이 양도인의 상호를 계속 사용하지 아니하는 경우에 양도인의 영업으로 인한 채무를 인수할 것을 광고한 때에는 양수인도 변제할 책임이 있다.

해설

① [O] 영업을 양도한 경우에 다른 약정이 없으면 양도인은 10년간 동일한 특별시·광역시·시·군과 인접 특별시·광역시·시·군에서 동종영업을 하지 못한다(제41조 제1항).
[12·15·16 법원직, 04·06·08·10·13·16·18 법무사, 12·13·20 변호사, 12·21 공인회계사]

② [O] 상법 제42조 제1항은 영업양수인이 양도인의 상호를 계속 사용하는 경우 양도인의 영업으로 인한 제3자의 채권에 대하여 양수인도 변제할 책임이 있다고 규정함으로써 양도인이 여전히 주채무자로서 채무를 부담하면서 양수인도 함께 변제책임을 지도록 하고 있다.
[07·16·21 법원직, 04·06·08·13·16 법무사, 17 공인회계사]

③ [O] 양도인의 상호를 계속 사용하는 영업양수인이 영업양도를 받은 후 지체없이 양도인의 채무에 대한 책임이 없음을 등기한 경우에는, 양수인은 양도인의 영업으로 인한 제3자의 채권에 대하여 변제할 책임이 없다(제42조 제2항).
[18 법원직, 13·16 법무사, 12·20 변호사, 12·17 공인회계사]

양도인과 양수인이 지체없이 제3자에 대하여 책임이 없음을 통지한 경우 통지받은 제3자에게는 양수인이 책임을 부담하지 않는다(제42조 제2항).
[14 법원직, 13·15·16 법무사, 13 변호사, 15·17 공인회계사]

④ [X] 상호를 속용하는 영업양수인에게 책임을 묻기 위해서는 상호속용의 원인관계가 무엇인지에 관하여 제한을 둘 필요는 없고 상호속용이라는 사실관계가 있으면 충분하다. 상호의 양도 또는 사용허락이 있는 경우는 물론 그에 관한 합의가 무효 또는 취소된 경우라거나 상호를 무단 사용하는 경우도 상호속용에 포함된다(대판 2009.1.15, 2007다17123·17130).
[10 법원직, 13 법무사]

⑤ [O] 영업양수인이 양도인의 상호를 계속 사용하지 아니하더라도 양도인의 영업으로 인한 채무를 인수할 것을 광고한 때에는 양수인도 변제할 책임이 있으며(제44조), 이 경우 양수인의 제3자에 대한 채무는 광고 후 2년이 경과하면 소멸한다(제45조).
[12·16·21 법원직, 04·08·10·12·13·16·18·20 법무사, 13·21 변호사, 18·21 공인회계사]

정답 ④

17 상법상 영업양도에 관한 설명 중 옳은 것을 모두 고른 것은? (다툼이 있는 경우 판례에 의함) 13 변호사

> ㄱ. 영업양도는 조직화된 유기적 일체로서의 기능재산의 동일성이 유지된 일괄이전을 의미하므로, 만약 그 조직을 해체하여 양도하였다면 설령 영업재산의 전부를 양도하였더라도 영업양도가 되지 않는다.
>
> ㄴ. 양수인이 양도인의 상호를 속용하는 영업양도의 경우 양도인의 영업으로 인한 제3자의 채권에 대하여 양도인과 양수인은 연대채무관계에서 변제책임을 부담하며, 영업양도 후 2년이 경과하면 양수인의 변제책임은 소멸한다.
>
> ㄷ. 양수인이 양도인의 상호를 속용하는 영업양도의 경우 양수인이 양도인의 영업으로 인한 제3자에 대한 채무를 변제할 책임을 면하려면, 양도인 또는 양수인이 채권자에게 양수인이 양도인의 채무에 대한 책임이 없음을 통지하여야 한다.
>
> ㄹ. 영업을 양도한 경우에 다른 약정이 없으면 양도인은 10년간 동일한 특별시·광역시·시·군과 인접 특별시·광역시·시·군에서 동종영업을 하지 못한다.
>
> ㅁ. 영업이 포괄적으로 양도되면 반대의 특약이 없는 한 양도인과 종업원 사이의 근로계약관계는 포괄적으로 양수인에게 승계되므로, 근로자는 근로관계 승계를 거부할 수 없으며 영업양도를 이유로 양수인에 대하여 고용계약을 임의로 해지하지 못한다.

① ㄱ, ㄹ
② ㄴ, ㄷ
③ ㄱ, ㄴ, ㄹ
④ ㄱ, ㄷ, ㄹ
⑤ ㄱ, ㄴ, ㄷ, ㅁ

해설

ㄱ. [O] 상법 제41조 소정의 영업의 양도란 영업목적을 위하여 조직화된 유기적 일체로서의 기능재산의 동일성이 유지된 일괄이전을 의미하는 것이고 영업의 동일성 여부는 일반사회관념에 의하여 결정되어져야 할 사실인정의 문제이기는 하지만, 영업재산의 전부를 양도했어도 그 조직을 해체하여 양도했다면 영업의 양도는 되지 않는 반면에 그 일부를 유보한 채 영업시설을 양도했어도 그 양도한 부분만으로도 종래의 조직이 유지되어 있다고 사회관념상 인정되기만 하면 그것을 영업의 양도라 하시 않을 수 없는 것이다(대판 1989.12.26, 88다카10128). [13 변호사]

ㄴ. [×] 영업양수인이 양도인의 상호를 계속 사용하지 아니하더라도 양도인의 영업으로 인한 채무를 인수할 것을 광고한 때에는 양수인도 변제할 책임이 있으며(제44조), 이 경우 양수인의 제3자에 대한 채무는 광고 후 2년이 경과하면 소멸한다(제45조). [12·16·21 법원직, 04·08·10·12·13·16·18·20 법무사, 13 변호사, 18·21 공인회계사]

ㄷ. [×] 양수인이 양도인의 상호를 계속 사용하더라도 양수인이 영업양도를 받은 후 지체없이 양도인의 채무에 대하여 책임 없음을 등기한 때에는 양수인은 책임을 부담하지 않는다(제42조 제2항 전단). 이 경우 면책등기는 모든 채권자에게 효력이 미친다. 양도인과 양수인이 지체없이 제3자에게 책임이 없음을 통지한 경우 통지받은 제3자에게는 양수인이 책임을 부담하지 않는다(제42조 제2항 후단). 이 경우 면책통지는 그 통지를 받은 채권자에 대하여만 효력이 있다. [14 법원직, 13·15·16 법무사, 13 변호사, 15·17 공인회계사]

ㄹ. [O] 영업을 양도한 경우에 다른 약정이 없으면 양도인은 10년간 동일한 특별시·광역시·시·군과 인접 특별시·광역시·시·군에서 동종영업을 하지 못한다. 양도인이 동종영업을 하지 아니할 것을 약정한 때에는 동일한 특별시·광역시·시·군과 인접한 특별시·광역시·시·군에 한하여 20년을 초과하지 아니한 범위 내에서 그 효력이 있다(제41조 제1항·제2항). [12·15·16 법원직, 04·06·08·10·13·16·18 법무사, 12·13·20 변호사, 12·21 공인회계사]

ㅁ. [×] 영업양도에 의하여 양도인과 근로자 사이의 근로관계는 원칙적으로 양수인에게 포괄승계되는 것이지만, 근로자가 반대의 의사를 표시함으로써 양수기업에 승계되는 대신 양도기업에 잔류하거나 양도기업과 양수기업 모두에서 퇴직할 수도 있는 것이고, 영업이 양도되는 과정에서 근로자가 일단 양수기업에의 취업을 희망하는 의사를 표시하였다고 하더라도 그 승계취업이 확정되기 전이라면 취업희망 의사표시를 철회하는 방법으로 위와 같은 반대의사를 표시할 수 있는 것으로 보아야 한다(대판 2002.3.29, 2000두8455). [13 변호사]

정답 ①

18 영업양도에 관한 설명으로 가장 옳지 않은 것은? (다툼이 있는 경우 판례에 의함)   12 법원직

① 영업을 양도한 경우에 다른 약정이 없으면 양도인은 10년간 동일한 특별시·광역시·시·군과 인접 특별시·광역시·시·군에서 동종영업을 하지 못한다.

② 양도인이 동종영업을 하지 아니할 것을 약정한 때에는 동일한 특별시·광역시·시·군과 인접 특별시·광역시·시·군에 한하여 20년을 초과하지 아니하는 범위 내에서 그 효력이 있다.

③ 영업양수인이 양도인의 상호를 계속 사용하는 경우, 제3자가 영업양도가 이루어진 것을 알고 있었다면, 영업양수인은 양도인의 영업으로 인한 제3자의 채권을 변제할 책임이 없다.

④ 영업양수인이 양도인의 상호를 계속 사용하지 아니하는 경우에 양도인의 영업으로 인한 채무를 인수할 것을 광고한 때에는 양수인도 변제할 책임이 있다.

해설

① [O] 영업을 양도한 경우에 다른 약정이 없으면 양도인은 10년간 동일한 특별시·광역시·시·군과 인접 특별시·광역시·시·군에서 동종영업을 하지 못한다(제41조 제1항).

[12·15·16 법원직, 04·06·08·10·13·16·18 법무사, 12·13·20 변호사, 12·21 공인회계사]

② [O] 양도인이 동종영업을 하지 아니할 것을 약정한 때에는 동일한 특별시·광역시·시·군과 인접 특별시·광역시·시·군에 한하여 20년을 초과하지 아니한 범위 내에서 그 효력이 있다(제41조 제2항).

[10·12·17 법원직, 08·16 법무사, 15 공인회계사]

③ [×] 영업양도 사실을 알았더라도 채무인수가 없었다는 사실을 몰랐다면 선의의 제3자에 해당한다(대판 2009.1.15, 2007다17123·17130).   [12 법원직, 10 법무사]

④ [O] 영업양수인이 양도인의 상호를 계속 사용하지 아니하더라도 양도인의 영업으로 인한 채무를 인수할 것을 광고한 때에는 양수인도 변제할 책임이 있으며(제44조), 이 경우 양수인의 제3자에 대한 채무는 광고 후 2년이 경과하면 소멸한다(제45조).

[12·16·21 법원직, 04·08·10·12·13·16·18·20 법무사, 13·21 변호사, 18·21 공인회계사]

정답 ③

19 영업양도에 관한 다음 설명 중 가장 옳지 않은 것은? (다툼이 있는 경우 판례에 의함) 12 법무사

① 영업을 출자하여 주식회사를 설립하고 그 상호를 계속 사용하는 경우에는 새로 설립된 법인은 상법 제42조 제1항의 유추적용에 의하여 출자자의 채무를 변제할 책임이 있다.

② 양수인이 상호가 아닌 옥호(屋號) 또는 영업표지는 속용하는 때에도 그것이 영업주체를 나타내는 것으로 사용되는 경우에는 상법 제42조 제1항의 유추적용에 의하여 양도인의 영업으로 인한 제3자의 채권에 대하여 변제할 책임을 진다.

③ 상호를 속용하는 영업양수인이 양도인의 영업상 채무에 대하여 변제책임이 있는 경우에는 양도인의 채무는 영업양도 또는 광고 후 2년이 지나면 소멸한다.

④ 영업양수인이 상호를 계속 사용하는 경우에 양도인의 영업으로 인한 채권에 대하여 채무자가 선의이며 중대한 과실없이 양수인에게 변제한 때에는 그 효력이 있다.

⑤ 상법 제42조 제1항에 의하여 상호를 속용하는 영업양수인이 변제책임을 지는 양도인의 제3자에 대한 채무는 양도인의 영업으로 인한 채무로서 영업양도 당시의 상호를 사용하는 동안 발생한 채무에 한한다.

해설

① [○] 영업의 전부를 출자하여 주식회사를 설립하고 그 상호를 계속 사용하는 경우에는 영업양도는 아니지만, 출자의 목적이 된 영업의 개념이 동일하고 법률행위에 의한 영업의 이전이란 점에서 영업의 양도와 유사하며, 채권자의 입장에서 볼 때는 외형상 양도와 출자를 구분하기 어려우므로 제42조 제1항의 유추적용에 의하여 새로 설립된 법인은 출자한 자의 영업상 채무를 변제할 책임이 있다(대판 1995.8.22, 95다12231). [15·17 법원직, 10·12·15·20 법무사, 12 공인회계사]

② [○] 양수인에 의하여 속용되는 명칭이 상호 자체가 아닌 옥호 또는 영업표지인 때에도 그것이 영업주체를 나타내는 것으로 사용되는 경우에는 영업상의 채권자가 영업주체의 교체나 채무승계 여부 등을 용이하게 알 수 없다는 점에서 일반적인 상호속용의 경우와 다를 바 없으므로, 양수인은 특별한 사정이 없는 한 상법 제42조 제1항의 유추적용에 의하여 채무를 부담한다(대판 2010.9.30, 2010다35138). [15 법원직, 12·19 법무사, 20 변호사]

③ [○] 영업양수인이 양도인의 상호를 계속 사용하지 아니하더라도 양도인의 영업으로 인한 채무를 인수할 것을 광고한 때에는 양수인도 변제할 책임이 있으며(제44조), 이 경우 양수인의 제3자에 대한 채무는 광고 후 2년이 경과하면 소멸한다(제45조). [12·16·21 법원직, 04·08·10·12·13·16·18·20 법무사, 13 변호사, 18·21 공인회계사]

④ [○] 영업양수인이 양도인의 상호를 계속 사용하는 경우에는 양도인의 영업으로 인한 채권에 대하여 채무자가 선의이며 중대한 과실없이 양수인에게 변제한 때에는 그 효력이 있다(제43조). [06·08·12·19 법무사, 21 변호사, 15·18 공인회계사]

⑤ [×] 상호를 속용하는 영업양수인이 변제책임을 지는 양도인의 제3자에 대한 채무는 양도인의 영업으로 인한 채무로서 영업양도 전에 발생한 것이면 족하고, 반드시 영업양도 당시의 상호를 사용하는 동안 발생한 채무에 한하는 것은 아니다(대판 2010.9.30, 2010다35138). [18 법원직, 12·15 법무사]

정답 ⑤

20 상법상 영업양도에 관한 설명으로 틀린 것은?

① 회사의 영업양도는 상법상 회사의 해산사유에 해당하지 않는다.
② 양수인은 양도인의 상호를 계속 사용하더라도 양도인의 영업상의 채무에 대하여 책임 없음을 광고한 때에는 양도인의 영업상의 채무에 대하여 책임이 없다.
③ 영업양도의 당사자간에 합의가 없는 한 양도인의 영업상의 채권이나 채무는 양수인에게 당연히 이전되지 않는다.
④ 판례에 의하면 영업을 현물출자하여 주식회사를 설립하고 기존 영업의 상호를 계속 사용하는 경우 새로 설립된 회사는 출자자의 영업상의 채무에 대하여 변제할 책임이 있다.
⑤ 다른 약정이 없는 경우 양도인은 동일한 특별시·광역시·시·군 뿐만 아니라 인접 특별시·광역시·시·군에서도 10년간 경업금지의무를 진다.

해설

① [○] 회사의 일반적 해산사유는 존립기간의 만료 기타 정관으로 정한 해산사유의 발생, 총사원의 동의 또는 주주(사원)총회의 특별결의, 회사의 합병 및 회사의 파산, 법원의 해산명령 또는 해산판결 등이다. 따라서 회사의 영업양도는 상법상 회사의 해산사유에 해당하지 않는다.
[12 공인회계사]

② [×] 양도인의 상호를 계속 사용하는 영업양수인이 영업양도를 받은 후 지체없이 양도인의 채무에 대한 책임이 없음을 등기한 경우에는, 양수인은 양도인의 영업으로 인한 제3자의 채권에 대하여 변제할 책임이 없다(제42조 제2항). 이에 양수인이 양도인의 영업상의 채무에 대하여 책임을 면하기 위해서는 책임이 없음을 등기하여야 한다.
[18 법원직, 13·16 법무사, 12 변호사, 12·17 공인회계사]

③ [○] 상법상 영업양도란 일정한 영업목적에 의하여 조직화된 총체, 즉 물적·인적 조직을 그 동일성을 유지하면서 일체로서 이전하는 것으로서, 영업양도 당사자 사이의 명시적 또는 묵시적 계약이 있어야 한다(대판 1997.6.24, 96다2644). 이 판례에 의하면 양도인의 영업상 채무가 양수인에게 이전되기 위해서는 영업양도계약 당사자간에 명시적 또는 묵시적 합의가 있어야 한다.
[12·18 공인회계사]

④ [○] 영업의 전부를 출자하여 주식회사를 설립하고 그 상호를 계속 사용하는 경우에는 영업양도는 아니지만, 출자의 목적이 된 영업의 개념이 동일하고 법률행위에 의한 영업의 이전이란 점에서 영업의 양도와 유사하며, 채권자의 입장에서 볼 때는 외형상 양도와 출자를 구분하기 어려우므로 제42조 제1항의 유추적용에 의하여 새로 설립된 법인은 출자한 자의 영업상 채무를 변제할 책임이 있다(대판 1995.8.22, 95다12231).
[15·17 법원직, 10·12·15·20 법무사, 12 공인회계사]

⑤ [○] 영업을 양도한 경우에 다른 약정이 없으면 양도인은 10년간 동일한 특별시·광역시·시·군과 인접 특별시·광역시·시·군에서 동종영업을 하지 못한다(제41조 제1항).
[12·15·16 법원직, 04·06·08·10·13·16·18 법무사, 12·13·20 변호사, 12·21 공인회계사]

정답 ②

21 다음은 영업양도에 관한 설명이다. 옳은 것은? (다툼이 있는 경우 판례에 의함) 10 법원직

① 양도인이 동종영업을 하지 아니할 것을 약정한 때에는 동일한 특별시·광역시·시·군과 인접 특별시·광역시·시·군에 한하여 10년을 초과하지 아니한 범위 내에서 그 효력이 있다.

② 영업양도에도 불구하고 채무승계의 사실 등이 없다는 것을 알지 못하는 선의의 채권자라면, 영업양수인에게 상호속용으로 인한 책임을 물을 수 있는바, 당해 채권자가 선의라는 사실의 주장·증명책임은 영업양수인의 책임을 주장하는 채권자에게 있다.

③ 영업양도가 이루어진 경우 원칙적으로 해당 근로자들의 근로관계가 양수하는 기업에 포괄적으로 승계된다고 할 수 없다.

④ 영업양도인이 부담하는 경업금지의무에 위반하여 영업을 창출한 경우 그 위반상태를 해소하기 위한 이행강제의 방법으로 영업양도인 본인의 영업금지 이외에 제3자에 대한 영업의 임대, 양도 기타 처분을 금지하는 것도 가능하다.

해설

① [×] 양도인이 동종영업을 하지 아니할 것을 약정한 때에는 동일한 특별시·광역시·시·군과 인접 특별시·광역시·시·군에 한하여 20년을 초과하지 아니한 범위 내에서 그 효력이 있다(제41조 제2항).

[10·12·17 법원직, 08·16 법무사, 15 공인회계사]

② [×] 영업양도에도 불구하고 채무승계의 사실 등이 없다는 것을 알고 있는 악의의 채권자가 아닌 한, 채권자가 비록 영업의 양도가 이루어진 것을 알고 있었다고 하더라도 그러한 사정만으로 보호의 적격이 없다고는 할 수 없다. 이 경우 채권자가 악의라는 점에 대한 주장·증명책임은 영업양수인에게 있다(대판 2009.1.15, 2007다17123·17130). [10 법원직]

③ [×] 영업양도의 경우 재산의 개별적인 이전과 달리 근로관계 등 인적 조직은 반대의 특약이 없는 한 동일성을 유지하며 포괄적으로 승계된다. [10·17 법원직, 06·10 법무사, 18 공인회계사]

④ [○] 영업양도인이 경업금지의무를 위반한 경우에는 그 영업을 타에 임대한다거나 양도한다고 하더라도 그 영업의 실체가 남아 있는 이상 의무위반 상태가 해소되는 것은 아니므로, 그 이행강제의 방법으로 영업양수인이 영업양도인을 상대로 영업양도인 본인의 영업금지 외에 제3자에 대한 영업의 임대, 양도 기타 처분을 금지하는 것도 가능하다. 다만, 위 가처분에 의하여 영업양도인의 제3자에 대한 임대, 양도 등 처분행위의 사법상 효력이 부인되는 것은 아니고, 영업양도인이 그 의무위반에 대한 제재를 받는 것에 불과하다(대판 1996.12.23, 96다37985). [10 법원직]

정답 ④

22 다음 상법상 영업양도에 관한 설명 중 옳지 <u>않은</u> 것은? (다툼이 있는 경우 판례에 의함) 10 법무사

① 영업양도가 이루어지는 경우 원칙적으로 해당 근로자들의 근로관계는 양수하는 기업에 포괄적으로 승계된다.

② 영업을 양도한 경우에 당사자간에 다른 약정이 없으면 양도인은 10년간 동일한 특별시·광역시 및 인접한 특별시·광역시에서 동종의 영업을 하지 못한다.

③ 영업양수인이 양도인의 상호를 계속 사용하는 경우에는 양도인의 영업으로 인한 제3자에 대한 채무를 변제할 책임이 있고, 이 경우 양도인의 제3자에 대한 채무는 영업양도 후 2년이 경과하면 소멸한다.

④ 영업양도 사실을 알고 있는 채권자라고 하더라도 양도인의 상호를 계속 사용하고 있는 양수인에 대하여 양도인에 대한 영업상 채권을 추급할 수 있다.

⑤ 상인이 영업을 출자하여 주식회사를 설립하고, 그와 같이 설립된 주식회사가 출자한 상인의 상호를 계속 사용하는 경우, 그 설립된 주식회사는 출자한 상인의 영업으로 인한 제3자에 대한 채권을 변제할 책임이 없다.

해설

① [○] 영업양도의 경우 재산의 개별적인 이전과 달리 근로관계 등 인적 조직은 반대의 특약이 없는 한 동일성을 유지하며 포괄적으로 승계된다. [10·17 법원직, 06·10 법무사, 18 공인회계사]

② [○] 영업을 양도한 경우에 다른 약정이 없으면 양도인은 10년간 동일한 특별시·광역시·시·군과 인접 특별시·광역시·시·군에서 동종영업을 하지 못한다(제41조 제1항). [12·15·16 법원직, 04·06·08·10·13·16·18 법무사, 12·13·20 변호사, 12·21 공인회계사]

③ [○] 영업양수인이 양도인의 상호를 계속 사용하는 경우 양도인의 영업으로 인한 제3자의 채권에 대하여 양수인도 변제할 책임이 있다(제42조 제1항). 양도인의 제3자에 대한 채무는 영업양도 또는 광고 후 2년이 경과하면 소멸한다(제45조). [07·16·21 법원직, 04·06·08·10·13·16 법무사, 13 변호사, 15·17 공인회계사]

④ [○] 상호를 속용하는 영업양수인의 책임은 채권자의 외관신뢰를 보호하기 위한 것이므로, 영업양도에도 불구하고 채무승계의 사실 등이 없다는 것을 알고 있는 악의의 채권자가 아닌 한, 채권자가 비록 영업의 양도가 이루어진 것을 알고 있었다고 하더라도 그러한 사정만으로 보호의 적격이 없다고는 할 수 없다. 이 경우 채권자가 악의라는 점에 대한 주장·증명책임은 영업양수인에게 있다(대판 2009.1.15, 2007다17123·17130). [10 법무사]

⑤ [×] 영업의 전부를 출자하여 주식회사를 설립하고 그 상호를 계속 사용하는 경우에는 영업양도는 아니지만, 출자의 목적이 된 영업의 개념이 동일하고 법률행위에 의한 영업의 이전이란 점에서 영업의 양도와 유사하며, 채권자의 입장에서 볼 때는 외형상 양도와 출자를 구분하기 어려우므로 제42조 제1항의 유추적용에 의하여 새로 설립된 법인은 출자한 자의 영업상 채무를 변제할 책임이 있다(대판 1995.8.22, 95다12231). [15·17 법원직, 10·12·15·20 법무사, 12 공인회계사]

정답 ⑤

23 영업양도와 회사합병에 대한 다음 설명 중 가장 옳은 것은?

① 영업양도는 일정한 영업목적에 따라 조직화된 유기적 일체로서의 기능적 재산을 이전하는 것이고, 그 법적 성질은 회사합병의 경우와 마찬가지로 포괄승계이므로 영업용 재산에 대한 개별적인 이전절차를 필요로 하지 않는다.

② 주식회사가 영업의 전부 또는 중요한 일부를 양도할 경우에는 주주총회의 보통결의에 의하여야 하지만, 합병계약서의 승인결의는 주주총회의 특별결의에 의하여야 한다.

③ 주식회사의 영업양도나 합병에 반대하는 주주가 주식매수청구권을 행사할 경우 회사는 그 청구를 받은 날부터 2월 이내에 그 주식을 매수하여야 한다.

④ 주식회사는 영업양도를 하거나 합병할 경우 모두 해산사유가 된다.

해설

① [×] 영업양도는 채권계약이므로 양도인이 재산이전의무를 이행함에 있어서는 상속이나 회사의 합병과 같이 포괄적 승계가 인정되지 않고, 재산 각각에 대하여 개별적인 이전행위가 이루어져야 하고, 각 영업재산에 대한 개별적인 권리이전 요건을 갖추어야 한다(대판 1991.10.8, 91다22018,22025).   [09 법원직, 05 법무사, 15 공인회계사]

② [×] 회사가 영업의 전부 또는 중요한 일부의 양도에 관한 행위를 하는 경우 주주총회의 특별결의를 거쳐야 한다(제374조 제1항). 합병계약서는 주주총회의 특별결의에 의한 승인을 얻어야 한다(제522조 제1항·제3항).   [09·12·13·18·19·21 법원직, 06·15 법무사]

③ [○] 주주총회 결의사항에 반대하는 주주가 회사에 대하여 주식의 매수를 청구하는 경우, 회사는 매수청구기간이 종료하는 날부터 2개월 이내에 그 주식을 매수하여야 한다(제374조의2 제2항).   [09 법원직, 10·18 법무사]

④ [×] 주식회사는 존립기간의 만료 기타 정관으로 정한 해산사유 발생, 총사원의 동의 또는 주주(사원)총회의 특별결의, 회사의 합병 및 회사의 파산, 법원의 해산명령 또는 해산판결, 회사의 분할(또는 분할합병)에 의한 해산, 휴면회사의 해산에 의해 해산할 수 있다(제227조).   [07·09 법원직, 11 법무사]

정답 ③

24 상법상 영업양도에 관한 설명 중 틀린 것은?

① 영업을 양도한 경우 양도인은 10년간 동일한 특별시·광역시·시·군과 인접 특별시·광역시·시·군에서 동종영업을 하지 못한다. 단, 양도인과 양수인은 그와 다른 내용의 특약을 할 수 있다.

② 영업양수인이 양도인의 상호를 계속 사용하는 경우에는 양도인의 영업으로 인한 제3자의 채권에 대하여 양수인도 이를 변제할 책임이 있다.

③ 영업양수인이 양도인의 상호를 계속 사용하지 아니하는 경우에 양도인의 영업으로 인한 채무를 인수할 것을 광고한 때에는 양수인도 변제할 책임이 있다.

④ 양도인이 동종영업을 하지 아니할 것을 약정할 때에는 동일한 특별시·광역시·시·군과 인접 특별시·광역시·시·군에 한하여 5년을 초과하지 아니하는 범위 내에서 그 효력이 있다.

⑤ 영업양수인이 양도인의 상호를 계속 사용하는 경우, 영업양도 사실을 알지 못하는 채무자가 양도인의 영업으로 인한 채권에 대하여 선의이며 중대한 과실없이 양수인에게 변제한 때에는 그 효력이 있다.

해설

① [O] 영업을 양도한 경우에 다른 약정이 없으면 양도인은 10년간 동일한 특별시·광역시·시·군과 인접 특별시·광역시·시·군에서 동종영업을 하지 못한다(제41조 제1항).

[12·15·16 법원직, 04·06·08·10·13·16·18 법무사, 12·13·20 변호사, 12·21 공인회계사]

위 규정에 의하면 '다른 약정이 없으면'이라고 기재되어 있고, 제41조 제2항 규정에 의하면 '양도인이 동종영업을 하지 아니할 것을 약정한 때'를 별도로 규정하고 있으므로, 위 제41조 제1항의 규정과 달리 양도인과 양수인은 달리 특약을 할 수 있다.

② [O] 영업양수인이 양도인의 상호를 계속 사용하는 경우에는 양도인의 영업으로 인한 제3자의 채권에 대하여 양수인도 변제할 책임이 있다(제42조 제1항). [07·16·21 법원직, 04·06·08·10·13·16 법무사, 17 공인회계사]

③ [O] 영업양수인이 양도인의 상호를 계속 사용하지 아니하더라도 양도인의 영업으로 인한 채무를 인수할 것을 광고한 때에는 양수인도 변제할 책임이 있다(제44조). [12·16·21 법원직, 04·08·10·12·13·16·18·20 법무사, 18·21 공인회계사]

④ [×] 양도인이 동종영업을 하지 아니할 것을 약정한 때에는 동일한 특별시·광역시·시·군과 인접 특별시·광역시·시·군에 한하여 20년을 초과하지 아니한 범위 내에서 그 효력이 있다(제41조 제2항).

[10·12·17 법원직, 08·16 법무사, 15 공인회계사]

⑤ [O] 영업양수인이 양도인의 상호를 계속 사용하는 경우에는 양도인의 영업으로 인한 채권에 대하여 채무자가 선의이며 중대한 과실없이 양수인에게 변제한 때에는 그 효력이 있다(제43조). [06·08·12·19 법무사, 21 변호사, 15·18 공인회계사]

정답 ④

25 영업양도에 관한 설명으로 맞는 것은? (다툼이 있는 경우 판례에 의함)

① 기업이 사업부문의 일부를 다른 기업에게 양도하면서 그 물적 시설과 함께 양도하는 사업부문에 근무하는 근로자들의 소속을 변경시킨 경우에도 원칙적으로 해당 근로자들의 근로관계가 양수하는 기업에게 승계되지는 않는다.

② 영업을 양도한 경우에 양도인이 동종영업을 하지 아니할 것을 약정하지 않은 때에도 10년간 동일한 특별시·광역시·시·군과 인접 특별시·광역시·시·군에서 동종영업을 하지 못한다.

③ 주식회사가 영업용 재산을 양도하는 경우에는 항상 주주총회의 특별결의를 요한다.

④ 영업양수인이 양도인의 상호를 계속 사용하는 경우 양도인의 영업으로 인한 제3자에 대한 채무는 영업양도 계약의 효력 발생과 동시에 소멸한다.

⑤ 영업양수인이 양도인의 상호를 계속 사용하는 경우, 영업양도 사실을 알지 못하는 채무자가 양도인의 영업으로 인한 채권에 대하여 양수인에게 변제한 때에는 언제나 변제의 효력이 있다.

해설

① [×] 영업양도의 경우 재산의 개별적인 이전과 달리 근로관계 등 인적 조직은 반대의 특약이 없는 한 동일성을 유지하며 포괄적으로 승계된다. [06 법무사]

② [O] 영업을 양도한 경우에 다른 약정이 없으면 양도인은 10년간 동일한 특별시·광역시·시·군과 인접 특별시·광역시·시·군에서 동종영업을 하지 못한다(제41조 제1항).
[12·15·16 법원직, 04·06·08·10·13·16·18 법무사, 12·13·20 변호사, 12·21 공인회계사]

③ [×] 주주총회의 특별결의가 있어야 하는 영업의 양도는 일정한 영업목적을 위하여 조직되고 유기적 일체로 기능하는 재산의 전부 또는 중요한 일부를 총체적으로 양도하는 것을 의미하는 것으로서, ㉠ 단순한 영업용 재산의 양도는 이에 해당하지 않으나, ㉡ 영업용 재산의 처분으로 말미암아 회사 영업의 전부 또는 일부를 양도하거나 폐지하는 것과 같은 결과를 가져오는 경우에는 주주총회의 특별결의가 필요하다(대판 2004.7.8, 2004다13717). [06·09·20 법무사, 17 변호사]

④ [×] 상법은 영업양수인이 양도인의 상호를 계속 사용하는 경우 양도인의 영업으로 인한 제3자의 채권에 대하여 양수인도 변제할 책임이 있다(제42조 제1항)고 규정함으로써 양도인이 여전히 주채무자로서 채무를 부담하면서 양수인도 함께 변제책임을 지도록 하고 있다. [07·16·21 법원직, 04·06·08·10·13·16 법무사, 17 공인회계사]

⑤ [×] 영업양수인이 양도인의 상호를 계속 사용하는 경우에는 양도인의 영업으로 인한 채권에 대하여 채무자가 선의이며 중대한 과실없이 양수인에게 변제한 때에는 그 효력이 있다(제43조). 따라서 채무자는 영업으로 인한 채권에 대하여 선의이며 중대한 과실이 없어야 한다. [06·08·12·19 법무사, 21 변호사, 15·18 공인회계사]

정답 ②

26 영업양수인의 책임에 관한 다음 설명 중 가장 옳지 않은 것은?

① 상법 제42조 제1항은 영업양수인이 양도인의 상호를 계속 사용하는 경우 양도인의 영업으로 인한 제3자의 채권에 대하여 양수인도 변제할 책임이 있다고 규정함으로써 양도인이 여전히 주채무자로서 채무를 부담하면서 양수인도 함께 변제책임을 지도록 하고 있다.

② 영업양수인이 상법 제42조 제1항 규정에 따라 책임지는 제3자의 채권은 영업양도 당시 채무의 변제기가 도래할 필요까지는 없다고 하더라도 그 당시까지 발생한 것이어야 하는데, 영업양도 당시로 보아 가까운 장래에 발생될 것이 확실한 채권도 양수인이 책임져야 한다.

③ 영업임대차의 경우에 상법 제42조 제1항을 그대로 유추적용할 것은 아니다.

④ 영업양수인이 양도인의 상호를 계속 사용하지 아니하는 경우에 양도인의 영업으로 인한 채무를 인수할 것을 광고한 때에는 양수인도 변제할 책임이 있다.

해설

① [○] 영업양수인이 양도인의 상호를 계속 사용하는 경우에는 양도인의 영업으로 인한 제3자의 채권에 대하여 양수인도 변제할 책임이 있다(제42조 제1항). 상법 제42조 제1항은 영업양수인이 양도인의 상호를 계속 사용하는 경우 양도인의 영업으로 인한 제3자의 채권에 대하여 양수인도 변제할 책임이 있다고 규정함으로써 양도인이 여전히 주채무자로서 채무를 부담하면서 양수인도 함께 변제책임을 지도록 하고 있다. [07 · 16 · 21 법원직, 04 · 06 · 08 · 13 · 16 법무사, 17 공인회계사]

② [×] 제3자의 채권은 영업양도 당시 변제기가 도래할 것이 요구되지는 않으나 영업양도 당시 발생한 것이어야 하고, 영업양도 당시로 보아 가까운 장래에 발생될 것이 확실한 채권은 양수인이 책임져야 한다고 볼 수 없다(대판 2020.2.6, 2019다 270217). [21 법원직, 19 법무사, 21 변호사]

③ [○] 영업임대차의 경우에 제42조 제1항을 그대로 유추적용할 것은 아니다(대판 2016.8.24, 2014다9212). [21 법원직, 19 법무사, 16 · 20 변호사]

④ [○] 영업양수인이 양도인의 상호를 계속사용하지 아니하는 경우에 양도인의 영업으로 인한 채무를 인수할 것을 광고한 때에는 양수인도 변제할 책임이 있다(제44조). [12 · 16 · 21 법원직, 04 · 08 · 10 · 12 · 13 · 16 · 18 · 20 법무사, 13 · 21 변호사, 18 · 21 공인회계사]

정답 ②

27 영업양도에 관한 다음 설명 중 가장 옳은 것은? (다툼이 있는 경우 판례에 의함) 05 법무사

① 영업양도에 따라 영업재산을 이루는 개개의 재산의 종류별로 필요한 이전행위(물건행위와 등기 또는 인도 등)를 할 필요 없이 영업재산으로서 포괄적으로 이전된다.

② 확정판결의 변론종결 후 그 확정판결상의 채무자로부터 영업을 양수하여 양도인의 상호를 계속 사용하는 영업양수인은 그 확정판결상의 채무에 관하여 이를 면책적으로 인수하는 등 특별한 사정이 없더라도 민사 소송법 제218조의 변론종결 후의 승계인에 해당된다.

③ 영업양도로 채무가 당연히 승계되는 것이 아니므로 영업양도인이 양도 전에 갖고 있던 영업상의 채무에 대해 제3자가 보증을 한 경우, 양도인의 피보증인으로서의 지위는 양수인에게 이전되지 않고, 따라서 보증 인이 양도인의 채무를 대신 변제하더라도 양수인에게 구상권을 행사할 수 없다.

④ 주식회사 존속의 기초가 되는 중요한 재산의 양도는 영업양도에 준하여 그 재산을 처분할 당시에 사실상 영업을 중단하고 있었는지 여부에 관계없이 주주총회의 특별결의를 요한다.

⑤ 영업양수인이 양도인의 상호를 계속 사용한 경우에는 양도인의 영업으로 인한 채권자가 양도인에 대한 소 송에서 승소하여 얻은 집행권원을 가지고 양수인의 소유재산에 대해 강제집행할 수 있다.

해설

① [×] 영업양도는 채권계약이므로 양도인이 재산이전의무를 이행함에 있어서는 상속이나 회사의 합병과 같이 포괄적 승계가 인정되지 않고, 재산 각각에 대하여 개별적인 이전행위가 이루어져야 하고, 각 영업재산에 대한 개별적인 권리이전 요건을 갖추어야 한다. 영업양도인은 영업재산이 영업양도 전후에 동일성이 유지되도록 포괄적으로 영업양수인에게 이전해야 하는데, 이 경우에는 등기나 인도 등 영업재산을 이루는 개개의 구성부분을 이전하는 이행행위(물권행위)도 함께 행해져야 한다(대판 1991.10.8, 91다22018 · 22025). [09 법원직, 05 법무사]

② [×] 영업양도인에 대한 채권명의로써 바로 양수인의 소유재산에 대하여 강제집행을 할 수는 없다(대판 1967.10.31, 67다 1102). [05 법무사]

③ [O] 상법 제42조 제1항의 상호속용 영업양수인의 책임에 관한 규정에 의하여 영업양수인은 양도인의 영업자금과 관련한 피보증인의 지위까지 승계하는 것으로 볼 수는 없다. 따라서 영업양도인의 영업상 채무에 대하여 제3자가 보증을 한 경우, 보증인이 양도인의 채무를 변제하더라도 양수인에게 구상권을 행사할 수 없다(대판 2020.2.6, 2019다270217). [05 법무사]

④ [×] 주식회사가 회사 존속의 기초가 되는 중요한 재산을 처분할 당시에 이미 사실상 영업을 중단하고 있었던 상태라면 그 처분으로 인하여 비로소 영업의 전부 또는 일부가 폐지 또는 중단됨에 이른 것이라고는 할 수 없으므로 주주총회의 특별결의 가 없었다 하여 그 처분행위가 무효로 되는 것은 아니다(대판 1988.4.12, 87다카1662). [05 법무사, 17 변호사]

⑤ [×] 양도인에 대한 판결의 효력이 양수인에게 당연히 미치는 것은 아니다. 따라서 채권자가 양수인의 재산에 대하여 강제집 행을 하기 위해서는 양도인과 양수인 양자를 공동피고로 제소하여 각자에 대한 집행권원을 취득하여야 한다(대판 1967. 10.31, 67다1102). [05 법무사]

정답 ③

28 다음 영업양도에 관한 설명 중 틀린 것은? 04 법무사

① 영업양수인이 양도인의 상호를 계속 사용하는 경우에는 양도인의 영업으로 인한 제3자의 채권에 대하여 양수인도 변제할 책임이 있다.

② 영업양수인이 양도인의 상호를 계속 사용하지 않는 경우에 양도인의 영업으로 인한 채무를 인수할 것을 광고한 때에는 양수인이 변제할 책임을 지고, 양도인의 책임은 위 광고한 때에 즉시 소멸한다.

③ 상호를 계속 사용하는 영업양수인이 변제의 책임을 지는 경우 양도인의 제3자에 대한 채무는 영업양도 또는 광고 후 2년이 경과하면 소멸한다.

④ 영업양도인은 다른 약정이 없으면, 10년간 동일한 특별시·광역시·시·군에서 동종영업을 하지 못한다.

⑤ 양도인의 상호의 계속 사용은 일반적으로 양도인이 사용하였던 상호와 전적으로 동일한 것이어야 하는 것은 아니며, 전후의 상호가 주요부분에서 공통되면 양도인의 상호의 속용이 된다.

해설

① [O] 상법은 영업양수인이 양도인의 상호를 계속 사용하는 경우 양도인의 영업으로 인한 제3자의 채권에 대하여 양수인도 변제할 책임이 있다(제42조 제1항)고 규정함으로써 양도인이 여전히 주채무자로서 채무를 부담하면서 양수인도 함께 변제책임을 지도록 하고 있다.
[07·16·21 법원직, 04·06·08·10·13·16 법무사, 17 공인회계사]

② [×] 영업양수인이 양도인의 상호를 계속 사용하지 아니하더라도 양도인의 영업으로 인한 채무를 인수할 것을 광고한 때에는 양수인도 변제할 책임이 있으며(제44조), 이 경우 양수인의 제3자에 대한 채무는 광고 후 2년이 경과하면 소멸한다(제45조).
[12·16·21 법직, 04·08·10·12·13·16·18·20 법무사, 13·21 변호사, 18·21 공인회계사]

③ [O] 양도인의 제3자에 대한 채무는 영업양도 또는 광고 후 2년이 경과하면 소멸한다(제45조).
[04·10 법무사, 13 변호사, 15·17 공인회계사]

④ [O] 영업을 양도한 경우에 다른 약정이 없으면 양도인은 10년간 동일한 특별시·광역시·시·군과 인접 특별시·광역시·시·군에서 동종영업을 하지 못한다(제41조 제1항).
[12·15·16 법원직, 04·06·08·10·13·16·18 법무사, 12·13·20 변호사, 12·21 공인회계사]

⑤ [O] 상호는 영업양도 전후에 사용된 상호가 주요 부분에서 공통되면 된다(대판 1989.12.26, 88다카10128). [04 법무사]

정답 ②

29 다음은 상법에 나타난 외관주의의 규정을 설명한 것이다. 잘못된 것은?

07 법원직

① 본점 또는 지점의 영업주임 기타 유사한 명칭을 가진 사용인은 영업에 관한 재판상, 재판 외의 행위에 관하여 본점 또는 지점의 지배인과 동일한 권한이 있는 것으로 본다.

② 타인에게 자기의 성명 또는 상호를 사용하여 영업을 할 것을 허락한 자는 자기를 영업주로 오인하여 거래한 제3자에 대하여 그 타인과 연대하여 변제할 책임이 있다.

③ 영업양수인이 양도인의 상호를 계속 사용하는 경우에는 양도인의 영업으로 인한 제3자의 채권에 대하여 양수인도 변제할 책임이 있다.

④ 사원이 아닌 자가 타인에게 자기를 사원이라고 오인시키는 행위를 하였을 때에는 오인으로 인하여 회사와 거래한 자에 대하여 사원과 동일한 책임을 진다.

해설

① [×] 본점 또는 지점의 본부장, 지점장, 그 밖에 지배인으로 인정될 만한 명칭을 사용하는 자는 본점 또는 지점의 지배인과 동일한 권한이 있는 것으로 본다. 다만, 재판상 행위에 관하여는 그러하지 아니하다(제14조 제1항).

[07 · 09 · 10 · 16 · 18 법원직, 04 · 05 · 08 · 13 · 18 법무사, 16 · 21 공인회계사]

② [O] 타인에게 자기의 성명 또는 상호를 사용하여 영업을 할 것을 허락한 자는 자기를 영업주로 오인하여 거래한 제3자에 대하여 그 타인과 연대하여 변제할 책임이 있다(제24조). [07 · 09 · 16 · 18 법원직, 13 · 16 · 19 법무사]

③ [O] 영업양수인이 양도인의 상호를 계속 사용하는 경우에는 양도인의 영업으로 인한 제3자의 채권에 대하여 양수인도 변제할 책임이 있다(제42조 제1항). 상법 제42조 제1항은 영업양수인이 양도인의 상호를 계속 사용하는 경우 양도인의 영업으로 인한 제3자의 채권에 대하여 양수인도 변제할 책임이 있다고 규정함으로써 양도인이 여전히 주채무자로서 채무를 부담하면서 양수인도 함께 변제책임을 지도록 하고 있다. [07 · 16 · 21 법원직, 04 · 06 · 08 · 13 · 16 법무사]

④ [O] 사원이 아닌 자가 타인에게 자기를 사원이라고 오인시키는 행위를 하였을 때에는 오인으로 인하여 회사와 거래한 자에 대하여 사원과 동일한 책임을 진다(제215조). 이는 외관법리에 따른 표현책임에 해당한다. [07 법원직]

정답 ①

MEMO

2022 최신판

해커스경찰

상법총칙의 맥

기본서

초판 1쇄 발행 2022년 2월 14일

지은이	공태용
펴낸곳	해커스패스
펴낸이	해커스경찰 출판팀

주소	서울특별시 강남구 강남대로 428 해커스경찰
고객센터	1588-4055
교재 관련 문의	gosi@hackerspass.com
	해커스경찰 사이트(police.Hackers.com) 교재 Q&A 게시판
	카카오톡 플러스 친구 [해커스경찰]
학원 강의 및 동영상강의	police.Hackers.com

ISBN	979-11-6880-045-8 (13360)
Serial Number	01-01-01

경찰공무원 1위,
해커스경찰(police.Hackers.com)

해커스경찰

· 정확한 성적 분석으로 약점 극복이 가능한 **합격예측 모의고사**(교재 내 응시권 및 해설강의 수강권 수록)
· 해커스 스타강사의 **경찰 상법총칙 무료 동영상강의**
· **해커스경찰 학원 및 인강**(교재 내 인강 할인쿠폰 수록)